闵学勤　陈丹引　著

通往
THE ROAD TO ...... DELIBERATION
协商

城市基层治理的
实证研究
AN EMPIRICAL RESEARCH OF
URBAN GRASSROOTS GOVERNANCE

社会科学文献出版社
SOCIAL SCIENCES ACADEMIC PRESS (CHINA)

序

城市基层治理的协商转向来得有些突然。作为大政府建制下的最终执行者，基层政府刚刚尝试着从管理向治理转型，从既掌舵又划船向广泛使用项目制、购买制来分流，不自觉地嵌入社会整体的生产中，还未来得及确认其角色扮演和发展目标，以基层协商为行动路径的社会实验已经兴起。

基层治理的协商实践之所以称为社会实验，而不是社会运动或社会建设——即便两者相较都有顶层设计、基层实践和公众响应，是因为前者更具探索性、干预性和小众的特征，并潜藏试错的可能。其实20世纪后期由协商民主理论与治理理论汇合延展而成的协商治理理论，迅速被引入正经历经济社会转型的中国，只是它的基层实践多半以碎片化、非制度化和非常态化的形式呈现，直至2015年中共中央印发《关于加强社会主义协商民主建设的意见》，中共中央办公厅、国务院办公厅印发《关于加强城乡社区协商的意见》之后，敏感的、寻求治理创新的基层才真正以协商的名义，而不是以传统的议事方式拉开了协商实验的序幕。

基层对协商民主有敬畏之心，耳濡目染人大、政协的民主协商历程，但涉及自身可以大胆以协商之名、行协商之事，最后求协商民主之义时，老实说基层并没有准备好。为什么要协商？谁来协商？如何协商？协商的合法性在哪？协商是否需要决策？协商若有决策如何执行？许多问题即便翻开西方的协商民主历史，也并不一定有解。不过基层来不及有过多品味，也几乎没有过多选择，因为基层百姓对协商的自然需求已汹涌而起。经受 40 多年市场经济洗礼，七成以上拥有房产物权的中国民众，在单位制削减之下不得不在基层社区寻求认同和归属感，而社区居委会的权力式微、物业公司服务的不尽如人意，以及业主委员会运行坎坷和低于预期等，都促使民众在社区生活中寻求新的平台以赢得话语权，而协商是最好的出口。

如此之下，包括北京市东城区、上海市静安区、江苏省南京市鼓楼区和苏州市姑苏区、吉林省长春市朝阳区、山东省潍坊市奎文区、贵州省安顺市西秀区、河北省廊坊市广阳区、江西省南昌市红谷滩新区、四川省成都市温江区和河南省焦作市等均开展以社区协商为主题的社区治理实践，其中一直被冠以"首善之区"，蝉联"全国和谐社区建设示范城区"的 N 市 GL 区于 2015 年以"完善基层协商、增强社区自治功能"为主题成功申得民政部第三批"社区治理和服务创新"实验项目，名正言顺首尝基层协商的社会实验。GL 区区委、区政府作为实验的主导方，街道、社区作为实验的设计方、施测方，同参与协商实验的被试一起，在通往协商之路上，一反以往的运动式和自上而下行政制，共同探索一场规模并不小的社会实验，品味其中的成败得失，笔者有幸成为这场以协商为名、以治理为实的规模化社会实验的全程主持。

从 2015 年 3 月至 2018 年 8 月，来自政界、学界和社区各主体共同协作努力，从明确何为协商、协商为何，到协商内容、规则、路径和技巧的一一习得；从最初的 27 个试点社区，到全部 120 个社区倾情加入；从协商认知的空白，到协商组织、协商人才、协商品牌涌现；从协商流程的无序，到协商机制的建立健全；从传统单一线下协商，到云协商、全景协商，多方实现线上线下同步协商。一路走来，除了团队全程设计、参与和培育，并记下各类各级协商实验日记几十万字之外，据不完全统计，三年多来 GL 区已累计开展社区协商活动 5460 场，举行圆桌会议 3372 场，202105 人次参与了各类协商，化解了一大批复杂疑难的矛盾问题、实施了众多居民广泛欢迎的服务项目、营造了上百个承载百姓美好生活的公共空间，与此相对应的反映民生焦点问题的"12345"投诉量也同比下降85.7%，在居民获得感和满意度持续提升的同时，三年里GL区陆续获评民政部"中国社会治理十大创新案例"提名奖、"江苏省基层社会化治理十大创新成果奖"、"南京市社会治理创新十佳案例"等，最终在民政部第三批40个国家级实验区结项评估中荣膺第一。

如果说GL区实验有一些成效的话，最大的成效就是百姓有机会习得协商的理念、被协商赋权、懂得协商的基本规则、运用协商这一民主通道、创建了一批协商模式（详见书中22个案例），最终也享受协商带来的红利，例如GL区QJ小区在2018年通过社区和百姓共同熟悉的协商模式，仅上半年就为小区老旧楼幢成功加装了12部电梯。除此之外，协商人才的培育、常态化协商平台的搭建，以及"云协商"等互联网技术的运用，也将GL区实验推向理论与实践相结合的GL模式，为中国特色的协商民主做了有益的、创新性的探索。

当然，对承载"平等参与""理性对话""协商共识"等价值理念的协商民主而言，三年的时间太短，特别是如何应对协商中常见的沉默大多数、搭便车、合法性、代表性和团体极化等问题，还需要更广泛、更深化和更持久的实验、实践来找寻解决方案。笔者基于GL区实验，以及近几年在多种期刊上发表的协商治理相关论文，试图通过三大编"基于协商治理背景""通往协商的路径""协商共同体的建构"，和八大章"协商的可能""以协商的名义""基层治理的协商禀赋""社区协商的基本法则""社区协商的内容选择""社区协商的技术路径""协商的困境""联合协商的图景"来展现基层协商需要回应的理论和实践问题，以期与各界同仁共同探讨中国协商民主的可能路径。

最后要特别致谢 N 市 GL 区区委、区政府和区民政局，以及 GL 区 13 个街道 120 个社区和所有参与、支持协商的 GL 区百姓！同时也要感谢参与第五、六、七章部分写作的研究生储焰峰、闫霞、杨丽娟、陈璐、陈子丰、储青青等。

闵学勤

2021 年 7 月 9 日

目录
CONTENTS

第一编
基层协商治理背景

第二编

通往协商的路径

第三编

协商共同体的建构

01
CHAPTER

第一编

基层协商治理背景

第一章
协商的可能

协商民主在西方历经 30 年，从最初的理论空间走向实践、技术空间，作为选举民主的补充对政策制定和政府治理产生了重要影响。21世纪初协商治理的概念开始进入中国学界，差不多同一时期以议事为名的基础协商实践在中国基层治理中有所萌发。经过多年的理论阐释和基层实践后，协商民主作为一种全新的政治理念和制度安排进入自上而下的顶层设计。中共十八大和十八届三中全会先后指出，协商民主是社会主义民主的重要形式，推进协商民主广泛多层制度化的发展，是发展中国特色社会主义民主政治的必然要求。至此，从学界到政界，从基层到顶层，无论各界理解和操作如何，基层协商、协商治理、协商民主等已上升为热词。各种不同形式的实践探索也广泛兴起，成为多元主体和各级组织的创新焦点。

在自上而下顶层设计和自下而上互动参与的双向驱动下，承担国家治理创新突破重任、承载多元异质需求的基层率先大胆尝试协商治理，特别是城市社区，不断涌现"议事会""恳谈会""圆桌会"等议事形式，其中不乏成功案例。但是什么是真正的社区协商？社区协商如何面对社区治理的困境？社区协商如何合法化、常态化和平台化，才能使基层治理高效、实际地运转起来？对诸多问题的探讨才刚刚起步。本篇将通过梳理目前城市社区治理现状，并结合笔者课题组在全国城市基层治理的调研和在 N 市 GL 区的社区协商创新实验，从实践层面探讨协商在中国基层社区的可能及可为。

第一节　城市基层治理的范式转变

2011 年中国城镇化率超过 50%①，千年乡土中国正式全面进入城市社会。泱泱大国的半数以上人口已生活于城市，且呈逐年稳步增长之势，这股强大而又迅速的城市化力量带来了城市人口及利益的急剧分化，让城市面临巨大的资源压力，城市逐渐成为转型中国各种冲突和风险的集聚之地。如何应对各类城市问题、化解各类风险、实现城市良好秩序，如何有效地改善城市居民生活等一系列问题考验着城市各主体的治理能力。

城市社会要实现良性运行，其基础在于城市基层治理。街居制下城市基层治理在一定程度上表现为城市社区治理，社区也成为提供各种公共服务的场所。特别在后单位时期，通过社区来感知国家发展、公共服务及社会福利成为可能。事实上，从世界范围的治理经验看，西方主要国家均经历了社区公民参与、社区权力增长及社区福利感知的全过程。

相比西方，中国的改革开放进程中社区不断被自上而下赋予职责而不是赋权，行政主导的管理模式仍占主流，面对社区日益多元化的利益主体、分散化的资源以及由此而来的冲突矛盾，依靠传统单一行政力量的管理模式难以为继，需要纳入公民和其他主体共同参与治理几乎已成共识。城市基层开始逐渐学习从管理走向治理，多方参与成为创新变革的主要特征之一。不过"大政府"之下的政府角色扮演，"小社会"之下的各级主体参与，以及两者间的合作、协商和伙伴关系的建构等，均

---

① 参见《中国统计年鉴（2012）》，国家统计局官网，http://www.stats.gov.cn/tjsj/ndsj/2012/indexch.htm，2021 年 7 月 2 日。

是中国城市治理中未曾遭遇的新场景，而拥有最多资源的政府从高位走下，并引领多元主体进行共治共享是其范式转变的关键变量。

其实不只在中国，在西方国家的城市秩序重构过程中，国家与社会的定位也经历漫长的演化过程。如马克·沃伦（Mark Warren）教授所洞察的，"我们正在见证民主历史上一项新的重大发展：政策制定和政府管理正在步入民主化进程的前沿时期……我们看到了民主理想的再生，包括授权型参与、集中协商，以及对决策影响者的关注"[①]。他将这些发展称为"政府治理推动型民主化（Governance-driven Democratization），即当政府管理人员出于规划、控制、构建或管理之需，发现需要与被影响者建立合作关系时，民主标准通过政府的前期实际操作得以形成、执行或制度化"[②]。

因此，探讨中国城市基层治理变革，寻求应对社区治理困境的新范式，不妨从政府与社会的关系入手，先把目光转向城市治理的先行者，看西方国家的社会治理及其政府角色的转变。

一　西方主要国家的社会治理发展之路

治理实践在西方国家兴起的部分原因可归于 20 世纪中期之后政治经济领域发生了深刻变化，系统复杂性和相互依赖性日益增加，使得自组织在进行经济、政治和社会的协调方面发挥的作用超过市场或等级制[③]。在公司治理日趋成熟的背景下，面对政府机构的臃肿和管理的低效，将公司治理植入政府的运行模式被认为是拯救政府形象的可行之路，而社会治理的概念也随之兴起。

---

① 〔加〕马克·沃伦：《政府治理推动型民主化》，赵柯等译，载阎孟伟主编《协商民主：当代民主政治发展的新路向》，人民出版社，2014，第 158 页。
② 〔加〕马克·沃伦：《政府治理推动型民主化》，赵柯等译，载阎孟伟主编《协商民主：当代民主政治发展的新路向》，人民出版社，2014，第 158 页。
③ 〔英〕鲍勃·杰索普：《治理的兴起及其失败的风险：以经济发展为例的论述》，漆芜编译，载俞可平主编《治理与善治》，社会科学文献出版社，2000，第 56 页。

　　社会治理的出现直接冲击政府以往的权威和主导地位，一股介于国家和公民之间的中间力量开始崛起，并通过打破固有的政府强势定位而形成新的话语圈。细分一下，西方主要国家的社会治理从模糊到有序的过程中经历了包括公民力量的扩张、政府与公民的互动以及社会资本的救助三个阶段，西方政府在这个过程中也经历了跌宕起伏的角色转换。

（一）公民力量的扩张

　　西方公民性的成长早在中世纪农奴逃往城市以生存换取自由时就已经开始，但之后的城市化、工业化以及战乱的大规模影响一度让人们无暇顾及公民力量的进一步培育。而进入 20 世纪六七十年代一种像"公民小组""公民议会"等的民间组织大大提升了公民参与的程度，这些组织成员通过随机方式产生，参与城市管理的多项事务并提出意见和建议，实践证明这对社会治理模式的确立非常有效[1]。尤其是公民中由一些大财团的发起人或高管们组织的精英群体，他们作为政府领导人的重要资本，以公民代言人的身份在社会治理中扮演着重要角色[2]。由于精英群体掌握甚至控制着大片社会资源，他们在引导政策制定、减少反面意见生成、增进大众与政府合作方面起到了关键作用，同时由精英领衔的一些非营利组织也拥有了更多的话语权，例如在里根时代，社会治理经常依赖私人基金组织的支持，包括福特、洛克菲勒和卡耐基等基金组织[3]。精英对社会治理的介入，已不再是普遍意义上的公民参与，而是一种民间力量的张扬，并形成与政府谈判与沟通、对抗与合作的社会治理氛围。

①　Crosby Ned, Janet M. Kelly and Paul Schaefer, "Citizens Panels: A New Approach to Citizen Participation", *Public Administration Review*, Vol. 46, No. 2, 1986, pp. 170 – 178.

②　Useem Michael, "The Social Organization of the American Business Elite and Participation of Corporation Directors in the Governance of American Institutions", *American Sociological Review*, Vol. 44, No. 4, 1979, pp. 553 – 572.

③　Irving Louis Horowitz, "Social Science and the Reagan Administration", *Journal of Policy Analysis and Management*, Vol. 1, No. 1, 1981, pp. 125 – 129.

政府在公民力量的成长过程中虽然丧失了一些权威性和控制力，也几乎让出主导社会前行的权杖，但是所换取的目标一致、政策透明、交易公平，以及与利益集团和其他非营利组织的互惠网络，均有利于政府形象的再建构，公众也更愿意看到强势政府向亲和政府的转型。而不够清晰的社会治理的内涵也得以更加丰富，它既包括政府机制，也包含非正式、非政府的机制，随着治理范围的扩大，各方人员和各类组织得以借助这些机制满足各自的需要并实现各自的愿望。

（二）政府与公民的互动

当西方政府在社会治理的涌动中走下强势的圣坛，开始与公民频繁互动的时候，收税和提供服务基本上成为他们的主要职责，原本自上而下层级式的管制模式被自下而上由公民满意度决定的社会治理模式取代。

那么公民对社会治理满意度的来源是什么？对于个体来说，是政府的效率和对公民的忠诚度；对政府而言，是指提供一些有水准和质量的服务①。也就是说，政府的治理绩效成为公民对政府信任的前提条件，而不是反过来②。有学者因此开始研究公民满意度及地方政府的满意度模型，从中发现绩效管理测评与市民想法、意愿之间的关系③；也有学者通过来自美国 17 个城市的资料以及 141 个区域的调查来分析市民对政府服务的满意度差异，认为不同城市的满意度不一样，当地政府如果

---

① Ruth Hoogland DeHoog, David Lowery and William E. Lyons, "Citizen Satisfaction with Local Governance: A Test of Individual, Jurisdictional, and City - specific Explanations", *The Journal of Politics*, Vol. 52, No. 3, 1990, pp. 807 - 837.
② Vigoda Eran and F. Yuval, "Managerial Quality, Administrative Performance and Trust in Governance: Can We Point to Causality?", *Australian Journal of Public Administration*, Vol. 62, No. 3, 2003, pp. 12 - 25.
③ Kelly Janet, M., David Swindell, "A Multiple - indicator Approach to Municipal Service Evaluation: Correlating Performance Measurement and Citizen Satisfaction across Jurisdictions", *Public Administration Review*, Vol. 62, No. 5, 2005, pp. 610 - 621.

致力于建构对政府服务满意度的测评体系，应针对不同区域设计不同的测评方式，以应对当地的政策资源和公民需求①。这些不约而同在西方各国、各城市之间展开的有关政府治理与公民反馈之间的双向行动，不仅将治理的目标取向引导到集体利益，而不是单纯的政府利益或公民利益，而且模糊了由政府抑或由公民主导社会治理的边界，至少政府在这场浩大的、持续的社会治理运动中已经并无强势可言，甚至有趋弱的迹象。

与此相匹配的是，政府让渡权力的过程中社会中间力量或所谓第三部门的成长不可忽略。例如有些城市通过具有完整理念、战略和组织结构的市民委员会来反映各种呼声，并主导与当地政府的互动。也有研究表明在政府治理的绩效管理改革实践中，议会的介入非常重要，并且公民议会比专业的立法机构与政府治理的改革有更紧密的联系等②。公民力量的壮大，加之公民的期待与需求可以通过合法渠道在与政府互动中得以满足，似乎已展现出另一幅公民对政府反哺的图景，而政府也乐见其成，因为这在有利于社会凝聚的同时，政府自身也蓄积了继续影响治理的社会资本。

（三）社会资本的救助

首先，即使没有合法的权威，但当公民及其相应的组织已习惯介入各种治理事务时，不得不承认政府的地位有些尴尬，甚至有言论认为没有政府统治的治理比起善于治理的政府更为可取。如果理性地分析由社会治理所带来的社会权力结构的变迁，不难发现以分享权力、集体行动、多方合作为逻辑起点的社会治理最终并没有消除政府，各种利益集

---

① Swindell David, Janet Kelly, "Performance Measurement Versus City Service Satisfaction: Intra - city Variations in Quality?" *Social Science Quarterly*, Vol. 86, No. 3, 2005, pp. 704 - 723.

② Bourdeaux Carolyn, Chikoto Grace, "Legislative Influences on Performance Management Reform", *Public Administration Review*, Vol. 68, No. 2, 2008, pp. 253 - 265.

团、精英集团或有相当影响力的任一方非政府组织等也没有成为社会治理的唯一主导，尽管政府仍然低效、软弱，制定政策有时会受到普遍反对，但仍未见没有政府的治理存在，原因很简单，政府拥有任何公民组织不可比拟的大量社会资本。

除去政府因负责税收而建构的经济资本外，这里强调政府拥有的非物质资本，即社会资本，或称布尔迪厄资本。首先，是法律赋予的治理权威，具体表现为政府有权制定相关的法律、条例和各种应对政策，对一个社会的整体运行而言，政府凭借法规、利用制度设计指明了社会或地区前行的方向和路径，无论政府是否需要借助公民和集团的力量，那都只是过程的差异。这样的制度设计在政府建构社会资本过程中扮演了重要角色，也影响了社会民主的进程[1]。当然从前工业化、工业化直至现在的后工业化时期，政府因法律赋予的政策制定和施行权还未受到真正的撼动。

其次，当政府放下强势的架子，专心致志地为社会提供服务，并且明白仅仅提供服务还不够时，政府通常还需在社会治理中牵线做交易，把公营部门和私营部门拉到一起[2]，这其中的谈判协商导致最终的互惠互利、双赢或多赢等，都再次为政府累积社会资本。这样的社会资本完全来自政府的"交易"能力，也促进了非正式的人类交往，润滑了市民社会和集体物品的志愿供应，增加了信任和可预期的行为，同时这样的社会资本减少了社会改革的成本，并由此拉动了经济增长[3]。

最后，仅作为利益集团参与社会治理的协商者和撮合者并不能满足西方政府的欲望，他们通过委托代理给地方政府和社会自治组织进行社

---

① Lowndes Vivien and David Wilson, "Social Capital and Local Governance: Exploring the Institutional Design Variable", *Political Studies*, Vol. 49, No. 4, 2001, pp. 629 - 647.

② 〔美〕戴维·奥斯本、〔美〕特德·盖布勒：《改革政府——企业精神如何改革着公营部门》，上海市政协编译组等译，上海译文出版社，1996，第5页。

③ Svendsen Gunnar Lind Haase, Gert Tinggaard Svendsen, "On the Wealth of Nations: Bourdieuconomics and Social Capital", *Theory and Society*, Vol. 32, 2003, pp. 607 - 631.

会治理的方式①，在转让经济资本的同时因建构一种新型的、多层阶的治理体系而积聚了新的社会资本。虽然西方政府分权的历史相当长，但是分权并不意味着丧失治理的主导权，包括像年度的拨款、绩效评估、代理机构比较、公民的反馈等都左右政府将权分给谁，机构和组织为了持续拥有并不稳定的权力，也必须回报政府以更多的尊重和支持。

由此，看似经常受到公众及社会质疑的西方政府仍然牢牢把控了治理的主导权，社会资本对此的救助不可忽略。社会资本为政府编织了一张张交错密布的社会网，网中既充斥了利益互换和权力交易，也不乏互惠和信任。凭借社会资本，政府不需要以呼风唤雨的强势做派向社会要挟，代之以亲和的、协商的、有时妥协有时坚持的掌舵者形象参与社会治理的全过程，而这样的角色定位提升了一度处于弱势的西方政府形象。

可以看到，西方社会从行政支配、统一调度的社会管理模式走向多方分权、共同决策的社会治理模式，其间既有公民力量的推动，也有政府面对新局面或主动或被动地调整自身定位。同时在西方世界这一轮社会重构的经验和趋势中，社区场域是社会治理的焦点，社区的复兴成为了国家主义与自由市场之间的第三条道路。

二 国内城市基层治理的发展和困境

在世界范围内城市秩序重构、社区复兴的背景下，中国城市治理也开启了转型之路。众所周知，在改革之前，国家主要依托"单位"控制社会及其成员，也通过"单位"给人们提供各种物品及服务。城市社会也因之被称为"单位社会"。1978 年后随着经济体制与社会体制改革的深入，单位制逐渐解体，在社会急剧转型过程中城市社会组织及管

---

① Mabbett Deborah and Helen Bolderson, "Devolved Social Security Systems: Principal - agent versus Multi - level Governance", *Journal of Public Policy*, Vol. 18, No. 2, 1998, pp. 177 - 200.

理体制也进入一个新的改造和重建过程之中。也正是在这一时期，社区取代单位成为社会管理和社会生活的基本单元，社区建设和社区自治开始受到各方高度重视。①

细细回顾 1978 年以来中央政府在社区的多轮动员，包括"社区建设""社区发展""和谐社区""社区治理"等，每一轮驱动都是应对当时社区所面临的问题。从最初对社区的统一认知、社区在经济建设和体制改革中的作用、社区如何与社会转型相匹配，到社区治理结构多元化的困境等，看似都是自上而下的顶层设计，其实在快速城市化大背景下，中国城市社区超常规的发展，让各区域、各基层不得不时时应对新格局、新问题，逐渐孕育出一种自我发现、自我协调和自我创新的社区演化模式。

目前城市社区发展进入新一轮治理周期，除了各种政府资源继续一如既往地向社区集聚之外，随着市场化的进一步侵入和社会化的逐步渗透，各方对社区治理有了更高标准的期待。2018 年笔者课题组对北京、上海、深圳、南京、杭州、郑州、沈阳、西宁、无锡和扬州十城市社区进行的 5050 份有效问卷调研②表明，过半被访者对社会治理的满意度持比较认同态度（55.8%），近 30% 的被访者持一般或不满意态度。个中原因是被访者的社区意识和公民意识正不断成长，对社区治理有更多维的认知和需求，同时调查也显示城市社区正面临许多新常态下的问题，包括社区多组织协同问题、社区弱参与问题、社区冲突问题和社区自治问题等。

（一）社区多组织协同问题

即便在大政府的中国社会运行模式下，就城市社区内部而言，社区

---

① 项继权：《参与式治理：臣民政治的终结——〈参与式治理：中国社区建设的实践研究〉诞生背景》，《社区》2007 年第 9 期。

② 本数据来源于国家社科基金"社会治理精细化的共融机制研究"（项目号：17BSH035）的阶段性成果。该调查中北京、上海、深圳、南京、杭州、郑州、沈阳、西宁、无锡和扬州十城市回收的有效问卷数分别为 800 份、801 份、802 份、423 份、407 份、406 份、400 份、400 份、301 份和 310 份，合计有效问卷数 5050 份。

治理面临的首要问题是社区多组织并存、权力分散以及相应的多方协同问题。近 10 年来，社区组织架构始终处于多方博弈的格局，从社区居委会权力逐渐衰微，到与物业公司、业委会形成"三驾马车"，再加上社区工作站和被孵化的社区民间组织不断介入，多组织共同治理社区的局面已经形成。2018 年笔者课题组对北京、上海、深圳、南京、杭州、郑州、沈阳、西宁、无锡和扬州十城市社区进行的 5050 份有效问卷调研显示，被访者在回答"在您的心目中，您所居住社区的管理者是以下哪个组织"时，将 47.4% 的票投给了社区居委会，物业公司获得了 32.6% 的认同，其他组织获得了余下 20% 的票数。

社区权力结构中多组织并存的问题并未引起基层足够的重视，多数的场景是各做各的，井水不犯河水，但是一旦遇到问题，只能临时坐下来协商，之后各自散去，没有形成长期有效的协商机制。大多数社区居委会仍由基层政府维持日常开支，忙于行政指派工作，无暇与物业公司、业主委员会和其他社区组织举办定期的协商见面会，而物业公司认为自己是市场行为，没有特别需要不必与行政多沟通。但对于居民而言，社区生活有问题找谁？有意见建议说给谁听？如何通过组织活动寻找社区的归属感？在多组织并存的格局下，唯有通过形成稳定的协商机制，如确定固定的协商日、圈定常规的公共协商选题、设计双边或多边协商模式、形成一批热心参与协商的居民，才能吸引政府、市场和社会组织经常坐到一起，才能学习在多组织协同下找寻良治的方案。

（二）社区弱参与问题

社区居民，特别是中青年的工薪阶层和中产阶层参与社区活动频率低的问题一直是困扰社区治理的主要问题之一。社区参与作为基层治理的重要指标，是反映社情民意的关键通道，也是增强社区凝聚力、整合社区组织的理性选择，在前几轮国家动员的社区改革中，始终未解决低密度低频度的社区弱参与现象。在 2018 年十城市调查中，笔者选择了"社区居委会选举""社区业委会选举""社区居民或业主议事会""社区选聘物业公司""社区的娱乐性活动""社区的邻里互助活动""社区的公益慈善类活动""社区的公共服务活动""社区的维权行动""网上讨论社区事务"10 个社区参与选项，让被访样本在"经常参与""偶尔参与""不太参与""从未参与"4 个由密到疏的选项中进行勾选，结果显示其大部分社区活动的参与率都低于 1/3，"经常参与"这一栏普遍选择率都在 10% 以下，而"不太参与"和"从未参与"的选择率却合计高达 78.2%。

参与率不高的主要原因是社区活动的议题太单调或居民没有时间，并且类似像社区协商的"居民议事会"形式，其参与度也非常低。因此单纯地、行政性地在社区掀起协商浪潮并不能激起更多的社区参与，应在协商的理念、议题和形式等多方面进行设计，这样才能有效提高社区参与率。例如 N 市 GL 区 N 街道针对辖区内高素质居民多的特点，尝试进行"邀约制社区协商"，通过主动约请的方式，充分尊重协商者的时间安排以及对议题的偏好，针对不同时间段社区的重点议题，开放式地邀约居民，让更多的居民应邀走出家门或通过在线平台参与社区公共事务。

（三）社区冲突问题

近年来社区冲突频发不仅是社区发展进入多中心管理期的一个必然表现，同时也是面临改革开放 40 多年来心智逐渐成熟、心胸日益宽广、具备一定公共意识，同时其中相当一部分还拥有物权的社区居民[①]的结果。社区冲突并非洪水猛兽，它其实是社区矛盾积聚后的一种原生态展

---

① 闵学勤：《社区冲突：公民性建构的路径依赖——以五大城市为例》，《社会科学》2010 年第 11 期。

现，即拥有物权的业主为维护自身权益与社区他者、他组织发生纠纷。从十城市调研来看，近三年内最主要的社区冲突集中在"环境污染""物管不善""治安问题""物业费涨价""违章搭建""邻里纠纷""宠物伤人"等，特别是前两者被选率分别高达 33.2% 和 31.2%，也就是说近 1/3 的城市社区因环境及物业问题而发生过冲突。

面对冲突，基层政府通常的第一反应是维稳，尽可能让事态平息，而不是搭建平台让不同利益者坐下来协商，但这样做的结果往往是，或者政府支付更高的成本来满足各方的利益，或者冲突方短时期内平息了各自的情绪，但深层次的矛盾仍未解决，一旦出现导火索仍有可能再次引爆冲突。此时若基层政府能充分引导各方面对面协商，坦诚相见、互让一步，长此以往社区居民和组织都将习得公共意识和沟通能力，社区治理方也会因理性解决冲突而赢得更多认同。

（四）社区自治问题

社区发展历经 30 多年，理论上社区治理应已逐步走向成熟，或形成了几套既有模式以便不同类型的社区效仿。然而事实上基层社区仍疲于奔命，或忙于承接不同条口的行政任务，或忙于各种检查和竞赛，究其原因，大部分社区仍未养成自治的惯习，即便有行政和市场两股力量，如果社区自身无法造血，从根本上仍难以提升居民对社区治理的满意度。

人们愿意为社区的公共利益付出，自治的出发点也基于此。只是自治并非一朝一夕可以达成，被寄予自治主体厚望的业委会近几年经历诸多波折，在许多城市业委会不增反减便是例证。

面对以上问题，如果按照以往整齐划一的行政管理模式，在社区治理新常态下没有各方意见发声的机会，缺少互相让步、共同进退的协作理念，城市社区治理将不可避免地陷入混沌或僵局，而在多维度上启动社区协商，从倾听各方声音开始，围炉商议、共谋发展应是必经之路。

三 应对困境：协商式治理兴起

出于对选举民主反思和对参与式民主关怀而提出的协商民主理论，在 20 世纪后期与治理理论相遇，由此聚合延展而成的协商治理理论，迅速被引入正经历经济社会转型的中国，并伴随着近几年的两个顶层设计渗透于基层，一个是 2013 年党的十八届三中全会首次提出"社会治理"，以之代替"社会管理"引领社会运行及发展①，另一个是 2015 年中共中央印发《关于加强社会主义协商民主建设的意见》，明确提出要对政党协商、人大协商、政府协商、政协协商、人民团体协商、基层协商、社会组织协商等进行全面部署②。

事实上，早在国家层面推动之前，基层政府就有零星的、碎片化的议事协商实践，以应对转型中社区出现的新问题、新矛盾。比较著名的有始于 1999 年的"温岭恳谈模式"，持续 10 年之久的温岭模式充分调用了治理观念和技术的创新，从对话型恳谈逐渐走向决策型恳谈，创造了"政治企业家模式"、"利益驱动模式"和"观念驱动模式"，开基层治理民主的先河③。2009 年杭州市上城区的"湖滨晴雨工作室"建立了中国第一个社区民主民生互动平台，社区居民有机会参与到工作室组织的各种交谈、协商和讨论等活动中，就民主民生问题"建言献策"④。

经过十几年的发展，基层协商初具形态。就协商形态而言其包含决

---

① 具体内容参见《中共中央关于全面深化改革若干重大问题的决定（全文）》，国务院新闻办公室网站，http://www.scio.gov.cn/zxbd/nd/2013/document/1374228/1374228_11.htm，2021 年 7 月 3 日。
② 具体内容参见《中共中央印发〈关于加强社会主义协商民主建设的意见〉》，中央政府门户网站，http://www.gov.cn/xinwen/2015－02/09/content_2816784.htm，2021 年 7 月 3 日。
③ 何俊志：《权力、观念与治理技术的接合：温岭"民主恳谈会"模式的生长机制》，《南京社会科学》2010 年第 9 期。
④ 韩福国：《作为嵌入性治理资源的协商民主——现代城市治理中的政府与社会互动规则》，《复旦学报》（社会科学版）2013 年第 3 期。

策性公民协商、听证性公民协商、咨询性公民协商、协调性公民协商[①]四种类型；协商主体主要有各种类型的社会组织、基层人大政协组织、基层党组织、社区自治组织（包括乡村和城市两个空间）、居（村）民、外来人口等，其中基层政府在各实践模式中仍是必不可少的参与主体[②]；协商形式和机制出现了民主恳谈日、民情直通车、多方联席会、社区议事会、民主评议会等。

在城市社区治理中，围绕社区环境、治安和养老等日常话题及社区冲突等关键事件，来自社区多方的声音正逐渐习惯通过对话协商来达成共识。这种对话协商机制在基层能得以实践，其推动因素是多维的：来自政府、市场和民间的不同治理组织同时嵌入社区，代表差异化的利益主体，用公开的对话协商取代私下的博弈拆台，也即同舟共治已是社区新常态；互联网生态对社会整体结构的影响也在撬动社区的日常，不同阶层在互联网中有机会发声，个中习得的协商理念和对话逻辑在社区实践中正在被有意无意地广泛使用；基层政府在全球化和本土化的共同作用下，近两年已逐渐认同社会治理运行模式，并尝试着调动各方力量推进社会治理创新，而城市社区正在成为最佳试验田。对承载越来越多工作内涵、民生期待和创新需求的城市基层而言，秉持平等、参与、沟通、协商、回应及合作等理念的协商式治理，无疑更可能应对基层的分权困惑、社区自治不足的压力、社会组织协同乏力的阻滞等。

但是正在涌动的社区协商远未形成浪潮，虽然有国家通过顶层设计推动协商民主，基层政府借助治理创新体验协商民主，但其实各方都没有做好准备，协商式治理还只能被称为一场潜在的变革。分析其原因，本土化和操作化是阻碍，有关它的技术运用还不够成熟，即便在全球也

---

① 林尚立：《公民协商与中国基层民主发展》，《学术月刊》2007 年第 9 期。
② 韩福国主编《基层协商民主》，中央文献出版社，2015，导言第 6 页。

还缺少更多的经验支持。同时关于它的质疑从未停止，例如，如果公共事务的决策都通过协商是否成本太大了？批评家甚至认为协商对理性讨论而不是激情言论和行动的强调，有可能加剧性别、种族和阶层的不平等①；也有研究认为是那些协商参与者的性格和政治倾向，而不是接受者的认知影响了协商提案②，等等。但是相比其他治理方式而言，协商模式最大范围地激起了公众参与，对社会治理的公开性、参与性和反馈性特征也做了最大程度的响应，目前最需要的其实是规模化、常态化的试验，特别对中国基层治理来说，通过社区协商让基层治理积极高效地运转起来，不仅有利于中国协商民主的推进，也可在全球化视域下让世界分享中国社会治理的实践成果。

第二节　嵌入基层治理的议事会

议事会肇始于 20 世纪 90 年代，在经济社会发展新局面下被引入基层社会治理。作为议事机构，议事会从性质上来看，是基层自治性组织，它的出现在一定程度上弥补了已有社区居委会和社区代表大会的不足。同时，在治理语境下议事会也是社会治理的有效资源，它的发展是内生性地嵌入基层社会发展中的。正如一些学者所认为的，在城市治理的中国语境中，协商民主通过在原有结构中找到与之相衔接的结合点，作为一种重要的治理资源嵌入现代城市治理之中，而不是外生于经济社会发展。③

---

① Cheryl Hall，"Recognizing the Passion in Deliberation：Toward a More Democratic Theory of Deliberative Democracy"，*Hypatia*，Vol. 22，No. 4，2007，pp. 81 – 95.

② Tracy Sulkin and Adam F. Simon，"Habermas in the Lab：A Study of Deliberation in an Experimental Setting"，*Political Psychology*，Vol. 22，No. 4，2001，pp. 809 – 826.

③ 相关观点参见韩福国《作为嵌入性治理资源的协商民主——现代城市治理中的政府与社会互动规则》，《复旦学报》（社会科学版）2013 年第 3 期；谈火生《协商民主》，载景跃进、张小劲、余逊达主编《理解中国政治——关键词的方法》，中国社会科学出版社，2012，第 93 页；等等。

经历十几年的实践发展，议事会虽然在解决各种社区问题、凝聚社区共识上发挥了重要作用，也在不断自我更新，但仍不是严格意义上的协商民主，且已进入发展瓶颈期，应对社区新局面乏力。目前这种朴素的协商形式若要发挥更大的效用，急需协商理念、机制和技术的导入和制度化的设计。

一　议事会的发展历程

20 世纪 80 年代启动的城市经济体制改革及其不断深化引发了城市微观社会结构的深刻变化。传统单位制走向解体，原本在城市管理中只起辅助作用的社区承担起满足居民需求、为居民日常生活提供公共服务、稳定基层社会之责任。于是城市社区（尤其是大城市社区）开始出现经济生活水平提高、人口流动加剧和社区成员分化带来的社区异质性需求满足与传统社区管理方式之间的矛盾，且直至今日仍受其困扰。在这样的背景下，城市社区开启管理机制转型之路，社区议事会在这一进程中应运而生。

综观议事会的发展历程，较早启动该实践的有上海静安区、沈阳沈河区/和平区、武汉江汉区、北京东城区等地。分析这些先行社区，一方面，所在基层政府相对开明积极，受中央有关社区建设试验的号召推动，主动探索社区治理新模式、新路径；另一方面，社区居民参与力量开始初显，且居民相对而言具有较好的议事协商禀赋，社区精英推动起到非常重要的作用。如上海静安区 1996 年就在静安寺街道的一个居民区成立了第一个议事会，当时命名为"居委会社区建设议事会"，定性为群众性民间组织。经实践议事会在小区建设中的作用突出，同年扩展到街道层面，18 个居民区相继成立议事会。后街道党工委、办事处将议事会改为"居委会建议议事会"，性质定为基层群众性自治组织，并对其进行了相应的规范。静安寺街道的一个特点就是汇聚了政治、文化、经济等各界精英，他们有议事的能力也有议事的习惯，组织协调能力出众，有能力动员各类资源，由此一定程度上能形成积极活跃的互动关系。① 比静安区稍晚几年，2000 年 N 市 GL 区的几个社区也由居民自发，在居委会的引导下创建议事会，命名为"社区议事园"，开启居民议事之实践，一年后在全区推广。"议事园"是以议事会、议事箱、议事厅、议事栏为载体的社区议事机制。至 2007 年，在社区居委会改革中，GL 区的党群议事会与居民议事会合并，议事机制进一步完善。到 2015 年笔者课题组进行调研时，GL 区辖区 13 个街道内几乎每个社区都有议事会。② 又如 2003 年，北京市东城区的东四六条社区在抗击非典中发现居民参与力量之后，建立起"社区常务代表会议"，该模式后来在全区推广，并在此基础上逐渐搭建起网格议事会、居民议事厅等居民多元参与平台，探索"协商共治"模式。

作为创新性的社区居民自治形式，一如其他基层治理创新实践的探索，议事会也经历了由个别社区小范围试点，到运行效果初显后推广至街道、全区甚至全市层面；由一地发起到多地效仿，直至进入顶层视野。经十几年各地相互学习借鉴，自发尝鲜性实践发酵后，在顶层设计层面，议事会作为一种能扩大居民参与的形式，在基层自治实践中得到鼓励。2012 年党的十八大指出要以扩大有序参与、推进信息公开、加强议事协商为重点，健全基层党组织领导的、充满活力的基层群众自治机制；2015 年中共中央发布的《关于加强社会主义协商民主建设的意见》提出要稳步推进基层协商，针对城乡社区要"坚持村（居）民会议、村（居）民代表会议制度，规范议事规程。积极探索村（居）民议事会、村（居）民理事会、恳谈会等协商形式。重视吸纳利益相关方、社会组织、外来务工人员、驻村（社区）单位参加协商。通过协商无法解决或存在较大争议的问题或事项，应提交村（居）民会议或

---

① 相关介绍参见刘晔《公共参与、社区自治与协商民主——对一个城市社区公共交往行为的分析》，《复旦学报》（社会科学版）2003 年第 5 期。
② 相关信息来自课题组访谈。

村（居）民代表会议决定"①。同年7月，中共中央办公厅、国务院办公厅印发《关于加强城乡社区协商的意见》，从总体要求、主要任务和组织领导三大方面为基层协商实践提供针对性指导意见，并提出"到2020年，基本形成协商主体广泛、内容丰富、形式多样、程序科学、制度健全、成效显著的城乡社区协商新局面"②的总体目标。至此，有关基层协商议事发展的理念逐步明晰，指导意见也相继出台，在顶层推动与基层治理实际之需相互契合下，基层议事协商机制得到城市更高层级的重视，被更多地区采用实践，纳入社会建设、社会治理转型蓝图。如北京市在《北京市"十二五"时期社会建设规划纲要》中提出"加大社区事务公开力度，提升社区居委会民主自治功能，完善社区居民会议、议事协商会议、民主听证、居务公开制度，推进居民会议常态化"③。2014年，北京市全面推广社区"参与式协商"自治模式，所有社区建立"议事厅"，健全社区社情民意收集、协商议事办理及监督评议机制，实现基层民主协商制度化。贵州在2012年开启基层管理体制改革。在新的组织架构中，社区居民议事会成为"一委一会一中心"治理结构中的其中一维。由社区内各行各业和居委会代表组成的"一会"即居民议事会，作为社区议事协商机构，是体现居民意志的平台。④ 2015年深圳市把健全居民自治平台、完善社区居民议事会制度纳入2015年改革计划，并在年底市民政局发布了《深圳市社区居民议事

---

① 《中共中央印发〈关于加强社会主义协商民主建设的意见〉》，中央政府门户网站，http：//www.gov.cn/xinwen/2015-02/09/content_2816784.htm，2021年7月3日。

② 《中共中央办公厅、国务院办公厅印发〈关于加强城乡社区协商的意见〉》，中央政府门户网站，http：//www.gov.cn/zhengce/2015-07/22/content_2900883.htm，2021年7月3日。

③ 《北京市人民政府公报2011年第27期（总第293期）》，北京市人民政府门户网站，http：//www.beijing.gov.cn/zhengce/zfgb/lsgb/201905/W020191122588125720289.pdf，2021年7月3日。

④ 相关介绍参见谢蕴枰《国家与社会互动视角下的社区治理——"乌当社区"研究》，清华大学博士学位论文，2016；顾荣刚等《社区居民议事会现状分析及政策建议——以贵阳市云岩区为例》，《贵阳市委党校学报》2014年第2期；等等。

会工作规程》通知①。

正如前所述，议事会从兴起至风起云涌，不管各地启动机缘是什么，其实都在一个共同的大背景下，即城市基层治理体系面临转型问题，若再聚焦则是城市社区自治化和行政化矛盾的复杂交织。在法律上，社区居委会是群众性自治组织。但在国家基层政权建设的需要下，社区居委会实际上是重要的行政支柱，始终难以去"行政化"。社区居委会一直面临担自治组织之名行行政性职能之实的尴尬矛盾处境，难以真正了解居民需求，发挥基层治理协调平台的作用。如何改变这一处境，形成整合不同利益群体诉求的平台机制，让社区能达成共识，成为基层治理创新的焦点。由此，为重构城市社区自治组织和基层政府关系，围绕"社区自治、议行分设"的目标，各地开启有益探索。探索的一条路径是在居委会之外另建工作站，让社区居委会得以摆脱行政任务，如北京西城区实行"一心两会一站"、深圳盐田区建立"一会两站"、南京市建邺区实施"一委一居一站"等均是沿此思路；另一条路径则是成立社区协商议事委员会，承接社区议事职能。在第一轮社区建设中，沈阳、武汉、青岛、西安等地均成立了社区协商议事委员会，形成社区居委会、社区成员代表大会和社区协商议事委员会的社区自治组织体系。在对议事委员会的界定上，一些地区如沈阳把它作为社区成员代表会议的代行机构，而另一些地区如武汉江汉区则不是。从功能上看，议事委员会都承担议事和监督作用，部分拥有决策权。发展到后期，两条路径开始汇合，不少城市开始探索"居站分离、议行分设"模式，如 2012 年广州市荔湾区开始探索该模式，搭建起街道、社区、片区三级居民议事会②。当然这里谈"议"和"行"的分离，在对

---

① 相关内容参见《深圳市民政局关于印发〈深圳市社区居民议事会工作规程〉的通知》，深圳市人民政府门户网站，http：//www.sz.gov.cn/zfgb/2016/gb946/content/mpost_4997413.html，2021 年 7 月 3 日。

② 相关介绍参见陈剑玲主编《大都市治理的荔湾实践》，中国社会科学出版社，2016，第 92 页。

"行"的理解上，仔细分辨其实有两种含义，一个层面是就各政府部门落到社区的行政事务而言，另一个层面是执行管理，包含本身社区事务的管理执行。但不管怎样理解，实质上，议事会都是在居民委员会既有行政任务无法剥离的情况下，对居委会的一种补充。借由议事机制，社区治理可以实现社区多方主体议事、居民委员会执行，改变议事、执行统为一体的做法。但需要指出的是，"居民议事会"在城市社区自治制度中的性质和地位并不明确，其相关的法律法规、体制机制建设均在摸索和研究阶段。

二 议事会及其效用

目前多数城市社区都已设有议事会，但各个城市的称呼不一，如"议事厅""议事园""社区议事会""居民议事会""党群议事会""居民议事委员会"等均是其名称变体。虽然名称各异，在运行上也有一定差异，但其内核一致，均是社区群众性自治组织，是社区居民及其他社区主体就社区公共事务进行沟通、讨论、寻求解决方案的重要平台，在社区各主体之间起到中介作用。

在运行上，通常社区议事会在基层党组织或居委会主导下成立，议事会成员由社区内主要单位领导以及享有较高威望、热心社区事务的社区居民代表组成，议事会工作多为志愿性，无报酬，无固定办公场所和办公要求。早期议事会通常拥有提案、议事、监督等权力，后扩展到具有决策权。议事会议通常由居委会发起，召集相关利益的单位组织和个体进行参加。除居委会或社区党组织成员和社区居民代表外，实际参与主体因事因地而异，具有较大伸缩性。会议频次及时间通常不固定，遇事则开。目前各地的议事会在运行机制、议事规范和程序上均处在逐步规范阶段，大多数基层社区还都是按各自理解或需要来运作议事会。

但不管其运行如何，议事会的出现，确实发挥了一定的作用。从社区治理的角度看，议事会起到协调整合社区党组织、居委会、社区物业、社区居民和驻区单位等社区主体的作用。议事会为社区治理中相关利益主体开展"有组织的对话"、凝聚价值共识提供了平台。现实中社区作为组成社会的基础，在空间结构、利益关系和治理架构等方面逐渐出现了一种碎片化的状态。由于难以形成共识，缺乏整合不同利益群体诉求的体制机制，碎片化的社区给社会治理带来了严峻挑战。① 议事会在一定程度上解决了社区多组织协同的问题，在原本垂直分布和相互封闭的社区组织之间建立起了共谋社区事务的松散联系。从社区自治的角度看，社区议事会为社区居民提供了一个发表意见和建议、进行互相协商沟通的平台，是社区居民参与社区公共事务的重要形式。议事会在一定程度上保障了公众的知情权、参与权、表达权和监督权。议事会其实不仅仅是城市基层治理的一个手段或方法，也是一种社区参与机制，让社区自治得以成长。在一些社区，议事会也成为社区党委和社区居委会推动工作的抓手。如笔者调研的 N 市 GL 区社区负责人提到"包括民政啊，环境卫生综合治理等等，我们都是通过社区议事会来做的"②。有学者在考察静安区议事会后也得出这一结论："议事会在社区公共事务中产生了广泛而深入的影响，实际上，议事会已不仅局限于'议事'职能，它部分代行了居委会的工作，成为社区居民自治的重要补充形式……各种社区组织被吸收进议事会构建的权力秩序与组织网络之中，并依据其对社区公共事务的贡献大小，确定在该网络结构中的角色与地位"③。从公共政策制定的角度，议事会也是公共部门了解居民需求的一种渠道。以往标准化的政策和程序越来越难以满足流动性、异质性增强背景下的公众偏好和需求。议事会通过发掘与社区居民利益相关的公共议题，形成有效的政策倡导和公共服务供给。决策于议事协商之后，

---

① 李强、葛天任：《社区的碎片化——Y 市社区建设与城市社会治理的实证研究》，《学术界》2013 年第 12 期。
② 来自课题组访谈。
③ 刘晔：《公共参与、社区自治与协商民主——对一个城市社区公共交往行为的分析》，《复旦学报》（社会科学版）2003 年第 5 期。

不但有利于公共部门决策的科学化、民主化，也能使决策得到广泛支持，在执行过程中得到有力推进。实际上，经议事会对各类资源的协调整合，国家和社会的力量都在社区中得到增强。但需要指出的是，相较于社区治理中的其他几股力量，议事会的力量还相当弱小，个中原因将在下一节进行展开。

三　议事会面临的问题和挑战

目前多地开展的社区议事会，从顶层制度设计到实践运行过程，从行动各主体协商素养到技术性程序规范，从议题选择、议事会过程到议事会成果转化等方面均面临一些问题和挑战。

第一，制度建构薄弱，制度执行不到位。首先，有关议事协商的法律不健全，对居民议事会的主体性质、功能定位等缺乏专门的法律依据和保障已是研究协商学者的共识。其次，程序性制度规范缺失。建立原则性的制度进行价值理念引导固然很重要，但如果缺乏执行层面的制度配套，就会给制度执行留下很大的弹性空间，从而引发制度文本所述和制度执行效果之间的较大差距。目前的制度设计中，在具体的运行程序上，如应按照怎样的程序开展协商、协商结果该如何运用等均没有明确规定，从而制约社区议事协商的顺利推进。余华通过分析浙江省各地基层协商民主的实践情况，认为基层协商民主"主要的制度框架已经确立，但在具体运行机制方面还存在着一定的欠缺，如制度规定过于笼统，过于宽泛，协商弹性大，缺乏具体明确的操作规则等"[1]。最后，制度安排缺位，制度保障缺乏导致议事协商活动多为零散的、碎片化的、不稳定的，更容易受到政策、长官意志等不确定因素影响，从而在执行端按照社区负责人的理解进行操作。有学者对 35 位社区书记就议

---

① 余华：《基层协商民主的现状分析与发展对策——以浙江省为例》，《观察与思考》2015 年第 3 期。

事会进行了深入访谈，结果显示"有的社区协商议事仅仅停留在议题的汇集层面，有的社区书记将社区协商议事主要理解为召集相关人员开会商讨议题，仅有四成的社区书记提出了相对完整的议事流程，但就是这些流程也缺乏一个关键环节，即议事结果的监督与反馈，仅仅把社区协商议事整个流程终止在结果执行层面，缺乏评估、监督和反馈步骤"①。

第二，议事主体存在理念认知偏颇，行动力不足。虽然议事协商活动在众多社区开展，为社区成员参与社区公共事务提供了重要渠道，但无论是社区居民还是基层领导或是社区其他行为主体从主观认知到客观行动均未准备好。在居民端，虽不乏社区居民参与热情高、社区议事氛围好的社区，但就整体而言，谁来议事协商仍是较大问题。"居民议事会还没有像社区大党委和社区服务中心那样发挥出应有的作用……如何让居民'乐于议事、善于议事'一直是居民议事会面临的难题"。② 目前一些对议事协商的实证研究发现"非党政主体参与度不高的现象。就居民而言，仍然存在搭便车思想，从而造成了居民的参与热情不高。就非政府组织而言，如今社区内的非政府组织尚处于发展的初级阶段，大部分非政府组织都是在政府的扶持下发展起来的，并没有完全的社会化，造成了它们在社区参与中带有一定的行政性色彩"，"在社区工作的中青年作为'工作人'，由于日常工作生活的快节奏及社区党群议事会的无偿性，很少参与社区活动，从而造成了议事主体构成上的单一化"③ 等问题。议事成员结构的单一化导致思考问题的方式和角度单一、固化，无法起到协商应有的对话、理性论辩、互相启发反思的作用，影响议事会作用的发挥。总体来看，如何动员社区居民，提高参与

① 张平等：《城市社区协商议事的推进难题分析——基于35名社区书记的深度访谈调查》，《东北大学学报》（社会科学版）2018年第2期。
② 谢蕴枰：《国家与社会互动视角下的社区治理——"乌当社区"研究》，清华大学博士学位论文，2016。
③ 顾杰、胡伟：《协商式治理：基层社区治理的可行模式——基于上海浦东华夏社区的经验》，《学术界》2016年第8期。

的广泛性和结构合理性是眼下议事协商需攻克的难题。其实缺乏参与的广泛性，问题不但在于社区居民的协商意识不足、协商热情不高，更在于基层领导的协商认知和胆识不够。基层领导对协商制度的理性认知和支持程度直接影响协商议事的实施效果。而协商的质量和协商成果的转化同居民议事参与热情相关联。居民的议事参与效能感提升，体验到议事协商可解决自身关切事务，不但能保持已参与居民的积极性，也可激发还未参与居民的热情。有学者在有关城市居民社区自治行为研究中发现，"自治实际控制感"对参与自治行为有影响，即"自治实际控制感水平越高，对自治行为的推动作用越强"①。

但目前看，基层对协商议事多为工具性的认知，未能真正领会协商的丰富价值内涵。"随着主流话语的形成，'协商民主'在文件、决议、讲话、指示中出现的频率日益提高，但囿于工具性的倾向，'遇到问题才协商''想协商就协商''有时间就协商'的现象依然存在；平等参与、理性表达、协商共识、合法决策、公平公正等价值未能得到充分理解和尊重"②。也正是理念认知偏颇加之保守倾向，让协商实践走样，甚至存在形式化倾向。如西南某地开展的议事会，根据社区机构设置的有关规定，"居民议事会一般设负责人 1 名，根据社区规模，从社区党政机构、居委会、居民小区，以及企事业单位、非公经济组织、新社会组织中民主推选成员 20～60 名。但从实际情况来看，现有的社区居民议事会大多以社区机构和居委会的人员为基础，补充部分驻区单位、非公企业和居民群众代表，可以说社区居民议事会完全由社区党政组织牢牢控制，自主性和主导性受到很大制约"③。在实践社区协商时，基层需不拘泥于工具价值，而认知到协商的丰富意义，正如陈家刚在《城乡

---

① 张平：《中国城市居民社区自治行为研究》，东北大学出版社，2013，第 161 页。
② 陈家刚：《城乡社区协商民主重在制度实践》，《国家治理》2015 年第 34 期。
③ 顾荣刚等：《社区居民议事会现状分析及政策建议——以贵阳市云岩区为例》，《贵阳市委党校学报》2014 年第 2 期。

社区协商民主重在制度实践》一文中所提到的"协商民主是一种要求极高的民主形式，价值意蕴丰富、理论逻辑严密、制度程序严格。在实践中，能否通过不同制度平台实现全体一致的共识，充满着不确定性。协商民主作为民主形式的一种，除了能够解决政策问题，还具有促进利益表达、推动民众参与、培养公民意识的政治价值和意义。重视协商民主对于解决基层问题和矛盾具有重要意义，但是，协商失败也是可以接受的选择"①。

第三，社区议事会运行程序不规范，社区议事深度不够。研究发现，基层协商民主在具体的运行过程中，尚未形成规范化的程序机制。在协商议题和议事内容层面，目前社区议事主题比较简单，议题选择随意性大。议事主题大多涉及非政治性主题，而政治性管理性主题很少。社区居民所参与的议事内容，大多是具体社区事务的运作，例如环境问题、文化娱乐性问题、突发性问题等，而很少对社区发展规划和社区管理体制等重要主题进行议事。如有研究指出，"从实践来看，居民议事会讨论、研究得最多的，往往是提交给社区党政机构后相对比较容易解决的城管、卫生问题，如占道经营、污水外溢、垃圾积存等，而社区建设、民主管理、居民自治等事关社区发展大计的议题则少之又少"②。协商议题提出的责任不确定、协商内容的确定随意性大，缺乏计划性和科学性。在议事会的召开上也以问题为导向，有问题就开，未形成有规律的定期长效机制。如上海某社区的居民议事会实践，"议事会以问题为导向不定期召开，一般居民区内公共事务诉求出现时，由居委会出面组织利益相关单位和个人，进行协商议事"③。笔者在 N 市 GL 区调研时也发现，"社区议事会面临重大问题或矛盾的时候临时集中召集"，"议

① 陈家刚：《城乡社区协商民主重在制度实践》，《国家治理》2015 年第 34 期。
② 顾荣刚等：《社区居民议事会现状分析及政策建议——以贵阳市云岩区为例》，《贵阳市委党校学报》2014 年第 2 期。
③ 顾杰等：《协商式治理：基层社区治理的可行模式——基于上海浦东华夏社区的经验》，《学术界》2016 年第 8 期。

事会也不固定，有情况有问题就会开会，一年大规模的会议有 10 次左右，小规模的会议就有很多了。我们把它称作现场居民议事会"①。另外，议事程序不规范、议事技术匮乏。有些地方"议事的程序甚至议事决定先由社区居委会制定形成，议事成员只是参与举手表决投票了事。在议事过程中，议事成员抱着凡事依赖社区或上级政府的心态，很少发挥自身的主动性"②。近年来一些地方虽然也在积极探索新的协商技术方式，但是在面向社区年轻人、上班族和日渐复杂的公共问题方面，仍显技术性乏力。如何导入互联网技术、新协商技术如在线协商、云协商等方面有待研发和推广。这也表明，社区协商的顺利高效运行，在一定程度上需要导入专家力量。从协商效果和成果转化看，社区面临协商成果执行有限的困境。有学者通过问卷调查发现，由于缺乏责任机制和监督机制，基层协商民主成果的落实缺乏资源保障，协商成果的应用和情况反馈效果不佳。③ 在社区议事会的职能方面，存在职责不明的问题。很多社区议事会对议事会具体所承担的工作内容没有明确的表述，议事会成员和广大社区居民对于议事会的作用领域十分模糊，没有一套完整的规章制度来规范议事会的运行。同时如何与社区现有的居委会进行合作和分工也无明确规范，毕竟居委会是法律意义上的群众自治组织。在模糊不清的情况下，有些社区议事会由居委会主持，一定程度上成为居委会的扩展板，成为居委会向居民寻求决策认同的工具。如有学者在调研上海某社区议事会中发现，议事会的"成员里有居委会主任和党组织书记，他们在议事过程中往往会以居委会或党组织的干部身份来给自己定位，而不是作为议事会的成员来参与议事"④。

以上这些问题的存在限制了协商价值的发挥，造成了协商理想与效

---

① 资料来自课题组访谈。
② 陈思：《中国乡镇自治必然性的理论辨析》，《江汉论坛》2011 年第 3 期。
③ 杨根乔：《关于基层协商民主建设的调查与思考》，《中州学刊》2016 年第 1 期。
④ 李晓彬、汪金龙：《城市社区党群议事会的困境与对策——以上海市 L 社区为例》，《党政论坛》2016 年第 11 期。

果之间的差距。目前大多数基层社区都按各自理解或需要来运作议事会，在一定程度上缓解或解决了社区当时当刻的应急问题，但从协商治理的高度，从全方位的社区动员、社区居民公共意识和自治意识的培育等方面来看，社区议事会形式亟须改良创新。

第三节 从议事到协商

中国城市社区多有议事习俗，但鲜见协商机制。涵盖公众参与、多元包容、程序正义和公共理性的协商治理在落地中国基层时，未能迅速形成普遍共识和实践，它的本土化和操作化是其梗阻。相比协商面向更广泛的公众、更深度的议题和更理性的程序要求而言，议事以一事一议为主，它通常应对临时、突发事件，在一定程度上调解和缓和基层冲突，即便有议事会等平台，它的常态化运作和治理效度都略显不足。从议事转向协商，不仅基层组织没有准备好，公众也对协商式参与存疑：以什么身份参与协商？如事不关己，为什么要介入协商？协商以谁为主体，最后听谁的？协商中如何兼顾个人利益和公共理性？当然即便在全球，协商治理仍处于实验阶段，在中国大政府小社会格局下如何建构本土化的协商治理模式，不少基层政府都在进行创新性探索。N 市 GL 区在改良社区议事会的基础上，提出创建"社区理事制"来进行协商治理实验，试图破解一直困扰社区的弱参与及社区自治问题，而其首先需面对的是谁来协商和如何从议事会到协商理事会。

一 谁来协商

在回答"谁来协商"之前，社区经常困扰于"谁来参与"的问题，它不像回答"谁来吃晚餐"这么简单，其实这一话题直涉社区的治理结构和治理常态。

经历近 40 年的社区建设和变迁，大多数城市社区已从社区居委会管理模式进入社区居委会、物业公司、业委会和社区组织的合作共治模式①。承载基层行政权力最后一棒的社区居委会尽管其成员越来越年轻、素质越来越高，但其必须与社区其他组织共享治理权，特别是居民最看重的社区环保和安保权力，于是社区居委会与其他社区组织之间事实上的协商治理结构已经形成，只是社区各方都没有足够的理论储备和实践经验来应对这一局面的到来。

理论上，以协商之名而不是议事之名来处理基层事务时，它已体现出组织者对参与者的尊重，表达了他们愿意倾听多方声音的姿态，以及关怀到所有参与者在协商过程中的共同成长，因此公共协商所能展现的三种美德，包括公民美德、治理美德和认知美德②，如果能被各方感知到，协商治理进入社区时就不难回答"谁来协商"这一问题。现实中，以社区居委会为代表的基层行政组织周旋于各种自上而下、各条口下达的事务性工作，疲于奔命的直接后果就是无暇顾及大多数居民的日常诉求，只能遇事议事，在"兵来将挡，水来土掩"的解决模式中很难践行协商的理念，能够不形成上访便是最高欲求，在这一情形下"谁来协商"或"谁来参与"的问题也很好回答，那就是各利益方的代表作为主体，他们有权、有必要介入，协商或参与的主要目的就是各方均衡获益，协商的三大美德很难被感知。

"谁来协商"这一问题也同样难倒长期习惯政府包办包揽的公众。一方面他们受30多年市场化和近10年信息化的启蒙，权利意识比以往任何时代都更凸显；另一方面他们从单位制的逐步消融中回到有更多自主权利的社区，发现社区不仅仅是居住空间，还有许多公共事务需要共同面对，在进退之间他们分化成不同的阵营。细细梳理，按照参与协商的主动性和效能感差异，协商者至少可以分成四大类群体。第一类，组

---

① 闵学勤：《转型时期居委会的社区权力及声望研究》，《社会》2009年第6期。
② Luigi Pellizzoni, "The Myth of the Best Argument: Power, Deliberation and Reason", *The British Journal of Sociology*, Vol. 52, No. 1 2001, pp. 59 – 86.

织协商者，这类群体或较早领悟协商的意义和美德，或受社区维权事件、冲突事件影响，或因各种机缘被推选为业主委员会等社区组织的负责人。他们主动担纲社区公共事务的协商召集人，协调社区各组织之间的关系，调用各种资源持续推动协商进程。但这类群体在社区占比非常少，甚至没有，即便他们在组织协商进程中能感知美德和成长，他们仍然会经常受挫，甚至不被家人和周遭理解。第二类，积极协商者，这类群体在社区参与中曾经获益或是组织协商者的忠实追随者，他们有较高的社区参与频度，并能针对公共事务发表意见，有时在协商过程中递交的提案能够获准通过执行，相对而言他们有充足的参与时间，并在或曾经在职业生涯中有过积极表现。就目前的社区参与现状而言，他们以退休者居多，他们更偏向于参与社区文体类活动的协商，在维权类或其他社区公共协商事务中他们较难发表有价值的意见和建议。第三类，被动协商者，此类协商群体或在社区生活中利益受损，不得不通过参与来维权，或作为社区常态活动中的老面孔被用来凑数，他们在协商过程中多半只能单方面接受信息，很难或无法提出建设性的意见，也不一定能主动感知到协商的魅力，他们在协商需要表决时只能扮演从众者的角色。如果他们参与的维权活动最终获利，他们就是经典的搭便车者。第四类，无关痛痒者，这类群体对公共事务漠不关心，他们或忙于生计无暇顾及社区事务，或一味认为只要不是自家的事都应归政府管，他们几乎没有感受到参与的乐趣，更不用提在协商中贡献智慧，为他人或社区共同体创造福利。这类群体目前在中国城市社区中占大多数，在相当大程度上影响着基层协商治理的推进。

"谁来协商"这一命题作为基层协商治理的发端，决定着社区自治有无可能及如何可能，如果不能常态化、结构化和持续恒定地应对这一问题，那么其多半仍停留在议事层面，上述四类群体不得不在临时动议时互相观望，甚至互相推诿，最终该由自己做主决定的事又拱手交给基层政府。在基层治理中要想寻求常态化的协商机制，随时有绿色通道可通往协商，一个重要的标志即为协商者的资源可随时调用，也即目前较多运用的社区议事会升级换代，长期培育社区有意愿、有行动力、有协商资源的公共事务参与者，日常可以随时轻松应对"谁来协商"这一难题。议事会升级换代的一个路径是将议事改为理事，让社区协商具有法律层面的意义，这样持续参与议事的理事会成员也会更具法律效应和荣誉感。在培育公共事务参与者方面，社区因着手搭建参与者梯队，一是将有职业声望、有能力的社区精英作为第一梯队，他们有较好的协商禀赋，也可以为协商带来丰富的资源；二是将志愿者作为第二梯队，协商过程中随时需要有热情但不一定有资源的志愿者参与。

二 从议事会到协商理事会

2015 年 N 市 GL 区以"协商治理"为主题被评定为全国第三批国家实验区后不久，为了让协商常态化、合法化，GL 区开始尝试从议事会向协商理事会转型。所谓社区协商理事会即以社区居民自主应对和协商解决社区公共事务为主旨，由居民、社区居委会和驻区单位代表组成，以共商社区事务为日常运作主要形式的社区组织平台。其将协商作为一种共识、一条路径和一种常态嵌入其中，理事会的建构和运作将增进社区公共的善，为社区居民谋福祉。那么社区原有的议事会如何向理事会过渡呢？

从社区议事会向社区理事会过渡，社区应具备几个基准条件：社区治理结构完备、社区议事会已运作较长时间、社区居民有强烈的社区参与意愿、社区党委或居委会领导有较好的开放性，社区自治是社区接下来主要想达成的治理目标等。因为相比社区议事会而言，社区理事会参照民非理事会的运营架构，在参与主体、运作模式、协商内涵、协商频度、协商形式、协商效能、成员更新和成员归属方面都将更规范、更理性（见表 1-1）。

表1-1 社区议事会和社区理事会的区分

序号	区分要点	社区议事会	社区理事会
1	参与主体	以党员和社区积极分子为主，由社区或街道领导指定	有协商能力和资源的社区居民、驻区单位代表，经选举产生，参与成员均被称为"理事"
2	运作模式	松散、遇事临时召集	可备案，或注册并参照民非理事会运作模式
3	协商内涵	社区重大事件、冲突事件和突发事件等	社区日常公共事务、社区发展规划及社区内各类重大事件、突发事件等
4	协商频度	不规则、遇事则开	有相对固定的协商时间、地点，若无重大事件，每月至少召开一次理事会例会
5	协商形式	通常由社区党委或社区委主任主持，参会成员轮流发表意见或建议	由理事会秘书长主持，各理事或理事单位代表针对协商议题一一商讨或辩论，必要的时候理事们需履行表决权
6	协商效能	主要看议事会召集的成员是否有责任、有能力和有资源，以及涉及事务的难易程度	理事成员代表各利益方发言，有责任和义务提前搜集提案或解决方案，并有较强的现场协调能力，协商效能相对较高
7	成员更新	成员如无特别过失，一般都是常设	理事（含正副理事长）有2~3年的固定任期，到期通过换届选举续聘或退聘
8	成员归属	成员多半已是社区管理人员和社区网格成员，参加议事会即例行公事	理事经选举产生，有聘书、有责任感、有荣誉感。理事会运作较好的话，成员有归属感

　　首先，社区理事会的组织框架与社区议事会存在根本区别。在GL区实验中，其议事成员即"理事"由推荐、自荐或选举产生，他们有"社区理事"聘书，有固定的2~3年聘期，在任期间须带观点、带提案参加一定频次的协商理事会，并可竞聘副理事长或理事长职位，在社区常设的协商点需担任相应时间的轮值主席，当然这些协商事务不一定是线下，也可是线上。同时在社区理事会中需有一定的性别、年龄、专业和阶层配比，以适应各种日常和突发公共事务的协商，所以社区理事会不像议事会那样成员临时召集、没有聘期，且较难覆盖社区大多数各

阶层居民。其次，社区理事会运营更趋常态化，它在成立初期可在当地民政局备案，运作相对成熟后可进行民非理事会注册。与议事会相比，社区理事会不仅要针对社区重大事件、突发事件或冲突事件进行议事协商，更要将日常公共事务、社区发展规划等以往不需要居民介入的，社区党委或居委会大包大揽的工作纳入协商范畴，让居民自己发声、自己参与治理，自己寻找社区的公共意识和归属感，这也是社区理事会最根本的宗旨所在。最后，社区理事会在相对规范化的组织架构和运行模式下，其协商效能完全取决于理事们的参与积极性、协调或谈判的能力、对外部资源的充分利用等。理事们每经历一次协商会，都是一次学习过程，社区理事会长期有规律地互动，才能在化解"谁来协商"难题的同时，真正向社区自治转型。

当然，看似理想的社区理事会还需直面许多问题。例如：社区已有许多正式、非正式组织，为什么还需要增设和升级成立社区理事会？协商并不是万能的，协商的合法性问题、效率问题、团体极化困境和搭便车困境至今仍是协商治理难题，如何突破？建立一个聚集各类有担当的社区精英的理事会才是刚刚起步，真正的协商治理更需要依赖社区理事制的良性运行。

第二章

以协商的名义

第一节　协商式治理的起源

所谓协商式治理是指让社区各主体在理性协商的基础上共同处理公共事务。协商式治理发轫于"协商民主理念在治理领域的应用以及在一些国家、地区中业已存在的具有协商性质的治理实践"[①]。以公共协商为核心概念的协商民主是其最主要的理论与实践来源。公共协商，也即普通人应有机会参与到公共事务中来这一理念其实和民主的历史一样漫长。但是在近现代民主理论或西方资本主义国家政治实践中，精英民主占据主流位置。直到20世纪后半叶，随着西方社会政治现实的新发展，让公民参与到公共事务中的呼声越来越高。在这波参与浪潮中，协商民主聚焦于公共决策过程，认为每个公民都应平等地参与公共政策的制定过程。"如果社会结构支持公众观点形成和决断的过程持续进行，那么就大众关心的问题进行的协商，不应局限于政治代表、法官、媒体评论家、技术官僚和其他精英，而应渗透入全社会。"[②] 协商民主唤醒了传统政治实践中对于公民美德、理性思考和合法决策的重视。随后，协商

[①]　张敏：《协商治理：一个成长中的新公共治理范式》，《江海学刊》2012年第5期。
[②]　〔加〕马克·华伦、孙亮：《协商性民主》，《浙江社会科学》2005年第1期。

民主经历理论和实践的持续发展后，表现出在帮助公民更好地了解公共事务、让公民针对公共议题能公开进行交流、确保不同的观点都能得到展示以及推动政策的制定和立法等方面的诸多优势，逐渐成为民主的另一出口。政治学家威廉·赖克，在其晚年提出了一个著名论断，即民主是"没有意义的"，而米勒对此的进一步假设是"经过协商，民主将变得更有意义"①。

一 协商民主的兴起

20 世纪 80 年代协商民主（Deliberative Democracy）兴起于西方理论界，成为继自由主义民主和共和主义民主之后的第三种民主模式。协商的理论与实践探索始于 1978 年毕塞特（Joseph Bessette）的博士论文《国会中的协商：一项初步的研究》（*Deliberation in Congress: A Preliminary Investigation*）②，此后得到越来越多的关注。罗尔斯（John Rawls）的重叠共识和公共理性、哈贝马斯（Jürgen Habermas）的沟通理性和批判主义，以及吉登斯（Anthony Giddens）的结构二重性和话语意识等都对此做了贡献。

总体而言，协商民主理论始于对当代西方流行的自由主义民主实践的反思和批判。民主的自由主义取向和共和主义取向，是近代西方民主理论的两大基本流派。前者倡导选举产生的官员代表公民在法律允许的框架内行使权力，后者主张直接民主，即公民直接介入公共事务进行决策。但在现实生活中，两种民主模式均未能兑现其民主的承诺。共和主义取向的直接民主，更适合于小国寡民，在地域广阔的复杂社会中缺乏实操性，且雅典民主的实践也证明了该模式的脆弱性。也正因如此，代

---

① 〔美〕詹姆斯·菲什金、〔英〕彼得·拉斯莱特主编《协商民主论争》，张晓敏译，中央编译出版社，2009，导言第 3 页。

② Bessette Joseph, M., *Deliberation in Congress: A Preliminary Investigation*, Doctoral Dissertation, University of Chicago, Department of Political Science, 1978.

议制民主兴起，大众以选举官员为中介来实现集体偏好和利益的聚合。代议制民主以强调偏好聚合为特点，但是"对聚合的墨守成规式注重意味着我们很少去注意偏好的形成过程；因为偏好都已经被简单地指定，而且我们的焦点聚集在聚合机制上"①。对于这种投票民主，卢梭早在18世纪撰写的《社会契约论》里就提出了质疑，他认为人们只是在选举之时才是自由的，而选举之后，人们又重新归于无为的状态，甚至是重回奴隶的位置②。而且，事实上很多决策并非由选举官员做出。在政府管理活动越来越理性化、专业化的背景下，政府本身就高度分化，有众多的层级、分支、代理和部门。政府在实施执行活动时，也在从事一些决策活动，政治和行政难以区分。批判者认为代议机构已经被非经选举产生的权力中心（如官僚机构）所侵蚀和取代③，民众很难对代议制政府的决策过程产生实质性影响。在后工业社会时代④，由于决策的官僚性质以及缺乏公民参与，政府也越来越不能有效改变不断扩大的社会不平等和应对不断加剧的社会生活的复杂性。基于这些诊断，从社群主义者（communitarians）到激进民主论者（radical democrats），他们开出了相同的药方：公共协商（public deliberation），⑤ 把原本被排斥在外的普通公民纳入公共决策过程中。从中可以看出，协商民主之兴起是深深根植于当代西方主流国家的政治现实。协商民主的兴起是为了回应一系列的危机和复杂问题，如社会不平等的扩大、民众的政治冷漠、公共善的缺失、全球化等新的社会条件产生的非正义等。在20世纪的最后十

----

① 〔澳大利亚〕John S. Dryzek、王大林译：《不同领域的协商民主》，《浙江大学学报》（人文社会科学版）2005年第3期。
② 〔法〕卢梭：《社会契约论》，何兆武译，商务印书馆，2003，第121页。
③ 〔美〕卡罗尔·佩特曼：《参与和民主理论》，陈尧译，上海人民出版社，2006。
④ 对于当代社会的诊断，不同学者有不同表述，如哈贝马斯称之为"晚期资本主义"、吉登斯称之为"晚期现代性"，贝克将其诊断为"风险社会"，此处"后工业主义"沿用了贝尔的称法。
⑤ 〔美〕詹姆斯·博曼：《公共协商：多元主义、复杂性与民主》，黄相怀译，中央编译出版社，2006，第1页。

年，其与治理结合，迅速走向实践，为新的创造性的实践活动提供动力。

当然，在对自由主义民主观及西方资本主义国家民主实践之批判声中，协商民主并非唯一。兴起于 20 世纪 70 年代的参与式民主理论就批评自由主义民主理论将"当代的盎格鲁－美洲政治制度当作是我们的民主理想"[1]。参与民主重申公民参与在民主生活中的核心作用，认为在一个良好的社会中，公民必须参与影响他们生活的决策，也只有通过参与，个人才能重新获得自信和自尊。尽管复兴了民主理想中的参与观念，但参与式民主更多停留在理论层面，且由于缺乏现实操作性而在 80 年代走向衰落。[2] 此后，在批判和继承参与民主理论的基础上，协商民主逐渐兴起。可以认为协商民主是对参与民主理论的新发展。协商民主理论和参与民主理论有较多共同之处，比如都强调参与的教育功能，但两者侧重点有所不同，"参与民主理论更多地强调参与的范围不断扩大，不断地拓宽参与渠道、创造新的参与形式，让更多的人参与到民主过程中来；协商民主理论则是在参与民主理论的基础上，更加强调参与质量的提高"[3]。

二 作为治理方式的协商民主

在协商理论和实践的推进过程中，协商民主不但遭遇来自其他理论（如理性选择理论）的质疑，其内部亦有争论。诸协商民主论者对协商的表述并非铁板一块，甚至可以说差异甚大。比如说早期的倡导者，两大思想巨擘哈贝马斯和罗尔斯，他们之间的取向差异就很大：罗尔斯寻求道德性协商的可能；而哈贝马斯从交往理性出发，希望不仅把协商作

---

[1] 〔美〕卡罗尔·佩特曼：《参与和民主理论》，陈尧译，上海人民出版社，2006，第 98 页。

[2] 陈尧：《从参与到协商：协商民主对参与式民主的批判与深化》，《社会科学》2013 年第 12 期。

[3] 谈火生、霍伟岸、何包钢：《协商民主的技术》，社会科学文献出版社，2014，第 9 页。

为目的，而且把协商作为工具，并由此推演至以沟通理性为基础的协商式民主。罗尔斯关于"公共理性是民主制下民众具有的特征：它是拥有平等地位的公民的理性"[①] 的论断支持人们在公共生活中展现自治品质，即通过对公共事务的不断协商和参与，完成公共利益的最大化来达成人们的自治愿景；而哈贝马斯更强调建构的理性与自治，他认为沟通理性是一种对话式、反复辩证的理性，理想的沟通情境保证沟通是自由的，而自由讨论的关键是公开性，必须进行公开的沟通讨论，不断持续进行直到达成非强迫的一致认识。[②] 当然，他们各自不同主张的背后看起来都有一个共同的核心，即政治选择、合法性都必须是协商的产物，而这种协商将围绕着以自由、平等和理性化为取向的目标展开。[③]

梳理西方理论界的解释，协商民主可以界定为三种不同形式：一是组织形式上的协商民主，即将协商民主看作一种社团形式，社团的事务由其成员公共协商支配。二是决策模式上的协商民主，即在该体制下，通过公开讨论，每个参与者自由表达，同时倾听并考虑不同意见和观点，最终做出具有约束力的决策。埃尔斯特认为关于协商民主就其内涵部分存在广泛的分歧，但在外延部分具有共同点，即所有人都同意协商涉及集体决策，并且所有受决策影响的人或代表都参与其中。三是治理方式上的协商民主，即强调公共利益和责任，促进平等对话，辨别所有政治意愿，重视多方利益诉求，在此基础上出台具有约束力的政策。

需要重点辨析的是第三种阐释，即作为一种治理方式的协商民主。瓦尔德兹认为"多元文化民主面临的最大危险就是公民分裂与对立。然

---

① 〔美〕约翰·罗尔斯：《政治自由主义》，万俊人译，译林出版社，2011，第 264 页。

② Habermas, J., *The Theory of Communicative Action*, Vol. One, Boston: Beacon Press, 1984, pp. 205 – 240.

③ 〔美〕乔恩·埃斯特尔：《协商民主》，转引自林尚立《协商民主——中国的创造与实践》，重庆出版社，2014，第 14 页。

而，作为一种具有巨大潜能的民主治理形式，协商民主能够有效回应文化间对话和多元文化社会认知的某些核心问题"①。古特曼和汤普森在他们的介绍性文章中指出，从根本上讲，协商民主主要强调的是"公民及其代表需要对其决策之正当性进行证明"②。协商民主要求"公民和官员通过给出能够被那些受到公共政策限制的人们接受的理由来证明这种政策的正当性"③。围绕给出的理由、过程，协商民主有四个特点。第一也最重要的特征是讲理的需要（Reason－giving Requirement）。第二个特点是，陈述的理由应能被所有参加协商的公民理解，且内容必须是公共的。从前两个特点可以看到"给出的理由"以及"理由给出"的过程在协商民主中至关重要。也因此，古特曼和汤普森在《民主与分歧》一书中，围绕"给出理由"的过程又进一步阐释了协商民主的三个原则：互惠性、公共性和问责制。这三个原则分别对应"应该被给出的理由的种类、这种理由应该在其中被给出的论点和给出理由的与被给予理由的行动者"④。第三个特点是，过程要有一定时间限制，协商旨在产生决策，因此需要在某个时刻中止。第四个特点是，协商过程是动态的，因为协商的问题、产生的决策都是动态、临时的，需要"对继续对话的可能性保持一种开放的态度"⑤。在这四个特点的基础上，可将协商民主界定为一种治理形式："自由而平等的公民（及其代表）通过相互陈述理由的过程来证明决策的正当性，这些理由必须是相互之间可以理解并接受的，审议的目标是做出决策，这些决策在当前对所有公民

---

① 〔美〕乔治·M. 瓦拉德兹：《协商民主》，何莉编译，《马克思主义与现实》2004 年第 3 期。

② 〔美〕埃米·古特曼、〔美〕丹尼斯·汤普森：《审议民主意味着什么》，谈火生译，载谈火生编《审议民主》，江苏人民出版社，2007，第 4 页。

③ 〔美〕阿米·古特曼、〔美〕丹尼斯·汤普森：《民主与分歧》，杨立峰等译，东方出版社，2007，第 60 页。

④ 〔美〕阿米·古特曼、〔美〕丹尼斯·汤普森：《民主与分歧》，杨立峰等译，东方出版社，2007，第 60 页。

⑤ 〔美〕埃米·古特曼、〔美〕丹尼斯·汤普森：《审议民主意味着什么》，谈火生译，载谈火生编《审议民主》，江苏人民出版社，2007，第 6 页。

都具有约束力，但它又是开放的，随时准备迎接未来的挑战。"① 根据这个界定我们可以看出，协商的主体是自由而平等的且具有自主能动性的公民（及其代表），而不是被动的民主消费者。协商的过程是对话、讨论，相互陈述理由，采用的是说服的方式，而非权威的压制。在这个过程中，基于相互尊重的前提，每个人都能平等而自由地提出自己的看法、理由并回应他人的理由。协商的结果是做出为所有公民接受、对所有公民有约束力的集体决策，即决策正当性。古特曼论述道，这一目标的达成又有赖于以下四个目标的达成：促进集体决策的合法性、培育公民的公共精神、促进决策过程中的相互尊重、提升公民的理解。其实不管是怀着"公共精神"审视公共议题、讨论过程中的相互尊重还是清晰陈述理由，有效协商都需要协商美德和技巧的支持。那么我们如何培育协商美德呢？一个路径就是通过更多的协商实践，培养一种协商文化。协商实践不应该只局限在政府机构或讨论政治性议题，"那些作用于公民的机构（例如大众传播媒体、卫生保健组织、职业运动），公民在其中发挥作用的机构（例如利益集团、私人俱乐部、工会、行业协会），以及他们所工作的那些机构（例如公司、小企业、政府机构、军事部门）"② 均可得以实践。

　　需要指出的是，关于可接受的决策，在何种程度上可接受，不同的民主理论家之间存在分歧。一般而言，继承共和主义或社群主义传统的协商民主论者认为协商应以共识为导向，而继承自由主义传统的理论家以多元主义为目标。在众多观点中，德雷泽克（John S. Dryzek）的看法相对更具现实性，他认为"在一个多元社会里，共识是难以达到的、不必要的，也是不受欢迎的。更切实可行和有吸引力的是形成可操作的意

---

① 〔美〕埃米·古特曼、〔美〕丹尼斯·汤普森：《审议民主意味着什么》，谈火生译，载谈火生编《审议民主》，江苏人民出版社，2007，第 7 页
② 〔美〕阿米·古特曼、〔美〕丹尼斯·汤普森：《民主与分歧》，杨立峰等译，东方出版社，2007，第 388 页。

见，这时，参与者在行为过程上就达成了一致意见，虽然是出于不同的原因"①。

最后需要确认的是公共协商有何价值与意义。托马斯·克里斯蒂亚诺（Thomas Christiano）在《公共协商的意义》（*The Significance of Public Deliberative*）一文中总结了协商可能具有的三种价值。第一是工具价值，即因其可能产生的结果而具有价值，如：达成共识，改善决策；让决策具有合法性；公民在参与协商过程中美德得以激发；等等。第二是内在价值，即个体或社会"在决策前经历规范的协商过程本身是有价值的"②。其中关于参与本身的价值又有两种观点："参与公共协商是构成良善生活的基本部分"和"决策前进行公共协商的社会体现了公民之间的相互尊重和关怀"③。第三种价值是协商是政治正当性的充分必要条件。关于协商的工具性价值和内在性价值学者们多有争论。克里斯蒂亚诺在论述三个价值后对公共协商的价值进行了混合性阐释，即协商民主本质上对民主决策具有工具价值，同时，协商过程中的平等体现公正的内在价值。④ 也有学者认为这两种论争并非具有排他性，公共协商可以兼具工具性价值和内在性价值，通过协商可以达到优化决策、促进合法性，协商过程发挥公共精神，也能体现相互尊重⑤。面对以上协商民主的价值主张，另一些学者则提出了挑战与质疑，例如认为协商民主具

---

① 〔澳大利亚〕约翰·S. 德雷泽克（John S. Dryzek）:《协商民主及其超越：自由与批判的视角》，丁开杰等译，中央编译出版社，2006，第 161 页。
② 〔美〕托马斯·克里斯蒂亚诺:《公共协商的意义》，载〔美〕詹姆斯·博曼、〔美〕威廉·雷吉主编《协商民主：论理性与政治》，陈家刚等译，中央编译出版社，2006，第 186 页。
③ 〔美〕托马斯·克里斯蒂亚诺:《公共协商的意义》，载〔美〕詹姆斯·博曼、〔美〕威廉·雷吉主编《协商民主：论理性与政治》，陈家刚等译，中央编译出版社，2006，第 186 页。
④ 〔美〕托马斯·克里斯蒂亚诺:《公共协商的意义》，载〔美〕詹姆斯·博曼、〔美〕威廉·雷吉主编《协商民主：论理性与政治》，陈家刚等译，中央编译出版社，2006，第 184~185 页。
⑤ 〔美〕埃米·古特曼、〔美〕丹尼斯·汤普森:《审议民主意味着什么》，谈火生译，载谈火生编《审议民主》，江苏人民出版社，2007，第 16 页。

有精英主义倾向、过于理想化、程序性的描述过于狭隘、理想和现存民主实践之间存在巨大鸿沟、存在协商无效等①。对于批评声中对普通公民行为能力的质疑，德雷泽克（John S. Dryzek）在一篇发言中曾回应"从所有这些外行公民协商的实践中可以得出……明显地，普通公民在讨论复杂问题时具备了相当成熟老练的思维和行动能力"②。需要指出的是，在具体协商实践中我们不能忽视扬（Iris Marion Young）和桑德斯（Lynn M. Sanders）所指出的，公共协商所要求的话语规范可能具有的不平等性③。这提醒我们在协商制度安排和程序设计时应尽量减轻协商群体之间可能存在的不平等性。

三 协商式治理的可行性

作为协商民主核心的公共协商是一种为社会问题寻求解决方案的公共讨论形式，"公共"意味着一直被忽略的普通人的声音被卷入公共决策，协商意味着公民有能力理解并对复杂的社会问题展开争论，从而有机会平等参与公共生活④。那么在面临各种复杂问题的当代社会中，深思熟虑的、广泛的协商如何可能？在经历理论性探讨后，如何把协商民主付诸实践成为众多学者关注的焦点。正如詹姆斯·菲什金所言，"协商民主绝不仅仅是一种理论，更应是一种实践性的方法"⑤。要回答协商如何可能，以下几点至关重要：首先也是最基本的协商主体问题，参与协商的人是谁，或者说怎么把参与协商的人集中起来，以及如何让参

① 陈家刚：《协商民主的价值、挑战与前景》，《中共天津市委党校学报》2008年第3期。
② 〔澳大利亚〕John S. Dryzek、王大林摘译：《不同领域的协商民主》，《浙江大学学报》（人文社会科学版）2005年第3期。
③ 相关讨论参见 Young Iris Marion. "Activist Challenges to Deliberative Democracy", *Political Theory*, Vol. 29, No. 5, 2001, pp. 670 – 690; Sanders Lynn M. "Against Deliberation", *Political Theory*, Vol. 25, No. 3, 1997, pp. 347 – 376。
④ Erika Blacksher, et al., "What Is Public Deliberation?" *The Hastings Center Report*, Vol. 42, No. 2, 2012, pp. 14 – 17.
⑤ 〔美〕詹姆斯·菲什金：《协商民主与协商民意测试》，马梦菲译，载阎孟伟主编《协商民主：当代民主政治发展的新路向》，人民出版社，2014，第156页。

与者具有协商的能力。其次，以什么样的形式来组织协商，是个体之间的对话、交流、沟通、商议或辩论，还是组成焦点小组、模仿公民陪审团或结构化小组等进行磋商讨论，如何保证每个人影响决策的机会相等。最后，协商是为了形成一种什么样的观点。

为此，学者们进行了很多创造性的活动。一些学者寻找公共协商的理论支撑，在实践中经常通过小组实验来做验证，例如有美国学者在1998 年做了一个实验，随机选取 30 岁及以上公民 59 人，他们被称为"协商小组模型参与者"，在同一年度分别参加关于全球变暖话题的 16个小组会议，前后分别填同一份问卷，研究发现，普通公民可以通过协商有效介入环境政策的制定[①]。问题是小规模的团体在决策前进行讨论的形式，能否适用于大规模民族国家的"疆域社会"（territorial societies）？为此詹姆斯·菲什金（James Fishkin）设计了公共协商的理想情境——协商日，它在美国中期选举的前一周举行，登过记的投票人将被召集到邻近的会场，15 人一小组或 500 人一大组，讨论竞选中提出的中心议题。只要协商者在下周的投票中出现，每人都会得到 150 美元，作为这一天行使公民权的报酬。除了最基本的，在这一天所有的其他工作都将被法律所禁止[②]。菲什金认为协商民主制度设计所面临的问题在于"是否能兼具包容性和审慎性"，即"是否能够将政治平等与审慎协商相结合"[③]。讨论如何实现协商民主，其实就是讨论"如何创造条件从而有效激励每个人认真思考公共议题"[④]。关于审慎思考，菲什金提

---

① Thomas Dietz, Paul C. Stern, Amy Dan, "How Deliberation Affects Stated Willingness to Pay for Mitigation of Carbon Dioxide Emissions: An Experiment", *Land Economics*, Vol. 85, No. 2 (May, 2009), pp. 329 – 347.

② 〔美〕布鲁斯·阿克曼、〔美〕詹姆斯·菲什金：《协商日》，载〔美〕詹姆斯·菲什金、〔英〕彼得·拉斯莱特主编《协商民主论争》，张晓敏译，中央编译出版社，2009，第 7 页。

③ 〔美〕詹姆斯·S. 费什金：《倾听民意：协商民主与公众咨询》，孙涛等译，中国社会科学出版社，2015，第 102 页。

④ 〔美〕詹姆斯·S. 费什金：《倾听民意：协商民主与公众咨询》，孙涛等译，中国社会科学出版社，2015，第 1 页。

出五个质量标准，它们分别是信息（Information）、实质性平衡（Substantivebalance）、多样性（Diversity）、自觉性（Conscientiousness）和公平考量（Equalconsideration）[①]。基于此，他借鉴雅典议事会模式，设计了一种名为"协商民意测试"的方式以应用协商民主理论。该方法采用随机抽样和小样本代表协商的策略来保证包容性，并尽力创造良好条件让公众能思考公共议题。到2015年，该实践方式已经在22个国家进行了不同层面的80多次应用，既有国家层面，也有跨国家、跨区域层面。一般认为贫困会限制交往能力，极端的贫困创造了在功能上等同于暴政和缺乏政治权利的条件[②]。但"协商民意测试"在乌干达等非常贫穷的国家也得到了应用。在中国，在温岭市的泽国镇和澳门进行了实验。在泽国镇的实践主要是帮助该镇在经费有限但待建基础设施多的情况下选择未来一年的公共设施建设项目。该方法的具体做法是：首先，向人们阐明了可被选择的全部基础设施及其相关信息和预算，采用的形式是问卷。其次，通过随机抽样的方式在群众中选出协商讨论的参与者。接着先开始分组讨论，最后在此基础上进行大会讨论。分组讨论时每个小组经自由发表意见后选出两个相关选项在大会上讨论。[③] 除了基于面对面讨论的制度设计外，有的学者还借助互联网，进行"在线论坛试验和计算机支持的协商模式"[④]。

除了学者们的实验性探索外，在不长的协商治理实践历程中，世界各国亦积累了一些可借鉴的经验：1990年美国国会正式通过了协商立法法案，即《协商制定规章法》（*Negotiated Rule - making Act*），并于6

---

① 〔美〕詹姆斯·S.费什金：《倾听民意：协商民主与公众咨询》，孙涛等译，中国社会科学出版社，2015，第3页。
② 〔美〕詹姆斯·博曼、〔美〕威廉·雷吉主编《协商民主：论理性与政治》，陈家刚等译，中央编译出版社，2006，中文版序第5页。
③ 〔美〕詹姆斯·菲什金：《协商民主与协商民意测试》，载阎孟伟主编《协商民主：当代民主政治发展的新路向》，人民出版社，2014，第154页。
④ 〔美〕詹姆斯·博曼、〔美〕威廉·雷吉主编《协商民主：论理性与政治》，陈家刚等译，中央编译出版社，2006，中文版序第5页。

年后因其获得的巨大成功，被国会确立为永久性法案①。1996年法国环境和领土整治部颁布《公众协商章程》（*Charte de la Concertation*），并对公共协商提出了九项原则，包括协商程序应始于方案规划前期，协商范围需尽可能广泛，协商程序需由公共部门实施、应有利于公民参与等，其参与主体包括公民、专家、政府公共部门及服务团队，参与形式包括方案研讨会、项目官网和项目展示中心②。日本中央政府于2010年开始协商治理的互联网试水——文部科学省的网站"熟议"。"熟议"的运作机制如下：首先由文科省政务三役会在网站论坛上发表讨论议题，然后教育一线的相关者通过会员登录参与讨论。经过一个月的议论，再由政务部门根据议论结果形成政策③。新加坡政府自2011年大选后逐渐从"家长制"向"协商式"的执政理念转变，李显龙总理于2012年宣布启动"我们的新加坡对话会"（Our Singapore Conversation，简称OSC），从开放式讨论到圈定主题进行对话，内容涉及凝聚力强的家庭、优雅的乐龄生活、照顾弱势群体的强大社会安全网、终身学习、更强的国家凝聚力及重新唤起互助精神等，对新加坡政府了解民情、倾听民意、凝聚共识、化解矛盾等起到极大的促进作用④。欧盟也进行了协商制度的设计，"开放的合作方法"（OMC），借助成员国与更高层的欧盟机构之间的同时协商，检验各种政策实施的效力⑤。

但是不到30年的协商治理范式在世界范围内的实践还是遭遇了不小的阻力和技术困境。其遇到的第一个挑战就是规模难题，"面对面社会"（face to face society），即小规模的团体在决策前进行讨论的形式，

---

① 陈文主编《国外的协商民主》，中央文献出版社，2015，第9页。
② 谭静斌：《法国城市规划公众参与程序之公众协商》，《国际城市规划》2014年第4期。
③ 陈文主编《国外的协商民主》，中央文献出版社，2015，第16页。
④ 陈文主编《国外的协商民主》，中央文献出版社，2015，第234页。
⑤ 〔美〕詹姆斯·博曼、〔美〕威廉·雷吉主编《协商民主：论理性与政治》，陈家刚等译，中央编译出版社，2006，中文版序第7页。

能否应用于大规模民族国家的"疆域社会"（territorial societies）呢？[①]
即使是在同一地域，当参与者超出一定的数量（在 20 人以下可行），
协商很有可能无疾而终，因为演讲将替代对话，有吸引力的修辞将替代
理由充分的论辩。规模难题意味着，直接的协商参与者毕竟是少数，多
数人并不能直接参与协商论坛，因此有学者宣称协商民主的合法性是不
能实现的。[②] 协商式治理遭遇的第二个挑战是协商的时间成本和经济成
本问题，即使协商是件好事，它又有多少好处呢？或者像经济学家所说
的那样，证明协商有效的所有努力、时间成本或者决策成本是不是太大
了？这是伊恩·夏皮罗（Ian Shapiro）在《最理想的协商？》（*Optimal
Deliberation*？）一文中提出的问题，也即多少协商才够用？[③] 不可回避的
是通常协商都不可能一蹴而就，费时劳力耗财是常态。第三个挑战就是
集体决策困境或者说公共理性困境，为了增加代表性，协商参与者可能
来自不同的阶层，他们受教育背景不同，分属于不同团体、文化和行
业，如何通过协商达到多元一致？如果找不到弥补不平等影响的方式，
那些在协商中最成功、最有能力的人将可能完全是那些处境本已最好的
人。[④] 但是诸多挑战并没有影响协商式治理在世界各地的蔓延，与这些
挑战同时并存的是多方的对话、磋商、讨论、听证、交流、沟通、商
议、辩论和争论等在全球越来越频繁地呈现，通过有组织的理性话语，
在反思和包容中寻求利益冲突下的协作共赢是大多数组织的优选。目前
协商式治理已经在多个不同层次和领域得到实践并发挥作用，其中包括

① 〔美〕詹姆斯·菲什金、〔英〕彼得·拉斯莱特主编《协商民主论争》，张晓敏译，中
央编译出版社，2009，第 1 页。
② Goodin Robert, E., "Democratic Deliberation Within." *Philosophy & Public Affairs*, Vol. 29,
No. 1, 2000, pp. 81 – 109.
③ 〔美〕伊恩·夏皮罗：《最理想的协商？》，载〔美〕詹姆斯·菲什金、〔英〕彼得·
拉斯莱特主编《协商民主论争》，张晓敏译，中央编译出版社，2009，第 128 页。
④ 〔美〕詹姆斯·博曼、陈志刚译：《公共协商和文化多元主义》，《马克思主义与现实》
2006 年第 3 期。

地方性基层治理、国家治理、区域性治理和全球治理。①

四　中国本土的协商转向

协商治理追求民主的真实性、更好的公共理性以及公共政策的合法性等非效率性价值，因此协商治理一出现即被视为治理的民主范式变革，并以此区分于其他公共治理范式。② 除了克服投票的一次性决策缺憾外，人们对于协商的偏好和转向还来源于协商本身的诸多优势，包括信息的全程透明公开、各阶层有平等机会参与质询和公共论辩③、可以反复论证选择的正当性、有利于帕累托次优的决策、减轻或克服有限理性的影响、产生更广泛的共识、提高参与者的道德或智力品质④、有利于决策的执行等，由协商民主开启的范式变革打破了选举民主的垄断地位，特别为后发国家的治理路径的选择提供了更多可能空间。

在西方，协商民主始于学界和政界对以结果为导向的民主选举治理模式的反思。协商民主论者认为以投票为中心的代议制民主无视公民的话语权和政策诉求，可能导致多数人的暴政，而转向以过程为导向的协商式治理，通过具体的市镇会议、公益活动、基层研讨、司法实践乃至议会活动等形式，借助协商使民主的理想更接近现实。

中国本土城市研究开启它的协商转向基于这样一些背景：30 多年的高速城市化实现了中国从传统农业大国向现代城市国家的基础转型，但时间之短、效率之高使其仅仅在器物层面完成了过半城市化，而在人的层面、社会的层面离真正的城市精神还相去甚远，来自不同地域、不同阶层的人聚集在城市该如何相处、如何通过社会发声、如何被赋权和尽义务；在单位制削减的后期，社会中各类组织萌发、壮大，它们与国

---

① 陈家刚：《协商民主与国家治理》，中央编译出版社，2014，第 18 页。

② 张敏：《协商治理：一个成长中的新公共治理范式》，《江海学刊》2015 年第 5 期。

③ Seyla Benhabib, *Democracy and Difference: Contesting the Boundaries of the Political*, New Jersey: Princeton University Press, 1996, p. 70.

④ John Elster, *Deliberative Democracy*, Cambridge: Cambridge University Press, 1998, p. 11.

家、市场一起共同致力于城市化的深层推进和社会各群体福祉的共同增进，虽远未形成三足鼎立之势，但群策群力需要常态的、平台化的协商机制；特别是在近年来从城市管理到城市治理的转型过程中，政府正在通过权力下放、政府购买以及成立各类咨询委员会、智库的方式来改变其既掌舵又划船的形象，此时唯有通过多轮次、多方位的协商才能践行城市治理的目标，而顶层在 2015 年初关于协商民主建设意见①的出台，标志着中国的经济社会发展进入了崭新的协商周期，作为吸引 2/3 甚至更多人口的城市应当是首先的实验区、先行者。

无论在中国的本土实践还是在西方的民主理论体系中，协商都是近现代以来的新兴事物，探索基于协商的城市治理需厘清其历史和文化的逻辑渊源，并从中寻找全球化背景下中国城市治理可能的协商路径，这样才能在实践中深耕细作，摸索前行。看似美好的图景，在规模化、城市化的现代社会里，都难以回避如何操作并获得合法性认同的尴尬境遇。面对高远的公共协商目标及行动纲领，网络社会的崛起，能否为公共协商打破操作性魔咒将有待实践检验。

第二节　协商与治理的融合

治理理念发端于 20 世纪 90 年代，比协商民主理念提出要稍晚些。治理理论的出现是为了应对多层面、多领域的经济社会变革和社会管理危机。治理与作为一种民主理论而提出的协商相融合，毋庸置疑，表明了治理的民主转向。本节要回答的问题是协商如何能与治理融合。虽然协商民主从一开始就体现出了其具有治理的一面，但是治理中如何体现协商逻辑仍需进一步明晰。为此，本节将从回顾治理理论入手，在概述治理兴起背景的基础上，阐释治理、城市治理的概念，最后结合治理的

① 2015 年 2 月 9 日中共中央印发了《关于加强社会主义协商民主建设的意见》。

实践和理论，提出城市治理中的协商逻辑。

一 治理的兴起背景

20 世纪后半叶以来，如何对社会的多种目标在一个宽广的空间和时间范围内进行协调是摆在理论和实践面前亟须回应的问题。诸理论你方唱罢我登台，开出各式药方。治理理论的提出亦以此为己任，且表现强劲，治理概念获得多方关注。国内学者对治理理论的关注和阐释也未显落后，几乎是在治理概念被提出的同一时期，该理论就被引入国内。经过二十几年的发酵，治理仍活跃在理论研究和官方文件中。

在很大程度上，"治理"一词是伴随着各国际组织发布的一系列文件或报告而进入公众视线的。1989 年世界银行首次使用了"治理危机"（crisis in governance）一词，用以概括当时非洲的情形。时隔三年，世界银行再度以"治理与发展"为标题发布年度报告。1996 年，经济合作与发展组织（OECD）发布了一份名为"促进参与式发展和善治的项目评估"。同年，联合国开发署（UNDP）的一份年度报告以"人类可持续发展的治理、管理的发展和治理的分工"为题。次年，联合国教科文组织（UNESCO）也提出了一份名为"治理与联合国教科文组织"的文件。1992 年，联合国有关机构还成立了一个"全球治理委员会"（Commission on Global Governance），并在 1995 年发表了著名报告《天涯成比邻》（*Our Global Neighborhood*）。一时之间，"治理"成为联合国、各多边和双边机构报告中的常用词，被应用于各国政治经济发展的研究中。

其实，"治理"一词在东西方都由来已久，只不过在当代它的用法和内涵都发生了转变。那么"治理"概念为何会被重新发现？一般认为，"治理"之所以复活，在西方的政治社会背景是国家和市场在进行社会资源配置中出现双失灵，学科背景是"理论失灵"。其中市场和国家失灵的背景较为显性，而学科背景的范式危机较为隐蔽。20世纪70年代以来，社会复杂性急剧增加，全球化趋势日益明显，各个组织机构功能不断分化又相互依赖，形成日益扩展的网络，福利国家传统的以市场和国家为主要手段的调节方式失效，出现管理危机。在市场失灵方面，市场以逐利为目标，在限制垄断、提供公共品、约束个人的极端自私行为、克服生产的无政府状态、降低统计成本等方面存在内在的局限，单纯的市场手段不可能实现社会资源的最佳配置。同样，仅仅依靠国家的计划和命令等手段也无法达到资源配置的最优化，更何况当时政府组织迟钝不灵、缺乏效率，很多政策目标难以达成，无力促进和保障公民的利益。同一时期，西方各社会科学出现了起因于对日趋复杂的、多元化的"现实世界"描述和解释力不足的范式危机。① 理论的解释力不足在很大程度上是由于理论建立在简单的二元对立基础上，比如社会学研究中的个体与社会、政治学中的公与私等。超越二元对立，成为当代社会科学理论探索、理论重建的重要任务。在这个意义上，治理是对强调非此即彼的两分法的批判和补充②，治理理论的出现是学科与所在政治社会经济环境互动的结果。

不过在当前方式不能行之有效的情况下，为何"治理"概念会浮现？其中一个原因是治理有其现实基础，"在思想和理论界变化无常的表面下，深层的实际却长久不变"③。也就是说，所谓"治理"的协调机制在"现实"中早已有应用，只不过"在理论上和政治上被置于边缘地位"④。当国家、市场、社会之间的关系发生根本性变化，已有的

---

① 〔英〕鲍勃·杰索普：《治理的兴起及其失败的风险：以经济发展为例的论述》，漆芜编译，载俞可平主编《治理与善治》，社会科学文献出版社，2000，第56页。
② 〔英〕鲍勃·杰索普：《治理的兴起及其失败的风险：以经济发展为例的论述》，漆芜编译，载俞可平主编《治理与善治》，社会科学文献出版社，2000，第56页。
③ 〔英〕鲍勃·杰索普：《治理的兴起及其失败的风险：以经济发展为例的论述》，漆芜编译，载俞可平主编《治理与善治》，社会科学文献出版社，2000，第58页。
④ 〔英〕鲍勃·杰索普：《治理的兴起及其失败的风险：以经济发展为例的论述》，漆芜编译，载俞可平主编《治理与善治》，社会科学文献出版社，2000，第59页。

机制难以解决应对时，各方开始思考在一个全球化和不确定性均日益增加的世界里如何更好地管理社会，治理恰好成为药方。当然，就国家或政府未能保障公众利益，未能快速、灵活地对新问题和公众的新需求做出回应或做出的回应不适宜等方面引发的"可管理性危机"或"合法性危机"，社会各界从不同的角度提出了各种不同的应对机制，如强调市民社会，促进公众参与，还有上文介绍的协商民主以改善社会的民主基础等。在一定程度上，各种应对机制其实是相互激发、相互补充的，当然也有相互竞争的，有时甚至是相互矛盾的。本节所讲的治理理论和实践的发展其实也与非政府组织和市民社会重新觉醒的社会背景密切相关。此外，在国际组织中，"治理"一词被频繁提及，不仅出于"治理"本身作为一种方式有效，也由于"治理"这个词更具技术性、较少政治色彩、政治敏感度较低。① 对于各国际组织而言，使用治理是一种策略性选择，用以讨论社会政治等敏感问题。由此可见，治理的兴起由好几股相互关联的力量推动而成。

二　治理概念及理论

治理正式成为社会科学界的概念是晚近的事。至今，有关治理的概念、用法莫衷一是，多种多样。只需稍加搜索，就可发现有关治理的各种词语组合，如：治理空间取向的全球治理、区域治理、城市治理、社区治理、乡村治理等；治理主体取向的国家治理、政府治理、基层治理等；治理对象取向的社会治理、公司治理、数据治理、贫困治理、环境治理、网络治理等；治理模式取向的元治理、公共治理、协同治理、协商治理、网络化治理、参与式治理、多层治理等；以及治理前加形容词的，如良善的治理、民主的治理；等等。无怪乎，鲍勃·杰索普（Bob

---

① 〔法〕辛西娅·休伊特·德·阿尔坎塔拉：《"治理"概念的运用与滥用》，黄语生译，载俞可平主编《治理与善治》，社会科学文献出版社，2000，第17页。

Jessop）认为，从学术界到非学术界，治理"在许多语境中大行其道，以至成为一个可以指涉任何事物或毫无意义的'时髦词语'"①。

首先，从治理的丰富词语组合中也可以窥见目前治理的使用范围之广，它不仅适用于国家政府范围，从各种社会组织如公司、社区、俱乐部等，到跨区域、跨国别的国际社会均适用。这种较广范围之应用多少体现出了"治理"（governance）之含义同长期与之交叉使用的"统治"（government）之分野。即统治的主体需是社会公共部门，而治理的主体可以是公共机构也可以是私人机构，还可以是公私之间的合作机构。其次，统治的权威来源于国家政府，而治理并不一定。"政府统治意味着由正式权力和警察力量支持的活动，以保证其适时制定的政策能够得到执行。治理则是由共同的目标所支持的，这个目标未必出自合法的以及正式规定的职责，而且它也不一定需要依靠强制力量克服挑战而使别人服从。"② 统治意味着政府单一、自上而下和等级制，而治理则是多元、相互互动和网络化。梅里安（Francois – Xavier Merrien）在《治理问题与现代福利国家》（*Governance and Modern Welfare States*）中总结道，相较于传统政府管理，治理的特征有"不再是监督，而是合同包工；不再是中央集团，而是权力分散；不再是由国家进行再分配，而是国家只负责管理；不再是行政部门的，而是根据市场原则的管理；不再是由国家'指导'，而是由国际和私营部门合作"③。这五个治理特征均指向了过程性差异。正如斯托克（Gerry Stoker）所认为的，"说到底，治理所追求的终归是创造条件以保证社会秩序和集体行动"④。

---

① 〔英〕鲍勃·杰索普：《治理的兴起及其失败的风险：以经济发展为例的论述》，漆芜编译，载俞可平主编《治理与善治》，社会科学文献出版社，2000，第55页。
② 〔美〕詹姆斯·N.罗西瑙主编《没有政府的治理：世界政治中的秩序与变革》，张胜军等译，江西人民出版社，2001，第4~5页。
③ 〔瑞士〕弗朗索瓦–格扎维尔·梅里安：《治理问题与现代福利国家》，肖孝毛编译，载俞可平主编《治理与善治》，社会科学文献出版社，2000，第111页。
④ 〔英〕格里·斯托克：《作为理论的治理：五个论点》，华夏风编译，载俞可平主编《治理与善治》，社会科学文献出版社，2000，第32页。

有关治理的研究和文献多种多样，从治理与统治的区分着手，不失为一种较好的理解治理概念的途径。但为了更完整地了解治理的使用场景，接下来文章将介绍几种较有代表性的解释。罗伯特·罗茨（Roderick Rhodes）在《新的治理》（*The New Governance*）中指出，治理是"一种新的管理过程，或者一种改变了的有序统治状态，或者一种新的管理社会的方式"①。在此基础上，他认为治理至少有六种用法，它们是：意在削减公共开支，缩小政府干预范围的作为最小国家的治理；作为"更小的划桨，更多的掌舵"或者"只掌舵，不划桨"的新公共治理；作为"善治"的治理；以社会 – 政治 – 行政多种行动者为共同目标通过多种方式进行活动、互动为特征的作为社会 – 控制论系统的治理；以信任和合作为核心机制的作为自组织网络的治理。格里·斯托克（Gerry Stoker）在梳理有关治理的讨论后，得出互补的五个方面的观点：治理意味着一系列来自政府但又不限于政府的社会公共机构和行为者；治理意味着在为社会和经济问题寻求解决方案的过程中存在界限和责任方面的模糊性；治理明确肯定了在涉及集体行为的各个社会公共机构之间存在权力依赖；治理意味着参与者最终将形成一个自主的网络；治理意味着办好事情的能力并不仅限于政府的权力，不限于政府的发号施令或运用权威②。全球治理委员会将治理的概念定义为各种公共的或私人的机构和个人管理其共同事务的诸多方式的总和。它是使相互冲突的或不同的利益得以调和，并且采取联合行动的持续过程。这既包括有权迫使人们服从的正式制度和规则，也包括各种人们同意或以为符合其利益的非正式制度安排。玛丽 – 克劳德·斯莫茨（Marie – Claude Smouts）在全球治理委员会提出的治理定义的基础上，认为治理有四个

---

① 〔英〕罗伯特·罗茨：《新的治理》，木易编译，载俞可平主编《治理与善治》，社会科学文献出版社，2000，第 86~87 页。
② 〔英〕格里·斯托克、华夏风译：《作为理论的治理：五个论点》，《国际社会科学杂志》（中文版）1999 年第 1 期。

规定性特征："治理不是一套规章条例，也不是一种活动，而是一个过程；治理的建立不以支配为基础，而以调和为基础；治理同时涉及公、私部门；治理并不意味着一种正式制度，但确实有赖于持续的相互作用"①。国内学者俞可平教授认为，"治理一词的基本含义是指官方的或民间的公共管理组织在一个既定的范围内运用公共权威维持秩序，满足公众的需要。治理的目的是在各种不同的制度关系中运用权力去引导、控制和规范公民的各种活动，最大限度地增进公共的利益。所以，治理是一种公共管理活动和公共管理过程，它包括必要的公共权威、管理规则、治理机制和治理方式"②。

以上诸定义均涉及以往的治理主体政府或者说国家的角色和行为逻辑的转变，治理标志着政府管理含义的变化③。从传统的统治模式转向治理模式中，国家成为多元治理系统中许多成员之一。国家将与它的合作伙伴（私营机构、志愿团体等）联合起来，共同分担责任，一起在网络中发挥作用。在这个网络中，它们共享资源、专门知识、技能和计划，并因此而共同受益。在这个持续对话、谈判、互动的过程中，国家需改变往日的强硬态度，放低姿态。有关政府在其中的定位，有学者指出，最好也不过是同辈中的长者，贡献自己独有的资源，如国家的钱、法律等。但是考虑到治理也面临如何治理的问题，如在多元化治理主体中责任归属的问题，私营或者公私合营机构加入后效率与责任如何平衡的问题等，治理也有可能失败。一种元治理理论应运而生，并认为政府应该承担元治理的责任。所谓元治理就是：在制度上要"提供各种机制，促使有关各方集体学会不同地点和行动领域之间的功能联系和物资上的相互依存关系"；在战略上要"促进建立共同的远景，从而鼓励新

① 〔法〕玛丽-克劳德·斯莫茨：《治理在国际关系中的正确运用》，肖孝毛编译，载俞可平主编《治理与善治》，社会科学文献出版社，2000，第271页。
② 俞可平：《全球治理引论》，《马克思主义与现实》2002年第1期。
③ 〔英〕罗伯特·罗茨：《新的治理》，木易编译，载俞可平主编《治理与善治》，社会科学文献出版社，2000，第86页。

的制度安排和新的活动，以便补充和充实现有治理模式之不足"①。也就是说，政府要承担设计机构制度、提出远景设想的责任，通俗地讲，也就是"掌舵"的责任。之所以让国家承担这个责任，是因为虽然它也只是高度分化社会中一个制度化子系统，但它又承担着保证社会的机构制度完整和提升社会凝聚力的责任。②

三　城市治理的背景及概念

随着治理理论成果的日益丰富，城市治理或者说地方治理成为当代治理理论的一个重要分支。有学者指出，治理的概念最初源于城市环境背景，是用来更有效地解决地方上的问题的。在后来几十年里，治理的模式渐渐应用于中央政府这一层次，而且推而广之以求解决国家之间的问题及全球治理问题③。事实上，城市确实为治理理论的实践提供了最直接、最充分的现实空间。

20世纪70年代中后期以来，不断变化的社会经济环境对全世界的地方政府而言都是一种挑战。各地方政府不管是否情愿都不得不重新思考如何有效治理城市的问题。就城市外部发生的变迁而言，大部分可以用全球化来概括。全球化让各地经济在依赖性不断增加的同时，也让各城市之间的竞争性日益加剧。全球化下以逐利为最高目标的资本空前流动起来，逐渐脱嵌于地方和城市。跨国公司崛起，它们的运作范围超越国家界限，遍及全球，其重要性和影响力不断增强。这些跨国公司在世界各个地方寻找资本的最佳投资点，以谋取自身利益的最大化。某种程度上，它们并不忠诚于任何国家或地方，只关心在哪个

---

① 〔英〕鲍勃·杰索普：《治理的兴起及其失败的风险：以经济发展为例的论述》，漆芜编译，载俞可平主编《治理与善治》，社会科学文献出版社，2000，第79页。

② 〔英〕鲍勃·杰索普：《治理的兴起及其失败的风险：以经济发展为例的论述》，漆芜编译，载俞可平主编《治理与善治》，社会科学文献出版社，2000，第81页。

③ 〔法〕阿里·卡赞西吉尔：《治理和科学：治理社会与生产知识的市场式模式》，黄纪苏译，载俞可平主编《治理与善治》，社会科学文献出版社，2000，第128页。

地方设立公司能最大限度地减少交税、降低劳动力成本或原材料成本、最大可能吸引高端人才等。于是乎，为吸引资本或留住资本，地方政府开始投资激励，城市之间竞争日益激烈，由此也引发了地方政府角色和行为的转变。此外，在技术领域，信息通信系统和交通运输系统的进步不但助推全球化进程的加速，也引发了传播方式的变革。与此同时，城市内部也发生着社会变迁，如：人口的迁移和流动不断增加；城市居民异质性提高，明显具有各自不同的利益倾向；城市空间分化，社会隔离越来越严重；人口结构变化，老龄人口越来越多；等等。地方政府陷入行政困境，亟须一种新的治理工具。对中国城市而言，不但共享全球化、信息化和现代化，还面临本土社会转型带来的压力。在这样的背景下，不管西方还是东方，一股城市治理浪潮兴起，并延续至今。

关于如何治理，各地政府都在探索的路上。在这个过程中，一些导向良好的治理原则被提出。一位法国银行家提出，有效治理包括"公民安全得到保障，法律得到尊重，特别是一切都须通过司法独立，亦即法治来实现；公共机构正确而公共地管理公共开支，亦即进行有效的行政管理；政治领导人对其行为向人民负责，亦即实行职责和责任制；信息灵通，便于全体公民了解情况，亦即具有政治透明性"[1]。联合国人居署在全球范围内选取若干城市进行实地调查，经过讨论和研究确定了城市治理的五个核心原则：有效、平等、参与、责任和安全，国内学者俞可平在此基础上认为就中国的地方治理而言，合法性、透明性、责任性、法治、回应和有效性等是治理的基本原则[2]。按照这些原则，相比以往的城市管理，城市治理至少在四个方面发生了变化：第一，以往城

---

① 〔法〕玛丽 - 克劳德·斯莫茨：《治理在国际关系中的正确运用》，肖孝毛编译，载俞可平主编《治理与善治》，社会科学文献出版社，2000，第 268 页。

② 俞可平：《引论：治理与善治》，载俞可平主编《治理与善治》，社会科学文献出版社，2000，第 9~11 页。

市管理中单一的政府主导格局，将在政府让渡权力之后，逐渐向政府、市场和社会共同治理的格局过渡，各自有角色分工，有资源整合及利益共享；第二，城市治理需要更广泛的公众参与，无论来自个人还是团体，他们都有权利、有义务对城市的建设和发展提出异议，并且这样的参与具有互动性和回应性，无论是否采纳意见，政府都需对公众的参与做出及时回应；第三，城市治理比城市管理更注重过程的合法性和有效性，由政府单方面决定的城市发展方案即便再合理，它也将因为其过程中没有倾听多方意见、没有采取多方合作而导致其合法性存疑；第四，城市治理的终极目标是善治，而不是善政，即让城市公民更大程度地享受治理的福利是治理唯一需要追求的目标。

以此为基础，城市治理是指在城市范围内政府、市场和社会组织作为三种主要的组织形态形成相互依赖的多主体治理网络，在平等的基础上按照参与、沟通、协商、合作的治理机制，在解决城市公共问题、提供城市公共服务、增进城市公共利益的过程中相互合作的利益整合过程。良好城市治理的标准包括城市发展的可持续性、政府下放权力和资源、公平参与决策过程、提供公共服务和促进当地经济发展的效率以及决策者和所有利益有关者的透明度和责任制等[1]。

四　城市治理中的协商逻辑

正如斯托克（Gerry Stoker）所言，治理理论的价值在于它是一种组织框架，有助于辨识重大问题[2]，帮助我们理解如今城市管理中所发生的变化，并指出了一条可行的方向。但是治理理念具体如何践行，才能让多元行为者参与的公共行动有效率，并能保障公民的权益，增进社

---

① 张诗雨：《发达国家城市治理的标准与模式——国外城市治理经验研究之一》，《中国发展观察》2015 年第 2 期。
② 〔英〕格里·斯托克：《作为理论的治理：五个论点》，华夏风编译，载俞可平主编《治理与善治》，社会科学文献出版社，2000，第 34 页。

会福祉，则需要进一步探索讨论。

协商看似是解决公共问题、推进社会发展的一种方法、一个过程，但事实上治理理念落地应用都需要协商来完成，诸多治理研究学者认为治理的要点在于谈判和反思①。治理以反思理性为基础，需要持续不断地坚持对话，以此产生和交换更多的信息，以最大可能地减少有限理性带来的问题。更进一步，其实治理的关键点之一在于可持续的、具有反思性的对话。同时，治理中的多元主体在持续良性互动对话过程中，互信得以建立，合作得以可能。因此它不仅限于一般的对话或谈判，有时好的治理需要国家嵌入式的协商，即为确保治理的有效性，国家需制定相关的协商政策，让协商基于透明、合作的原则，同时多方能维系合法的、持续的治理互动，如此培育的国家、社会和城市治理能力，也将提升政府的社会信任度和全球化程度②。

在全球仍处于上升趋势的治理框架下回望国内刚刚起步的城市治理本土实践及理论研究，城市治理对于公共协商的行动需求和逻辑回归已经初显（见图2-1）。

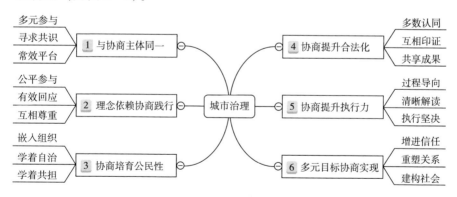

图2-1 城市治理的协商逻辑

① Marcus J. Kurtz, Andrew Schrank, "Growth and Governance: Models, Measures, and Mechanisms", *The Journal of Politics*, Vol. 69, No. 2, 2007, pp. 538 - 554.
② João Seixas, Abel Albet I Mas, "Urban Governance in the South of Europe: Cultural Identities and Global Dilemmas". *Urban Governance in Southern Europe*, Vol. 45, No. 197, 2010, pp. 771 - 787.

（一）城市治理的主体即为公共协商的主体

与城市管理单一的政府主体不同，治理的多元参与属性决定城市治理的主体必须通过共同的行动机制进行黏合，在城市治理主体不够明确甚至缺位①的情形下，通过协商先应对城市治理中的临时性、突发性公共事务，在多主体协商中不断寻求共识，并逐渐建构常效的协商平台，那些协商时经常能贡献不同意见，同时也能回应对方，最终能选择不同而和的多元主体其实就进入了城市治理的日常主体序列。

（二）城市治理的理念在根本上依赖协商去践行

城市治理在推进城市硬件和软件建设的过程中，追求公平、参与、回应、有效及透明性等理念，而这些与去精英式、去贵族式协商的理念如出一辙。围绕城市公共事务，来自不同阶层的代表围坐一桌各抒己见，已经在一定程度上彰显了平等、公开和参与，若还能互相尊重、互相反馈，共同担负公共事务的推进责任，那就在践行城市治理的回应性和有效性上又迈进了一大步。

（三）城市治理和协商在培育公民性和促进社会成长方面共进退

现代社会组织体系三大部门——国家、市场、社会，也是参与城市治理的三大主体，虽还没有形成三足鼎立之势，但其架构越来越清晰②，逐渐兴起的社会组织均需要借助合理合法的协商机制和协商平台来参与治理。同时，若社会组织有足够的机会参与城市治理，那么公民就有机会嵌入单位和社区之外的社会组织，学着参与协商，学着参与自治，学着与城市共荣辱、共进退，这也正是共享责任和义务的公民所应

---

① 李友梅等：《城市社会治理》，社会科学文献出版社，2014，第16页。
② 李培林：《社会改革与社会治理》，社会科学文献出版社，2014，第218页。

有的担当。

（四）城市治理的合法化路径绕不开协商机制

城市一旦进入治理的轨道，那么它修一条路、拆一处房、建一座城，无论难易繁简，都不能由政府单独做决定，都需要经过各方协商，权衡利弊，赢得大多数人的同意。曾经绕开协商所进行的野蛮的城市扩张，不仅让老百姓利益受损，城市的历史、人文肌理遭到破坏，政府的信用也跌入谷底。从城市发展角度推进的城市治理，在实施过程中履行从社会发展角度提出的协商机制，不仅获得和增进了合法性，协商的有效性也通过城市治理来展现，两者得以互相印证，共享成果。

（五）经由协商的城市治理可有效提升执行力

城市治理面向城市经济、文化、社会和政治的发展，如果是自上而下地颁布政策让民众来执行，因缺少协商环节，民众对其治理的初衷、操作的方法和要达成的目标均知之甚少。如这些公共政策的出台经由协商，民众可充分听取政府的善意，也可充分表达自己的不同见解，协商过程本身就是发布、解读和传导信息的过程，未来一旦政策落地，其执行的阻碍就小。例如许多基层政府每年都会出台各类惠民政策，多半没有经过协商环节，政府一厢情愿地做好事，其效果往往不尽如人意。

（六）城市治理的多元目标可通过协商来实现

城市治理由于卷入多组织，其公共理性或多方利益最大化的目标不一定能顺利实现，但如果其治理过程中随时伴随协商，它将润滑多方关系，特别是有机会增进公民对政府的信任度，重塑政府与公民之间的合作关系。同时，公民在倾听、分享或让步的过程中也将习得自治能力。而参与协商的各方因共同面对复杂的公共事务、关注城市共同的未来，彼此的谅解和互信程度也都将随之提升。所以协商表面上增加了城市治理的程序和环节，拉长了其进程，但整个治理的过程就是互相尊重理解、建构社会共同体的过程。

从治理角度讲，将协商嵌入整个治理体系，通过对话、磋商、讨论、听证、交流、沟通、商议和辩论等各种形式，将公民的不同意见纳入公共治理的全过程，无论政府、社会组织还是公民都有权利和义务表达、倾听、回应和决策，人们从中互相学习，站在自己和对方的角度洞悉事实，并有可能改变他们原有的观点，这样的协商式治理事实上开启了一场潜在的变革。

第三节　协商与公众参与

所谓公众参与，通常又称为公共参与、公民参与，就是公民试图影响公共政策和公共生活的一切活动。[①] 在一般理解中，公众参与往往同政治参与相联系或等同于政治参与。按照塞缪尔·亨廷顿（Samuel Huntington）和琼·纳尔逊（Joan Nelson）的定义，政治参与就是"平民试图影响政府决策的活动"[②]。但其实公众参与的外延超越政治意涵，涉及更广泛的公共社会事务领域，可以把公民试图影响各类社会公共事务的所有活动均视为公众参与。

回望公民参与的发展历程，不管是在理论向度还是在实践向度，均非一直走强。公民参与在经历相当一段时间沉寂后，到20世纪70年代以后焕发生机。实践层面，公众自我意识觉醒，世界范围内的公民参与运动不断走强；理论层面，参与民主、强势民主、协商民主、公民治理等理论相继而出，强调公民参与价值，呼吁公民参与。但是扩大公民参

---

① 俞可平：《公民参与的几个理论问题》，《学习时报》2006年12月18日，第5版。
② 〔美〕塞缪尔·亨廷顿、琼·纳尔逊：《难以抉择：发展中国家的政治参与》，汪晓寿等译，华夏出版社，1989，第4～7页。

与的呼声并没有掩盖实现有效公民参与的困难性。对于如何实现有序有效的参与，实践一直在探索，理论也一直在迭代。如协商民主就是在参与民主理论遭遇实践困境而衰落时，在批判和继承参与民主理论的基础上提出的。当然正如本章上文所述，公共协商本身也面临诸多困境。

在这里指出公共参与的困难性并非否定公共参与，而是为了形成有关公共参与的理性观念，这也是本章节的目的之一。为此，本章将首先把公共参与置入相关的理论背景中，在各理论主张中，认知公民参与的重要性和价值，以及可能存在的缺点；其次，从协商民主理论和新公共参与运动中寻找有序、有效参与的可能；最后，关怀本土实践，讨论当下中国城市社区治理中的协商式参与。

一 有关公众参与的理论论争

"参与"一直是历史悠久的话题，上可追溯至古希腊的民主。参与与民主相联系，民主意味着参与，似乎是一个不言自明的判断。但是在理论历史的长河中，公民理念和公民参与的观点却并非始终如一，粗略地看有截然相反的两种看法，一种是积极公民视角，与此相对的是消极公民视角。大体上讲，消极公民视角者认为公民是无知识、无法明智地判断政策议题的，他们盲动、软弱而又缺乏意志，极易被影响和操纵。在此观点下，近代以来，公民扮演的是选择代议人的投票者。从公共行政的角度讲，公民就是公共物品的被动消费者。相反，积极公民视角认为公民应该直接地、充分地参与公共事务的决策，政策制度安排应该创造参与机会和培育参与能力。消极公民视角忽视公民参与的价值，而积极公民视角重视公民积极能动的参与。

对于公民参与看法的观点之矛盾、分歧，或可从古代雅典民主实践讲起。可以说，在很大程度上，我们对民主的想象和看法来源于古代雅典的直接民主模式。这种建立在公民大会直接表决、全体参与基础上的民主得到了许多民主理论家的赞同。但同时也遭到一些理论家的抨击，如柏拉图和亚里士多德均对雅典民主制度进行过批判。在雅典民主实践过程中，苏格拉底之死的影响非常深远，其不但暴露出了民主主体的非理性一面，也动摇了后来理论家们对公众的信念。正如美国著名作家斯东（Stone）在对"谁是杀害苏格拉底的凶手"进行调查之后，得出结论，苏格拉底因一种信念而死，他的死成为"雅典和它所象征的自由的黑色污点"。[①]

但是，撇开雅典民主的得失，应当承认，民主与参与密不可分，关键是主张哪一种形式的参与。在精英民主理论者中，大众参与其实就是投票选举。约瑟夫·熊彼特（Joseph Schumpeter）是此类观点的代表人物。熊彼特深受勒庞（Gustave Le Bon）的"乌合之众"理论的影响，并在勒庞的基础上作了进一步的扩展。熊彼特认为，不仅是那些身体共同在场的人们会形成政治心理学意义上的"大众"，就是那些空间上不共同在场的各类大众媒介信息的接受者，也非常容易逐步发展为心理学上的人群。因此大众不是处于可以理性地比较各种可供选择的地位，他们总是接受别人告诉他们的东西。而且"即使没有试图影响他的政治集团，典型公民在政治问题上往往会听任超理性或不合理的偏见和冲动的摆布"[②]。在熊彼特看来，大众缺乏有效意志，思维缺少理性，对公共政策普遍无知，并缺乏判断力。他们进入政治领域是危险的，也给趁机浑水摸鱼的诸集团提供了机会。特别是在公共事务越来越复杂、专业的现代社会，公众更加不具备参与的能力。因此，他断言："就'人民'和'统治'两词的任何明显意义而言，民主政治并不意味也不能意味人民真正的统治。民主政治的意思只能是：人民有接受或拒绝将要来统治他们的人的机会"[③]。

---

① 佟德志：《现代西方民主的困境与趋势》，人民出版社，2008，第9页。
② 〔美〕约瑟夫·熊彼特：《资本主义、社会主义和民主》，绛枫译，商务印书馆，1979，第328页。
③ 〔美〕约瑟夫·熊彼特：《资本主义、社会主义和民主》，绛枫译，商务印书馆，1979，第355页。

另一端，积极公民视角则认为不管是从民主的角度还是从公共行政的角度，公民都应该参与其中。公民应该深入决策领域，从政策议程的设定到政策的执行，都应该有公民参与。关于公民参与的民主理论思想可追溯至卢梭（Jean - Jacques Rousseau）的人民主权论、美国开国元勋托马斯·杰斐逊（Thomas Jefferson）的治国蓝图、约翰·斯图亚特·密尔（John Stuart Mill）的社会和政治理论等。在当代西方政治学家中，佩特曼（Carole Pateman）、巴伯（Benjamin Barber）、科恩（Joshua Cohen）、埃尔斯特（Jon Elster）等积极倡导扩大公民政治参与的范围，提出了参与式民主、强势民主以及协商民主等理论，对公民参与理念做了进一步的阐释和发展。在当代提倡公民参与的理论家们看来，"只有在大众普遍参与的氛围中，才有可能实践民主所欲实现的基本价值如负责、妥协、个体的自由发展、人类平等等"①。参与原本在民主理想中居于核心地位，自由民主论者却"不再集中关注'人民'的参与"②。只有少数精英的参与，普通大众的消极参与，无法解决社会中扩大的不平等，无法实现每个人能力的最大化，无法建立个人与社群/共同体之间的有机联系。针对大众参与兴趣不高的批评意见，参与提倡者的回应是公众不愿意直接卷入地方性事务，在很大程度上是因为他们没有机会参加，或者是因为目前的参与无法让他们发挥自己的能力。"人们的冷漠是因为他们无能为力，而他们的无能为力又是因为他们的冷漠。"③大众中弥漫的政治冷漠情绪其实是缺乏政治效能感的冷漠，而当代政治生活的复杂性和严重缺乏的有效参与途径共同扼杀了公民个人的积极性和创造性。在关于大众参与能力的看法上，积极公民视角注重对公民参

① 〔美〕卡罗尔·佩特曼：《参与和民主理论》，陈尧译，上海人民出版社，2006，序言第4页。
② 〔美〕卡罗尔·佩特曼：《参与和民主理论》，陈尧译，上海人民出版社，2006，第98页。
③ 〔加〕弗兰克·坎宁安：《民主理论导论》，谈火生等译，吉林出版集团有限责任公司，2010，第128页。

与能力和相应条件的培养，其中正规教育和参与活动本身是形成个人心态和心理品质的重要途径。佩特曼在参与理论中指出，参与的主要功能是教育功能，包括"心理方面和民主技能、程序的获得"①。人们越是深入持续地参与，就越具有参与的能力。其实可以把参与模式概括为"最大程度地输入（参加），而输出不仅包括政策（决定），也包括每个人的社会能力和政治能力的发展"②。就不断地参与实践习得参与能力而言，公民除了可以直接参与公共事务管理外，参与如学校、教育、家庭、社会俱乐部或文化团体等私人领域的活动也是一种有助于人们实现转变的方式。因此，"无论何时何地，只要可能，就应该鼓励各种有益于拓展参与渠道的论坛；各种抑制参与的因素——如经济贫困、缺少时间，或者精英主义、占有式个体主义的价值观——都应被识别出来，并予以清除"③。

在当代的参与民主理论家看来，公民的积极能动参与具有重要意义，是西方个人主义困境之出路所在。典型代表如巴伯（Benjamin Barber），他提出了三种民主模式。第一种是他称之为"弱势民主"（thin democracy）的精英式代议制民主。在这种模式中，人们通过与自身利益相关的契约联系在一起，对政治消极冷漠。第二种类型是"综合性民主"（unitary democracy）。第三种类型则是他所提倡的"强势民主"（strong democracy）。巴伯认为三种形式的民主各自遵循不同的原则。弱势民主"从个人那里窃取了他们对于其价值的、信念的和行为的终极责任"④；而综合性民主虽然创造了获得一致同意的共同体，但是以摧毁自主性和个性为代价，公民态度是模糊的，增加了"一元性、墨守成规

---

① 〔美〕卡罗尔·佩特曼：《参与和民主理论》，陈尧译，上海人民出版社，2006，第39页。
② 〔美〕卡罗尔·佩特曼：《参与和民主理论》，陈尧译，上海人民出版社，2006，第40页。
③ 〔加〕弗兰克·坎宁安：《民主理论导论》，谈火生等译，吉林出版集团有限责任公司，2010，第174~175页。
④ 〔美〕本杰明·巴伯：《强势民主》，彭斌等译，吉林人民出版社，2006，第175页。

和强制性共识的重大风险"①；只有在强势民主中，个体才成功实现转型，既追求公共利益，又保持了他们的自主性，"通过对正在进行中的、直接的自我立法的参与过程以及对政治共同体的创造，将相互依赖的私人个体转化为自由公民，并且将部分的和私人的利益转化为公益，从而解决冲突"②。当然，强势民主也并不认为大众的参与能力一开始就具备，而是需要习得。如何获得参与能力呢？一方面诉诸正规的教育，另一方面是不断地参与实践。

在当代，参与不仅在民主政治发展中居核心地位，对地方治理而言，同样是核心要素。20 世纪 70 年代兴起的"新公共行政"理论就强调地方治理中公共参与的重要价值和作用。通过提倡更多的回应性与多渠道的沟通创造出一个对政府所服务的公众以及内部雇员都更加有效的行政，威廉斯雷（Gary Wamsley）和沃尔夫（James Wolf）称之为"民主行政的重建"。沃尔夫指出，如果行政的确是政府的核心，那么 21 世纪的民主理论必须拥抱行政。③ 后来兴起的治理理论同样强调地方治理中公民参与的重要性。博克斯（Richard Box）等学者提出了"公民治理"理论，认为公民治理的核心机制是公民参与而非行政控制，具备现代公民意识和健全的公民资格的公民应在公民治理中处于中心和主体地位。④

二 制度化的新公民参与

就公众应该在何种程度上参与，诸理论不仅在参与主体的能力上有分歧，对公众参与和压迫、非理性、效率等关系的看法也存在差异。但

---

① 〔美〕本杰明·巴伯：《强势民主》，彭斌等译，吉林人民出版社，2006，第 180 页。
② 〔美〕本杰明·巴伯：《强势民主》，彭斌等译，吉林人民出版社，2006，第 181 页。
③ 〔美〕康特妮、〔美〕马克·霍哲、张梦中：《新公共行政：寻求社会公平与民主价值》，《中国行政管理》2001 年第 2 期。
④ 〔美〕理查德·C. 博克斯：《公民治理：引领 21 世纪的美国社区》，孙柏瑛等译，中国人民大学出版社，2005。

是不管理论争论如何，参与已经在公共精神培养、社会资本培育等方面显现出其价值。从公共服务的角度讲，公民的参与于行政管理者而言，可以获得有关公共服务需求的更完善的信息，以更节约资金的方式提供公共服务，行政管理者形成对自身管理工作的良好感觉；对于公民而言，可以保证公共服务更适合他们的需求，促进一个更开放、更具回应性的公共官员体系形成，以及建立对政府和公民自身更加积极和正面的认识与情感①。抛开功利主义的视角，从规范性角度讲，我们也应该鼓励大众参与，而且就从其日常居住的社区开始。正如杜威（John Dewey）所认为，民主必须始于公民的家园，而这个家园就是我们的社区。事实上，随着世界范围内的公民参与运动不断走强，公民参与已经成为信息时代政治社会生活不可或缺的一部分。既然如此，那么需要考虑的是如何激发公民的参与热情，如何达成有效的参与以增进公共的善。

在现实层面，公民要在公共政策的创建和执行中达到富有意义的参与仍然存在难以克服的障碍。人们通常假定，职业化的政府应当关注和顾及公众的公共服务需求，并做出明智的公共决策。即便是西方社会，在漫长的社会治理运动中，政府作为非唯一主体参与治理，同样也经历了公民的弱参与、消极参与或非理性参与，直至20世纪中后期，政府通过制定法律条文要求在城市项目和社区项目的决策、执行过程中最大限度地发展和引导可行性的公民参与行动，这实际上才开启了一个新公民参与运动时代。

与传统公民参与相比较，新公民参与最大的特征就是制度化，这并不意味着公民被迫参与他们并不想介入的公共事务，而是通过法律规定推行一个长期、稳定的公民参与平台，扩大他们在政策制定和执行过程中的影响力，这或许会减缓政府施政的效率和进程，但让倾听公民的声

---

① 〔美〕约翰·克莱顿·托马斯：《公共决策中的公民参与》，孙柏瑛等译，中国人民大学出版社，2014，第140页。

音成为常态、成为必需，远比社会的高速发展更为重要。同样，公民在参与的过程中因自己的谏言被认同和实施，会被激起更大的参与热情。事实上，新公民参与运动之后的 10 年里，公民参与社会治理的数量增长了 50%。西方新公民参与的另一特征是摒弃原有的精英主义倾向，向社会各群体开放，无论是消费者团体、环保主义者还是低收入阶层，均可以通过参与治理项目来表达各自需求，这仍然是制度化的一个延伸效用，相当于公民在社会生活中始终保有政府的一个承诺，即公民可以通过参与各类项目实施来表达意见，并进而影响未来。

但是即便有了制度保障，公民也还是会遭遇到参与困境。突破困境的关键之一是要有精良的参与路径设计。随着科技和社会的不断变迁，针对不同情况已演化出多种参与路径，且仍在不断更新之中。目前就参与效率而言，电子参与是新公民参与中最高效的参与路径；就参与难度而言，关键公众参与法最易解决社区疑难问题；就参与的规模而言，社区公民调查是覆盖面最广的参与形式；除此之外，社区公民大会、社区咨询委员会等也是新公民参与中较普遍采用的路径。其实，新公民参与的路径并不复杂，且有很强的可操作性，在中国城市社区治理中也有一定的实践基础，关键还在于制度设计。如果在社区治理任何关乎社区未来和公民权益的重要事件中都将公民参与纳入制度化轨道，那么各方认同的、可持续的社区发展图景即可预期。

在具体参与空间上，西方社会的新公民参与实践大多在地方和社区层面展开。学者们也认同地方层面的公共事务和社区层面的生活事务应当是公民参与最适宜的领域，这不但对于公民能力的培育和社会自治具有重要价值，而且可能由此创造一种全新的政府决策模式并有助于地方善治的实现。对于在地方和社区空间参与的强调，有学者直接把公民参与界定为旨在改善社区生活质量的所有活动。"公民参与意味着努力为我们社区中的市民生活带来不同，通过发展出知识、技能、价值观和动机的整合体来创造出这种不同。它意味着通过政治的和非政治的进程来提升社区的生活质量"。①

此外，强势的公民参与需要强劲的市民社会配合。伴随这一波公民参与的兴起，西方市民社会也开始复兴。正如美国学者艾伯利（Don Eberly）所言，"在 21 世纪来临之际，一个最重要的变化也许是市民社会的非政府部门的重新发现。如果说 20 世纪目睹的是市民社会受到有意无意的忽略，以至于日趋没落的过程，21 世纪也许代表了它的元气的恢复"②。毋庸置疑，市民社会的发展对公共参与至关重要，它具有培育公民美德、减少公共生活中存在的不信任和冷漠、为公民参与提供组织基础、推动民主商谈、创造更多"公共空间"等功能。③ 对于原本孤立的个体而言，其可以借助各类非营利性组织、资源部门，更好、更多地进入公共政策制定、执行以及社区公共事务的管理过程，以此表达自身利益倾向，影响政府公共政策导向，并作为政府的合作伙伴，承担社区一部分共同产出公共服务的责任。

总而言之，在新公民参与运动中，一方面，公民逐渐成长为自己社区治理的一部分，并分担一部分原本由政府承担的服务责任。另一方面，政府卸下全知全能的角色身份，反而有助于获得公众对公共服务的满意，获得认同。与此同时，通过制度设计的有序参与，公民从消极的公共服务消费者转变为创造有机社区的积极参与者。新公民参与的蓬勃发展也支持了参与提倡者们的观点，公民的参与意愿与是否有合适的渠道、是否获得参与效能感有关，参与需要好的制度安排和设计来激发和培育。

---

① 〔加〕S. 马克·潘什：《公民权与公民参与心理学》，何嘉梅译，西南师范大学出版社，2017，第 3 页。
② 〔美〕唐·E. 艾伯利主编《市民社会基础读本——美国市民社会讨论经典文选》，林猛等译，商务印书馆，2012，导言第 3 页。
③ 〔美〕唐·E. 艾伯利主编《市民社会基础读本——美国市民社会讨论经典文选》，林猛等译，商务印书馆，2012，导言第 6 页。

三 协商语境下的公民参与

公民参与需要具体的实施路径，但同样需要规范性价值引导，关于这一点，强调公民参与公共事务决策的协商民主可予以补充。

正如前所述，兴起于 20 世纪 80 年代末的协商民主理论在修正和完善参与式民主理论的基础上进一步发扬参与式民主所彰显的公民理性、宽容、沟通、参与等价值观。公共协商强调普通人应有机会参与到公共事务中，要把之前被排除在外的公民纳入其中。从某种程度上说，协商就是一种参与方式。

一方面，协商以公众参与为基础，凸显公众参与的重要性。广泛的公众参与是协商合法性、有效性的前提条件。所谓公共协商就是经过每个公民平等地参与、自由地表达意见、倾听并考虑不同观点，在理性协商的基础上做出具有集体约束力的决策的过程。从协商民主的主体看，协商以公民为参与主体。没有公众参与对话，讨论的协商将失去其原本的意涵，封闭于精英团体中，由此产生的公共政策将失去与社会的有机联系。无论是从约瑟夫·毕塞特（Joseph M. Bessette）反精英主义的宪政解释观点看，还是从后来哈贝马斯（Habermas）对话语民主的解说来看，他们都把"民主理想的基本原则"——参与，作为协商民主的核心内涵。从协商的结果来看，协商目的在于产生具有合法性的公共决策，而这种合法性由自由平等的公民对话、讨论、审视各种相关理由的理性参与过程来赋予。如果离开了公民参与、相互同意这个过程，那么协商生成的决策之合法性也无从谈起。

另一方面，协商作为公众参与的一种方式，扩展和深化公众参与。首先，协商与一般的参与方式不同，协商民主强调自由、平等、理性和怀有公共精神的公民参与原则。在自由和平等原则方面，协商思想认为："所有人都有发起话题、质疑、询问和辩论的同等机会；所有人都有权质疑协商的主题；所有人都有权对对话程序的规则及其应用或执行方式提出反思性论证。"① 在公共协商参与过程中，参与行为不受先定权威的规范或要求的限制，不受任何强力的胁迫。当然，有学者对协商的平等参与性提出了质疑。如政治学家艾丽丝·杨（Iris Marion Young）指出协商所持有的表达规范在文化上是特殊的，这种谈话风格是社会特权的标志②。在理性原则方面，协商强调理性讨论，相互理解，给出可以劝说对方的理由，相互说服。在不断地陈述、讨论、质询、反思的良性互动过程中，互相补充缺失的信息，获得看待问题的不同视角，修改自身观点，以最大可能地克服有限理性，生成决策。在协商参与中，信息的充分性成为可能。协商过程其实也是一种信息传播的过程，因为任何人都不可能预见到不同个体思考公共事务时所持有的全部视角，也不可能拥有与特定决策相关的全部信息③。正是利用公开审视过的理性指导协商这一事实构成了协商结果的政治合法性基础。④ 在公共精神原则方面，公共协商要求参与主体以公共利益为出发点和皈依。埃尔斯特（Jon Elster）指出协商民主概念的关键要素之一就是要求公民超越"市场"的私利而诉诸"论坛"的公共利益⑤。正是在这种参与原则的基础上，协商延续了激进民主的传统，但通过公共讨论、推理和判断调和人民参与观点。其次，协商并没有限制参与主体的身份，它对所有的公民均开放。协商强调公民及所讨论事务的相关利益者的参与。也就是说，我们在讨论社区事务的时候，可以不仅限于本社区的成员，也可以邀请

① 〔美〕塞拉·本哈比：《走向协商模式的民主合法性》，载〔美〕塞拉·本哈比主编《民主与差异：挑战政治的边界》，黄相怀等译，中央编译出版社，2009，第 75 页。

② 〔美〕艾丽丝·马里恩·杨：《交往与他者：超越协商民主》，载〔美〕塞拉·本哈比主编《民主与差异：挑战政治的边界》，黄相怀等译，中央编译出版社，2009，第 120～122 页。

③ 〔美〕塞拉·本哈比：《走向协商模式的民主合法性》，载〔美〕塞拉·本哈比主编《民主与差异：挑战政治的边界》，黄相怀等译，中央编译出版社，2009，第 76 页。

④ 〔美〕乔治·M. 瓦拉德兹、何莉编译：《协商民主》，《马克思主义与现实》2004 年第 3 期。

⑤ 〔美〕詹姆斯·博曼、〔美〕威廉·雷吉主编《协商民主：论理性与政治》，陈家刚等译，中央编译出版社，2006，导言第 5 页。

其他成员参与，只要该事务与其相关。这样一来就扩展了对话的边界。事实上，现代性的一个特征就是我们行动的后果不断扩散，诸如环境、生态等议题，其影响并非只限定在一定区域内，其具有很强的弥散性和跨区域性。最后，协商不仅让公众具有表达的机会，而且以共同解决问题为导向。这就让参与其中的公众获得一种有效的感觉。事实上，"多数人并不是通过'公民生活'或'参与'的大门进入共同体生活或政治的。相反，在开始解决其关心的问题之后，他们才发现自己身处其中。一旦他们要在问题解决上有所进展，他们就意识到必须与他人合作才能寻求并实施解决方案"①。

在协商参与所带来的影响上，其不仅限于一般公共参与的诸如公共精神的培育、习得相互尊重、形成集体责任感等。因为协商以互相陈述理由并说服对方为原则，因此这就要求，协商者不但理解自我情况，也需换位思考，站在对方的角度思考问题才能达到说服的效果。在这个意义上，协商参与其实是一种让公众"扩大心胸"的参与。无怪乎，社群主义者会认为协商活动不但能提供参与者的民主能力，发展公民人格和精神，也能增进公民与社群的关系，最终实现公共之善。更进一步，考虑到时代背景，有学者指出"在一个强调多元、尊重差异和多样化的时代，在一个既有体制面对着重重危机和挑战的时代，协商民主开启了人类探索民主理想和重建公共领域生活的新历程"②。除了个体主观层面的有益影响外，协商也有助于个人现实社会生活的美好。"通过公共协商，公民就能够理性反思限制或扩展其个体自治的社会经济条件。例如，财政优先权、教育政策以及健康计划等在决定公民生活质量和可获得机会的类型方面发挥着重要作用。通过更好地理解其存

---

① 〔美〕玛莎·麦科伊、〔美〕帕特里克·斯卡利：《协商对话扩展公民参与：民主需要何种对话？》，林莉译，载陈家刚选编《协商民主》，上海三联书店，2004，第105页。

② 陈家刚：《协商民主与当代中国政治》，中国人民大学出版社，2009，第1页。

在的社会经济向度，公民成员就能控制对其生活有极大影响的各种因素。"①

总体而言，协商民主与公民参与在一定程度上具有互补性。在实践上，公共协商为公民参与决策公众事务的一种形式，这种参与方式提升参与的深度和质量。在理论思想上，公民参与理论已有的公民参与路径研究，可以弥补协商民主在实践运作经验方面的不足；协商民主理论对协商的原则、公民所应承担的责任等进行规范，为公共参与理论补充价值基础。② 协商和公民参与相结合形成公共政策的协商式参与，"公共政策科学向来是以专家为导向的，也就是说公共政策制定是专家们的事……但是，20世纪80年代以来，这种导向的公共政策科学有了新的变化，其表现是将公民引入到公共政策的制定过程中。这就是公共政策的商议模式"③。

四　城市治理中的协商与新公民参与

中国城市社区目前已形成包括行政组织、市场组织和民间组织等多组织介入共同参与治理的格局，而位居治理的中心——社区公民，成为被各方争夺的重要资源：代表政府在基层行使行政权的社区工作站、社区居委会等，通过向社区公民中的弱势群体提供稀缺的社会保障资源而将他们紧紧吸引在周围，同时迫于绩效评估的压力，社区行政组织需不断通过改进工作来获得更大多数社区公民的好评；以物业公司为代表的市场组织必须在确保收益的情况下维系和提升物业管理质量，从而使所有业主能及时足额地缴纳物业费；而包括业委会及民间组织在内的其他自治组织由于在社区分享到的权力有限，他们只有不断争取大多数社区公民的认同和介入，才能在社区治理中赢得更多的话语权。

---

① 〔美〕乔治·M. 瓦拉德兹、何莉编译：《协商民主》，《马克思主义与现实》2004年第3期。

② 相关讨论参见朱德米《公共协商与公民参与》，上海市社会科学界第五届学术年会文集（2007年度）（青年学者文集），2007，第198页。

③ 〔澳〕何包钢：《商议式民主与中国的地方经验》，转引自朱德米《公共协商与公民参与——宁波市J区城市管理中协商式公民参与的经验研究》，《政治学研究》2008年第1期。

社区公民被动卷入社区各组织治理行动的直接后果就是公民在社区的弱参与，他们出于目标不一的利益需求而参与社区活动，如果组织不授权或自身无现实利益需求，那么社区治理中将很难看见社区公民的身影，这一在中国城市社区普遍存在的现象已严重困扰社区的可持续发展，对目前参与社区治理的任何一方而言，积极、主动、广泛的新公民参与既是美好的愿景，也是提升社区治理质量的必由之路。合理合法且公正的参与制度，可以让当下社区参与走出公平、合作等方面的困境，让参与意识觉醒的公众在一次又一次的参与体验中获得成长。

那么什么样的参与制度设计才能汇集各方力量，化消极被动的公民为积极主动的行动者呢？在面对社区群体利益分化、诉求多极、阶层分化的现实下，架构起促成内部各阶层各群体间的沟通、对话机制是关键之一。以公共协商为核心概念的协商民主正可起到这一作用。公共协商意味着社区公民在信息公开透明的条件下，能依据一定的程序，自由而平等地对影响到自己的社区公共事务、公共政策进行公开且充分的理性讨论。协商秉持公开、互惠、责任、平等和包容等原则。在一次次的协商过程中，公众自身能学会不同个体间、不同阶层间相互尊重与合作，从而提升参与的深度和品质。其实在中国本土社区实践中，已经出现带有协商元素的议事机制，只是一直缺乏良好的制度化设计，让协商真正在基层社区落地。目前的关键就是要导入理念和技术进行升级，让社区协商发挥更大的效用。当然，让公民协商参与环境保护、社区规划、社区养老等领域的讨论和决策，这或许会减缓基层政府施政的效率和进程，但在当下公共政策复杂化、公民参与意识深化、社会公正问题显性化①等背景下，需要形成良性的，有利于促进公民与国家之间的信任、互动和互惠的参与机制，以回应和化解转型社会的难题和挑战。

---

① 李强彬、廖业扬：《中国语境下协商民主的发展：理由、可能与路径》，《求实》2012年第 8 期。

那么环顾当下中国城市社区治理，制度化的公民参与怎样才能落地？在本文看来，将公民参与纳入中国城市社区治理的制度化范畴，其必要的前提至少有三个。

首先，政府愿意让渡社区治理权力。在各城市以"社区发展"为中心的战略指导下，基层政府虽然仍将各种人力、物力等资源下沉到社区，以增加行政管理的能力，但各级政府已明显意识到社区在后单位制下所承载的重任，并通过各种渠道培育参与治理的非行政主体，例如社区行政机构均有责任扶持成熟社区的业委会筹建和日常运行，基层政府也会投放专项资金来孵化社区民间组织等。

其次，社区居民应具备一定的公民意识，即社区具备相对成熟的公民环境。单位制的衰微促使城市社区不仅仅作为居住空间而存在，特别是对那些拥有房产权的业主而言，社区生活中不可或缺的一部分是对社区权力的维护，与此相对应的社区责任也随之而建构，只是这样培育的公民意识还相当狭隘。

最后，社区运行中应有一些常规的、基础的公民参与。目前中国城市社区的公民参与已覆盖文化、社会、政治等多领域，特别是公民在社区直选及社区冲突中的参与已呈明显上升趋势。前者涉及社区党委、社区工作站及社区居委会的改选，虽还未真正实行海选，但社区行政工作的绩效直接影响到社区公民的投票倾向。而后者是指社区公民在各类维权活动中的参与，这类参与在提升社区整体公民环境方面已起到非常重要的作用。

总体而言，在中国城市社区治理中握有丰富行政资源的基层政府已经开始倾听社区公民的意见，并愿意让社区公民分享其资源；社区公民无论是因参与冲突还是因参与形式上的直选，其公民意识正在被逐步唤醒；社区其他组织对公民参与分担公共事务也乐见其成。也就是说，中国城市社区已拥有一个不够成熟，但上下趋同的参与环境，那么通过制度化的设计激起更广泛、更深刻的社区公民参与，即在社区治理中引入新公民参与，将有利于多方治理目标的共同实现。

第三章
基层治理的协商禀赋

第一节　基层政府的突围

　　不可否认当今我们生活在一个变化惊人的时代。这个时代，突破原有国家－社会的想象，跨越地域界限，经济、文化均面向全球交流和竞争，国家间竞争日益激烈；这个时代，信息网络崛起，普通民众掌握信息的速度和数量远超工业时代，并时常要求公共权力机构尽可能地公开、透明；这个时代，也是消费崛起的时代，人们作为消费者逐渐习惯于挑选服务/商品的品质，随之商业世界出现了以用户为中心的转向，并且这一思想呈现向公共部门渗透的趋势；与此同时，中国社会还恰逢转型，经历40余年的高速发展，在总体性物质财富迅速积累的同时也催生出不同的利益群体，阶层分化和固化的讨论随之而来……面对这样的环境，固有的"大政府"管理困境凸显，单纯以 GDP 增长为导向、"大包大揽"的行政管理方式已无法回应知识经济时代的发展和人们日益增长的美好生活需求。尤其对基层政府而言，其直面服务对象，其决策直接影响地方经济、社会和公众生活，如果稍有不慎，就会引发公众的不满，甚至引起投诉或演化为维权事件。对当前政府的职能活动范围和运行机制进行变革，理顺市场、公众和政府三者间的关系，更及时有效地回应公众需求，提升社会普遍福利和区域竞争力，形成有效治理格局，成为当务之急。

那么基层政府如何突破这种治理困境？事实上，在过去十几年中，掌握一定自主权的地方政府在改革和创新方面一直活跃。为地方政府创新而设立的中国地方政府创新奖，五届以来收集了 1552 个创新项目申报。① 地方政府被视为地方经济与发展过程中最为重要的推动力之一。但在对基层政府进行考察时，亦有学者提出"汲取型政权""悬浮型政权"等概念②，个别地方政府存在权力扩张、自身利益强化、公共权力滥用、公共服务羸弱等问题。地方政府之所以呈现如此极具争议的两面形象，关键还在于过去的变革未能让地方政府从理念、职能、体制、机制到行为进行转变，或者说有限的变化也不足以从根本上带来政府职能和角色定位的变革，以及国家－社会关系的变化。对此，缘起于西方仿企业化行政改革的政府质量概念或可对转型中的中国地方政府提供借鉴。其实，近年来依法行政、阳光政务等的推出，多轮行政审批权改革，街道管理制度的变革均说明通过改变公共权力运作方式以提高政府质量的努力正在进行。在城市的基层，面对民众日益增长的需求和集聚出现的矛盾，一些地区的公共机构也已经开始了一系列实验，试图理顺各治理主体之间的关系，拓展倾听民意的渠道，以收获民众的满意和地方社会的有序发展。

一 面向政府质量提升的治理变革

无论是由经济变革向社会变革转型的中国各级政府，还是全球化、多元化纷争格局中的世界各国政府，它们在提高国家竞争力和全球化运动方面的特定作用不容忽视。正如世界银行发展报告中所言，"如果没

---

① 杨雪冬：《过去 10 年的中国地方政府改革——基于中国地方政府创新奖的评价》，《公共管理学报》2011 年第 1 期。

② 具体内容参见周飞舟《从汲取型政权到"悬浮型"政权——税费改革对国家与农民关系之影响》，《社会学研究》2006 年第 3 期。

有有效的、高质量的政府，经济与社会的可持续发展几乎是不可能的"①。即便是提倡多元的治理理论也发展出"元治理"理论，认为要达到善治，离不开政府的作用。当然，"元治理"理论强调的政府作用不同于以往概念，"元治理"理论中将国家请回中心的思想更加侧重于责任而非权力。简而言之，作为为个体和组织提供公共服务的重要机构，政府的运行质量深刻影响到经济、社会的运行和个体生活的美好程度。对掌握较多资源的中国政府而言，尤其如此。因此，我们需要关注政府运行的过程，政府也需要保证其运行的质量，对政府质量（Quality of Government）的期许和研究一直颇受关注。

（一）仿企业化行政变革下的政府质量

始于20世纪中后期西方行政改革中的仿企业化浪潮助推了政府质量研究的兴起。所谓仿企业化思路的西方行政改革，其主旨是以企业精神改革政府，具体表现在以公众为本、为公众提供优质服务、在具体公共事务执行管理中引入市场机制，追求高效率、进行成本收益分析，讲究社会效益和经济效益统一等②。这些政府管理的仿企业化特征用于政府质量评估，恰好应对政府在对内管理和对外提供服务时可能出现的高成本、低效率，以及公众导向不足等现象，为政府质量的提升提供了现实可寻的路径。在这一思潮下，学者们最初考虑的是在政府机构中如何施行全面质量管理（TQM，Total Quality Management），与企业不同的是，对政府而言，全面质量管理的核心价值就是客户导向，包括更注重顾客反馈、绩效监督、持续改革和公民参与③，并提出如果能确保这样

---

① 世界银行：《1997年世界发展报告：变革世界中的政府》，蔡秋生等译，中国财政经济出版社，1997，第10页。
② 闵学勤：《社区认同的缺失与仿企业化建构》，《南京社会科学》2008年第9期。
③ Swiss Je，"Adapting Total Quality Management（TQM）to Government"，*Public Administration Review*，Vol. 52，No. 4，1992，pp. 356–362.

的核心价值实现，那么政府的绩效就会提升①。与此理论相匹配的一系列概念，政府绩效（Government Performance）、政府效能（Government Effectiveness）、政府执行力（Government Capability）以及政府质量等陆续成为评估政府行为的重要视角。在国内，受西方行政改革影响，自20世纪90年代起，许多地方政府部门也在学习和借鉴西方新公共管理经验的基础上，进行政府绩效评价的探索和尝试，走过了以提高政府机关工作效率为目的、以改善政府及行业服务质量获得公民满意为目的等阶段，并形成了青岛、珠海、思明和甘肃四种典型模式。②

但是，与政府质量相比，包含政府绩效在内的其他概念体系更注重目标导向，也即用以衡量政府利用公共权力完成政府职能规范的目标与任务的程度，而忽略其达成目标之前的系列改革举措及评价指标。而关于政府质量的研讨涉及政府的价值倾向，例如在差异化的合法性标准、民主化程度和公平体系之下，如何区分政府质量的高下；同时政府质量也关乎政府的公共管理模式，包括公共服务产品的供给、政府人力资源管理体系以及政府管理创新等；当然，政府质量也直指政府的效率、效益、效果等综合表现。不过，政府质量这一对政府服务和管理进行全方位审视的概念，也面临全球各国、各级政府差异化背景的挑战，因此对政府质量评估体系的争论也从未停止过。

（二）微观视野下的政府质量评估

何为政府质量？回顾政府质量概念缘起和理论沿革，各界对政府质量的评估并没有统一的标准。在宏观的国家层面上，20世纪90年代，来自哈佛大学的波塔（La Porta）、史莱夫（Lopez – De – Silanes）等

---

① Boyne, G. A., Gould – Williams, J. S., Law, J., Walker, R. M., "Best Value – total Quality Management for Local Government?" *Public Money & Management*, Vol. 22, No. 3, 2002, pp. 9 – 16.

② 包国宪、曹西安：《我国地方政府绩效评价的回顾与模式分析》，《兰州大学学报》（社会科学版）2007年第1期。

四位教授在 152 个国家的数据资料分析基础上，曾提出政府对社会治理的介入程度、政府部门的效能、公共产品的供给、政府规模的大小以及政治自由五个因素构成了政府质量的评估指标。[①] 显然，从宏观视角对各国的政府质量评估建构指标体系，无法回避国家与国家之间的政治、经济、历史、法律和文化差异，而用一套整齐划一的指标来做各国政府的评估，其效度也受到质疑。

为尽可能地消解国家层面的、历史积淀的、种族或宗教等短期不可趋同的因素影响，一些研究开始放下国家视野，切入政府运行体系的内部进行微观度量，以期获得政府质量评估的微观模型，这既可作为各国、各级政府通过改善内部运作模式、快速提升服务质量的共同指针，也为政府质量研究增加新的参照系。由宏观转向微观，政府质量的评估意味着去国家化、去体制化、去种族差异和文化差异，回归到政府内部那些与政府质量相关的所有环节。如长期跟踪世界各国政府质量的瑞典哥德堡大学政府质量研究所[②]于 2009 年针对全球 58 个国家[③]528 位学者所做的政府质量问卷调查，立足政府内部运作的制度设计、职员的管理模式以及提供服务中所蕴含的理念等，正是引导了这样的微观走向。问卷中用以反映政府质量评估的 21 个量表题，涉及政府职员招募录用的公平公正程度、政府内部管理的绩效奖惩力度、政府对外合作公关的诚信度、政府职员的服务态度和执行度，以及政府对内对外表现出来的人

---

① La Porta, R., Lopez – De – Silanes, F., Shleifer, A., Vishny, R., "The Quality of Government", *Journal of Law Economic & Organization*, Vol. 15, No. 1, 1999, pp. 222 – 279.

② 参见瑞典哥德堡大学政府质量研究所官方网站：http://www.qog.pol.gu.se/。

③ 参与调查的 58 个国家分别是阿尔巴尼亚、亚美尼亚、澳大利亚、奥地利、阿塞拜疆、俄罗斯、比利时、波斯尼亚、巴西、保加利亚、加拿大、中国、克罗地亚、塞浦路斯、捷克、丹麦、爱沙尼亚、芬兰、法国、格鲁吉亚、德国、希腊、匈牙利、冰岛、印度、爱尔兰、意大利、日本、哈萨克斯坦、韩国、吉尔吉斯斯坦、拉脱维亚、立陶宛、卢森堡、马其顿、马耳他、毛里求斯、墨西哥、荷兰、新西兰、尼日利亚、挪威、波兰、葡萄牙、罗马尼亚、俄罗斯、塞尔维亚、斯洛伐克、斯洛文尼亚、南非、西班牙、瑞典、瑞士、土耳其、乌克兰、英国、美国、乌兹别克斯坦。

文关怀度等，这些指标的考量不仅摆脱以往评估政府质量时注重国家或社会创造的制度环境的惯习，转向关注政府那些自身可以践行的、能够改革的、短时间内也可操作的微观指标，而且这些指标还有一个共同的倾向就是"仿企业化"。当然，尽管理论界对如何评估政府质量有诸多争论，但学者们均赞同政府质量的输出对社会幸福、公共健康和环境可持续等都有巨大作用。

（三）中国语境下的政府质量提升

无论政府是否愿意，全球化语境下的政府都需接受公众的审视和考评，公众在赋权给政府让其施政的同时从未放弃自己参与治理的意念和行动，就像企业投入市场必有竞争者一样，政府行政在走向公共行政的道路上，很难垄断专行，而高质量的政府是唯一能使政府合法性及赋权得以持续的理由。不管宏观制度背景如何，政府在几个关键词——公平、高效、问责、关怀上做足文章、肯下功夫，仍然会有好的政府、成功的政府。

中国语境下的政府，在经历了 30 多年市场经济的飞速发展之后，单纯追求 GDP 的绩效评估方式正在消退，而富含更多社会管理、社会治理内涵的政府质量评估模式正在呼之欲出。从微观角度的政府质量看当下地方政府的改革，可以肯定的是，中国各级政府正在履行的一些改革举措，中央层面《全面推进依法行政纲要》的发布、国家治理体系和治理能力现代化的提出，几轮大部制改革等，地方政府包括行政审批制度改革、政府工作流程再造、以精简撤并为主的街道管理体制改革、"一站式窗口"政务服务、超时默许、网上办事、失职问责、公共部门绩效评估、办公室引入 ISO9000 质量管理体系[1]等在内的一系列改革和

---

[1] 何增科：《中国政府创新的趋势分析——基于五届"中国地方政府创新奖"获奖项目的量化研究》，《北京行政学院学报》2011 年第 1 期。

创新，都有利于政府质量的提升，且符合全球政府的评估标准和发展趋势，这也喻示着中国政府愿意从权威型政府、管理型政府向服务型政府、社会化政府转型，并接受公众的质询和监督。但就目前而言，中国各级政府在提升治理质量方面较易注重硬治理手段的运用，例如提高政府的执行力、采取绩效问责制等，而缺乏政府行为展现出来的人文关怀度，如果政府能在人文关怀上下功夫，则不仅能展示政府的治理文化，事实上也提升了政府治理的软实力。

从微观角度的政府质量入手，突围治理困境，提升基层治理水准，对中国各级政府而言，至少有以下几点意义。第一，中国自上而下的大政府治理模式正面临来自各方的诸多挑战，如果宏观制度的变革有可能让社会整体陷入未知的风险，那么将重心转向政府微观治理质量的提升，既能减少改革成本，也能满足公民更多需求，是政府赢得持续合法性的重要路径之一。第二，在社会问题复杂多样[①]、部分官员存在贪腐问题的情形下，若仅有满腔热忱的改革意愿，或只有一些浅尝辄止、运动式的表面行为，没有政府质量深刻且全方位的持续提升，仍然无法应对困境，也很难提升公众对政府的满意度。第三，虽然中国还未真正开启全面的社会治理时代，但公众参与治理的趋势已不可阻挡。一方面，随着经济收入的提高及房产等私有产权的普及，公众的责权意识随之增强，对政府的期待不断提高的同时，自身参与治理的意愿也不断放大；另一方面，随着网络、微博等新媒体的迅猛发展以及政府电子政务的推广，政府几乎被透明地置于公众的视线之下，此时政府质量稍有逊色，公众的参与感就会被激发，由公众参与的社会治理便会取代单纯的政府行政管理而成为主流。第四，政府质量评估模型的全球趋同性，也再次验证了中国各级政府与其他国家政府一样深处全球化语境中，公众同样

---

① 吴忠民：《中国转型期社会问题的主要特征及治理》，《山东社会科学》2020 年第 6 期。

会以全球化的视野、多方位比较的心态来接受政府输出的服务和管理，政府唯有在任何细节、任何时点上都保持高质量治理水准，才能在现在和未来赢得公众。

二 城市基层治理结构：分治抑或共治？

有学者指出，改革开放以来，为应对社会转型的挑战，中国政府在经济和社会发展、制度建设等方面不断进行治理变革，期望通过治理结构的完善和治理手段的调整来实现良好治理。[①]这一观察也适用于城市基层政府。经济体制改革和社会结构调整引发单位制解体，城市社区承接原有单位释放的诸多职责，成为社会管理和社会生活的基本单元。在市场经济发展、城市化进程中，大量的人和事又进一步向城市社区聚集，社区担负起越来越多的居民公共诉求和提供公共服务职责；与此同时，社区类型分化，社区内多元利益主体崛起，其按照各自逻辑在社区场域内行动，原有社区权力结构出现分化，这对既有的社区管理模式提出挑战。正是在这样的背景下，世纪之交，社区建设启动，在社区中开启漫长的国家和社会的关系调整之路。

发展到40多年后的今天，很难想象，城市基层社区治理越来越清晰的去中心化和社区各组织权力博弈的复杂格局并行不悖：以街道办事处领衔的社区工作站及社区居民委员会继续扮演着政府行政管理的终端角色，但面临社区工作站和社区居委会各自定位协作的问题；迅速崛起的代表城市住房阶层的业主委员会一度被寄予厚望并在与物业公司的抗争过程中悄然觊觎社区治理的核心权力，但由于"先天不足"而面临成立、运作和监管等难题；以市场化自居的物业公司仰仗其独特的经济

---

① Burns John, P., "Governance and Public Sector Reform in the People's Republic of China", in Anthony B. L. Cheung and Ian Scott eds., *Governance and Public Sector Reform in the Asia Pacific: Paradigm Shifts or Business as Usual?* London: RoutledgeCurzon, 2003. 转引自孟天广、杨明《转型期中国县级政府的客观治理绩效与政治信任——从"经济增长合法性"到"公共产品合法性"》，《经济社会体制比较》2012年第4期。

资本在一定程度上掌控着居民社区生活的幸福度，但也面临物业费和物业服务之间的矛盾；而从一开始就被边缘化的社区社会组织不仅未从这场空前的社区权力角逐格局中褪去，相反正借助政府伸出的有形之手不断成长壮大。

可见在当下社区场域中，表面上政府仍是多中心格局中最强有力的资源拥有者，但后单位制下成长起来的社区各治理主体逐渐从国家与社会的互动关系中觉醒，自觉不自觉地陷入社区的权力纷争，再加上各城市社区差异化的实践模板，社区是走向分治抑或共治还需长时期地观以各方协商、交换、合作及政策导向之后效。

（一）"居站分设"与"居站隶属"的隐喻

不得不承认缘起于北京、深圳，曾经在多个大中城市推广的"社区工作站"成为社区多中心格局中一股新生力量，其设立初衷是解决政府下沉给社区不堪重负的行政工作，不过如何为其在复杂的社区权力结构中谋一个名正言顺的位置，各地方政府伤透了脑筋，甚至同一城市的不同区域推行了上、下两个"辈份"的社区工作站，比较典型的有"居站分设"和"居站隶属"两种模式。

所谓"居站分设"，即社区工作站和社区居委会是街道办事处领导下并行的两个组织，分别担负不同职能，社区工作站的主要职责是承办政府职能部门在社区开展的工作，包括治安、人口、计生、文化、市政、城管、安全生产、维稳综治及离退休人员管理等。从资金投入、人员配备到工作考核均由所属街道办负责。而回归自治的社区居委会除了对工作站负有监督职能之外，其工作范畴压缩为居民信访、活动组织、物业协调和项目听证等。"居站分设"之下居委会在回归法律赋予的自治身份、卸下过度超载的工作负荷的同时，权力和声望也随之下降，在社区权力角逐中被边缘化已不可避免。

所谓"居站隶属"模式，即社区工作站是社区居委会的下属工作机构，两者是领导和被领导的关系。社区工作站的主要职责是在居委会领导和监督下协助政府完成各条口下沉的行政工作，社区工作站的办公经费、人员工资和场所由街道办事处提供。"居站隶属"模式下看似居委会的社区权力在放大，但它背离社区自治的法律约定，通过下属的工作站光明正大地大量承接政府的基层工作，其工作范畴及相应权力的合法性颇受质疑。

无论社区工作站的"辈份"如何，其在各地区高调推广是否喻示着对国家法团主义向社会法团主义转型的阻止？政府继续对社区工作大包大揽的直接后果是行政权威在社区的无限放大，一旦遭遇已拥有物权并随时准备为维护物权而抗争的社区业主，或曰社区公民，可以想见的是再次被行政权威覆盖住的、真正的社区自治主体，更易形成新的、分而治之的社区力量。

（二）物业公司与业委会的囚徒困境

与社区工作站、社区居委会相比，物业公司及业主委员会在城市社区的覆盖率远远不及。但物业公司的经济源泉、业主委员会的权力源泉非常明确，其服务对象也更真实客观，相应的，政府对其控制不易实现，这使得一方面看似更趋理性的治理主体——物业公司和业主委员会的关系架构在大部分新型房地产社区已经成为日常管理的主体，另一方面，两者互相背离的利益取向和行动逻辑也使它们共同陷入囚徒困境。

物业公司的囚徒困境源自社区内最大的经济资本——物业费的收缴博弈，业主基本公民素养的参差不齐及利益最大化的驱使，导致拒付物业费或拖欠物业费是社区管理司空见惯的现象，如果物业公司据此控制成本、降低服务标准，将带动正常缴纳但未享受对等服务的更大批业主的拒缴，双方的谈判、抗争乃至更换物管就不可避免。而业主委员会的囚徒困境来自法律赋予的权限不清晰且苛刻，业主委员会背后的业主大会是真正的法律主体，而不像西方社区业主委员会即是社区的董事会，无论是选举还是维权都需经过半数以上的业主确认，庞大的业主群体和相应公民意识的欠缺，业主们不参与也能获利的所谓个人理性，最终往往导致集体非理性。

众所周知，囚徒困境的最根本诱因是博弈双方信息不对称和对对方人品的不了解、不信任。现实的社区生活中，各地方政府纷纷出台新的《物业管理条例》，重新推出有 50 年良好社区声望的居委会充当物业管理的指导和监督主体，试图引入第三方来增进沟通、共同协商，以摆脱困境。问题在于居委会和业委会这两个组织，一个裹挟政府赋予的自治权，拥有强大的、视同己出的政府偏好，另一个承载物权催生的自治权，拥有庞大的、正在觉醒的业主认同，两股力量、两类权力，两个不同的利益导向，共治的前景并不明朗。

（三）社区社会组织：从非法人化到政府孵化

一直以来，非法人化的趋势客观上制约了社区民间组织的发展，因非法人化的普遍存在，大部分社区民间组织沦落为典型的草根性团体：活动经费短缺、活动频度低、服务范围狭窄、存活年限偏短等，它们在社区权力结构中很难谋到一席之地，更不用说成为参与社区治理的主导力量。而西方长时间致力于公共服务市场化的改革实践，足以证明民间组织通过政府授权和购买的契约形式投入社区治理，不仅抑制政府官僚化的膨胀，同时经由项目竞标、授权合同等形式也维系了常规运作，而且民间组织通过提供高效、优质的服务，也在一定程度上拥有了社区治理的自治权，甚至决策权。

近三年来，各地方政府已意识到民间组织对分担政府社区事务、提供居民多方位社区服务的重要性，纷纷出台政策孵化社区民间组织。例如：深圳市政府通过向民间社工服务机构购买社工岗位的方式，协助民间组织向社区教育、司法、残疾人服务、计生、青少年、医务、禁毒、信访及劳务工等领域全面渗透；上海市的区政府在街道成立"社区民间组织服务中心"机构，有效解决民间组织登记注册、业务管理、挂靠管理等常规难题，同时也整合了民政、文化、法制、社工、社会福利与保障部门的资源；南京市建邺区 2009 年底开始推行"关于加强社会福利服务中心建设的若干规定"，通过项目制的方式由社区居委会牵头提出项目需求、实施方案和服务目标，政府不仅输出资金，同时也提供专家评审、技术支持和第三方验收等全程服务，力推由民间力量主导的业主自治、新市民支援、老年服务、家庭服务、妇女庇护、心理危机干预、青少年服务、残疾人服务、邻里互助等全方位服务体系。

由非法人化走向政府孵化，政府让渡部分社区治理权力的同时，由个别精英通过自身实力和关系资源苦苦支撑一个民间组织的局面将成为历史。当然伴随社区民间组织整体力量的不断壮大和对社区治理的持续渗透，民间组织究竟是社区治理主体的替补还是替代又将成为新的困扰。

显然，当社区居委会、社区工作站、业主委员会、物业公司、社区民间组织等所营构的社区权力体系越来越趋向平衡的时候，也就预示着一个前所未有的社区多中心格局已经形成。其实早在 20 世纪中叶，以美国学者达尔（Robert Dahl）为代表的社区"多元论"学派就反对亨特（Floyed Hunter）的"精英论"，其认为正是社区控制权的有限性导致了联盟权力的产生，各个群体都有自己的权力中心，由此通过互相竞争参与治理比社区精英模式更有效[1]。问题在于，社区内各组织之间是整合资源、携手共治，还是各执一方、分而治之，这关系城市社区治理长时期的行政控制是否需要向制度化的伙伴合作转型，进而关系国家和社会未来的互动关系。

---

[1] 〔美〕罗伯特·达尔：《谁统治：一个美国城市的民主与权力》，范春辉、张宇译，江苏人民出版社，2010。

（四）社区治理结构的"3＋1"模式选择

一直以来，以"社区居委会、物业公司、业委会"组成的"三驾马车"在中国城市社区，特别是成熟的商品房小区中已形成较稳定的治理结构。社区居委会裹挟政府资源，为弱势群体提供保障类服务；物业公司为社区住户提供物业维护及社区环境治理服务；业委会更多的时候是在有不良治理现象出现时为居民提供维权服务。三者表面上各自应对了日常社区生活，但随着社区居民自我素质及公共意识的提升，后单位制下居民更多的服务需求、参与欲求及归属感需要在社区安放，而近年来不断在社区生根的社会组织正逐渐扮演着填补空缺角色，并不断渗透于社区治理实践中，成为治理结构中相当重要的一个支柱。

社会组织通过自组织、政府孵化、政府购买或合作的方式进入社区，特别在社区老人服务、幼儿教育、家政服务、文化活动等方面加大了对社区的供给。在一个健康的社区公民结构中，社会组织应占有相当重要的分量，它们在社区正常运行中承担更多的义务，政府就有更多的精力来"掌舵"，而不是事无巨细地去"划桨"。事实上在西方各类社会组织对西方社区渗透的程度，也是区分实力强大社区和实力单薄社区的重要标准。可喜的是中国政府在城市社区的适度放权，为社会组织进入社区提供了越来越多的机会。例如上海、深圳、南京等地通过建立"社会组织孵化基金"及项目合作机制，给有基础的个人和团体提供初期、年度或项目扶持基金，帮助他们在社区寻找合适的定位、服务项目和可持续发展的空间，但面对社区不断放大的需求，社会组织缺乏资源、发展历史较短、人才不足，以及居民参与不足等短板仍制约他们在社区的立足，同样也影响基层政府对他们的持续信心。让社会组织长期、深层地介入社区服务，从而形成稳健的社区治理"3＋1"模式，是城市基层提高治理效度和满意度的重要突围路径。

案例1①   街道协商建平台   多元共治探新路

　　中国城市的基层治理比以往任何时候都显得活跃，这不仅与国家治理创新首先寻求在基层的突破有关，也与城市社会的核心单元——社区承载越来越多的需求、激发自下而上的参与有关。在当下社区中，物业管理正成为关键性问题，相比商品房小区主要由市场机制下的物业公司提供小区物业服务和管理，大部分老旧小区的服务和管理则处于无处着落的状态。近年来伴随居民生活水平的提高和权利意识的增强，老旧小区存在的诸多矛盾逐渐暴露，如基础设施落后、配套服务不足、人员流动大、社会问题多等，致使老旧小区成为城市治理的难点问题。如何破解老旧小区治理难题，为这些小区的居民创造一个有序安定的居住环境，成为社会各界和居民关注的焦点，也考验着基层管理者的智慧。

　　N 市 GL 区 X2 街道就属于典型的老城区街道，绝大多数居民楼建于 20 世纪八九十年代，大多是无物业管理的老旧小区，2015 年，街道内有物管的小区仅有 6 个，对于环境维护、公共设施更新等问题多是无人问津。近年来，街道深刻感受到，街道内小区各类矛盾问题日益凸显，居民不满意情绪日渐强烈，并反映在 "12345" "96180" 热线量不断上升。

　　在此现状下，为回应居民需求，解决老旧小区治理问题，X2 街道决定在街道层面建立协商议事会。建立协商议事会，一是作为人代会和党代会的一个补充，填补街道办事处在民意吸纳、接受监督方面的制度性断裂；二是保障基层党员和群众的知情权、参与权、表达权和监督权等各项权利。X2 街道对该平台定位为：广纳群言，广集民志，增进共识，增强合力。其初衷是，化之前的居民投诉为共同协商，协力解决问题，化解矛盾。

---

① 本文所选用案例均为笔者在 2015~2018 年与 N 市 GL 区共同推进以 "基层协商" 为主题的第三批国家实验区时所参与，或由参与实验社区推荐提供的，在此一并感谢 GL 区委、区政府，GL 区民政局及 GL 各街道和社区同仁。

在组织结构上，X2 街道的议事会总共设三级：街道层面的"协商民主议事会"，社区党委党组织的党群议事会和结合网格化管理的院落议事会。在具体运行上，街道议事会一年两次，议事会代表主要集中在会议期间提意见，当然平时意见通道也开放；社区层面的议事会开会频率不固定，随时都可发起，继而可随时提意见建议；院落议事会是最基础的一层级，开会频率也不固定。在代表提案设计上，街道议事会的提案设计参照人大、政协的工作方式。意见建议以书面化表格形式呈现，一事一案，可以联名提。提案最终汇总到议事会领导小组下设的办公室，在意见提出后 10 个工作日之内进行分派。如果街道层面能解决，就分派到各个科室落实；如果超过街道能力范围，则发挥人大和政协功能，进行民意上报。

在人员构成上，以街道协商议事会为例，主要由人大代表、党代表、政协委员和居民代表构成，2015 年议事会成员合计 132 人，其中人大代表、党代表和政协委员 64 人，其余均为居民群众，以保证居民代表成为议事会最重要、最核心的主体。在议事会成员产生上，首先是人大代表，其由街道选举产生，2012 年初，X2 街道 14 个选区选出 30 名代表。其次是党代表，分街道选推和区党代会选派，其中街道名额少，占 7 席，其余由区党代会把 X2 街道视为一个团，下派城管系统的一部分党代表到街道；再次是政协委员，他们并非选举产生，是街道邀请了一部分有意愿并与社区关系紧密的人员进入；最后是居民代表，筛选居民代表有一定标准，主要一点是有群众基础，愿意为群众做事，做事要公道。居民代表主要通过基层党组织层层推荐的方式产生，即先给二级党支部分配一些名额，由二级党支部推荐，具体筛选参照网格化工作情况，此后依次经过总支部、社区党委和工委。关于群众代表的命名，街道也进行了一番考虑，本来打算启用"民议代表"，但因台湾曾用过该词而放弃，目前暂以居民群众代表称之。

从 X2 街道的案例中我们可以看到，为回应居民活跃的、多样的需求，街道已经开始在自行寻找合适的路径。在街道层面搭建协商民主性质的议事平台已经说明目前街道对社区协商的重视，且成员的构成已经取得成效，接近社区协商的愿景。但是还是有以下几点非常值得思考。首先，平台运作的常态化问题。总体而言，对居民来说，这样的议事会平台仍旧由街道自上而下搭建，而非自下而上的平台，就一般经验而言，自下而上的平台本身会有解决不完的问题，居民的积极性较高，自然而然充满活力，在这样的平台里，即便是日日协商都有较大可能。而从街道层面搭建平台，虽然其承载的愿望、初衷都很好，但如何调动居民积极性、如何将运作常态化和日常化仍是问题。其次，平台运行的有效性问题。目前议事会有100多人，这样的百人团队能否顺利推进，能否真正降低"12345"的投诉量从而提高民众满意度？如果其运作全部依赖街道，如果党群科是这个平台未来的牵头部门的话，党群科投入的精力和这个平台运作的成绩是成正比的。最后，议事会平台运行中的权威性和合法性问题，即如何能让居民遇到事情后能够自觉想到利用这个平台。事实上，要让议事会在居民中得到认可，是一个过程，与平台常态化程度、有效程度息息相关。

如果要激活议事平台，增加平台的居民黏性，有如下两个方面值得尝试：第一，建立微信群，借助微信平台的大用户量，让居民特别是年轻居民都能通过微信，快捷地参与其中；第二，把专题或者综合的会议合并，定期在每个月的某一天召开，把这一天固定作为协商日。即使在某个月没有事情可协商，也可就社区文化、社区发展规划等进行沟通。活动开展的频度自平台启动之日起就非常重要，其涉及平台能否常态化运作。各国的实践表明，协商日，这个概念对协商民主的推动起着非常重要的作用。进一步，如果未来议事平台具有足够的吸引力，居民对其形成依赖后，议事的频次就可提高，比如两周一次或更频繁。

另外，关于居民代表在组织里的身份问题，可尝试启用理事制，这样可以大大提高组织成员的荣誉感，进而提高其积极性。所谓理事制，在组织结构上，就可成立理事会，内设正、副理事长；在组织运作上，可通过基金来运作，盘活一部分资金、资源；在未来发展中，可逐步建立起理事制的章程。总而言之，既然平台已经搭建，就要尽可能地走向法制化轨道。

第二节　社区冲突的现实需求

中国的城市社区建设历程伴随着由民政部统一部署的多轮集体行动，其间从单纯的居住空间发展为拥有物权和情感归属的家园，从单一的政府治理走向政府、市场和社会的多中心治理，在一轮又一轮的社区发展中，社区居民的权利意识和参与感不断得到激发，他们对合法化的社区自治、高质量的社区生活、专业化的社区服务等需求也不断提升。一旦社区不能积极回应所有社区成员的需求，或者需求与社区制度创新、社区组织行动力等之间存在落差，极易引发社区冲突[①]。在社区多中心管理和社区居民公共意识觉醒的背景下，中国社区各类冲突的发生已不可避免。社区冲突其实是社区矛盾积聚后无法通过制度化渠道化解的一种原生态展现，其背后折射出社区管理的困境。通常基层政府把社区冲突视为洪水猛兽，以维稳心态处置，那么社区的深层次矛盾仍旧存在，随时都有可能再次引爆。因此，当下的关键是要寻找到合适的路径去化解冲突，理性解决冲突，理顺社区多利益群体的关系，探索通往社区"善治"之路。正如党的十九大报告所明确提出，目前既要"打造共建共治共享的社会治理格局"，又要"加强预防和化解社会矛盾机制建设"。

---

① Amitai Etzion，"The Responsive Community：A Communitarian Perspective"，*American Sociological Review*，Vol. 61，No. 1，1996，pp. 1 – 11.

一 社区冲突的现实及其成因

所谓社区冲突，其固然是整体社会冲突的一部分，但同时又区别于一般性冲突。从空间上看，社区冲突发生在"社区"空间内，具有一定地域限制；从主体上看，社区冲突发生在社区居民、社区居民与社区组织或各社区组织之间，即其参与主体与社区有一定关联性；从成因上看，社区冲突的诱发因素具有公共性，即与社区公共利益或资源相关。[①]

近年来，不管是媒介报道、个体生活感受还是经验性调查均表明，矛盾冲突在中国城市社区已具有普遍性。如笔者 2018 年对全国十大城市社区的调查数据显示[②]，有 73.8% 的十城市被访居民认为自己所居住的社区最近三年发生过冲突事件。且可预计，随着城市空间新一轮更新和变迁，由于居住群体的利益分化和需求多样，居民权利意识和自主意识进一步提升，社区管理变革滞后，在未来一段时间内，城市社区空间内的冲突仍会持续。

就目前而言，社区冲突主要分为利益冲突和权力冲突两大类，以及两者的交叉和重叠。其中利益冲突又可分为经济利益、环境权益和空间利益等。就具体成因的表现类型而言，主要有物业管理冲突、社区环境冲突、社区治安冲突等。就十城市的调研来看，在提供的 11 项社区冲突形成因素中，按被选频次（可多选）由高到低排列依次为"环境污染（包括噪声、餐饮油烟、污水和垃圾处理）"（1671 次）、"物业管理不善"（1569 次）、"物业费涨价"（911 次）、"违章搭建"（857 次）、"邻里纠纷"（707 次）、"治安问题"（631 次）、"宠物伤人"（620 次）、"拆迁

---

① 张菊枝、夏建中：《城市社区冲突：西方的研究取向及其中国价值》，《探索与争鸣》2011 年第 12 期。

② 本数据来源于国家社科基金"社会治理精细化的共融机制研究"（项目号：17BSH035）的阶段性成果。调查的十个城市为北京、上海、深圳、南京、杭州、郑州、沈阳、西宁、无锡和扬州，合计回收有效问卷 5050 份。

问题"（517 次）、"社区规划问题"（399 次）、"居委会直选"（136
次）及"其他"（99 次）。近年来，有学者在对北京、上海、天津、广
州和深圳五大城市的社区进行调查后同样发现，目前造成城市社区冲
突的成因中，社区物业管理不善、环境污染、邻里纠纷、治安问题、违
章搭建等列前几位。① 可见，在一段时间内社区冲突发生的类型并不具
有偶然性，而是在长时段内的不同城市空间的社区场域"上演"。虽然
不同类型的社区在冲突成因上有所差异，如业主和物业公司的冲突主要
发生在商品房小区，拆迁问题主要发生在拆迁安置小区等，但均呈现冲
突日益凸显的态势。

那么是什么因素导致矛盾、纠纷和冲突在城市社区发生？从宏观上
看，社区作为更大范围社会系统的一部分，其冲突的产生自然与社区外
部因素相关。就当下中国而言，快速城市化让人群在同一空间上快速集
聚，城市呈现高密度化，社区公共资源日显拥挤；经济体制改革引发了
社会结构和社会利益关系的深刻变化，人群异质性增强，城市社区主体
分化；市场化进程也培育了社区居民的权利意识、自我意识。这些自我
权利意识觉醒的多利益群体生活在同一空间内不可避免地产生各种矛盾
和纠纷。而矛盾和纠纷以演化为冲突、冲突从产生到结束（或压制）
是怎样的过程，则让我们转向微观视角——审视基层治理结构。从治理
的角度看，各地类型相似的社区冲突发生，其揭示的是当下基层治理的
困境。以城市社区中最为普遍的物业管理冲突为例，其充分显示的是作
为市场主体的物业公司和拥有物权的业主之间的"囚徒困境"，而两者
之间缺乏足够有力的第三方调解。物业公司与居民或曰业主之间的利益
冲突，一般由业主对物业公司服务质量不认可或感觉自身利益受到物业
公司侵害而引起。这种利益冲突是由两者利益取向的差异、物业公司对

---

① 原珂：《城市社区冲突：类型特征与治理策略》，《河南师范大学学报》（哲学社会科
学版）2017 年第 3 期。

于市场规范的不遵循以及业主对社区资源实际掌控力的缺失共同造成。① 物业公司按市场逻辑行事，以逐利为目的，当其缺乏监督和制约时，物业公司在社区的利益就会凌驾于社区居民的利益之上，表现为服务供给不足、服务水平降低、服务费用上涨或社区资源不当使用等。而社区居民的共同利益则是以尽可能低的物业费，获得优质物业服务，但其缺乏有力的制度化渠道监督和制约物业公司的行为，当其对物业公司服务或行为感到不满时，也缺乏制度化渠道表达。虽然业主委员会作为代表业主权益监督物业公司的自治组织而存在，但由于先天不足和居民自组织偏弱，大部分业委会并不足以制约物业公司，有的业委会甚至被物业公司控制，又或者直接未能成立。此处虽以物业公司为例，需要指出的是，不管是在商品房小区还是老旧小区，虽然社区规模不同，社区治理结构也存在一定差异，但遭遇到的治理问题在某种程度上是一致的，即作为社区生活者的居民授权不足，无法通过制度化渠道表达自身诉求，维护自身权益；而作为掌握社区资源的物业公司或社区居委会等社区组织，或自身置于矛盾中心，或无暇顾及，又或无权解决；而部分基层政府囿于城市管理体制的落后，或者自身政策不当，发生与民争利的行为，引发矛盾，或者无法及时、恰当地进行干预、化解，从而激化矛盾，又或者通过高昂的成本获得表面的冲突平息。

在对社区冲突的评价方面，与西方不同的是，有关中国社区冲突的研究更趋向认同其价值，而忽略其负面影响。首先，从冲突的视角看，社区冲突在某种程度上充当社区"安全阀"的作用。在快速城市化的当下，大量人和事向社区挤压、下沉，城市社区成为社会矛盾集中点。若转化得当，这种破坏性力量也能转化为建设新作用，增强特定社会关系或群体的适应和调适能力。其次，从公民视角看，社区冲突的价值包

---

① 徐琴：《社区"共治"中的冲突与协调》，《江海学刊》2010 年第 6 期。

括对关键性公民的培育①、对各组织相互依存的促进②，以及对市民社会的贡献③等。即便社区冲突仍与中国城市社会的变迁相关，冲突解决也受制于政府的权力让渡不够、法律不健全和市场化不完善等结构性因素，但社区冲突对社区参与的激发、对社区居民表达不同政见的支持、对社区居民权利意识的维护等正向功能仍被学界一致认同，而这恰恰是市民社会的逻辑起点。另外，与宗教、种族、政治冲突相去甚远的中国城市社区冲突更富微观特征，无论是居委会、业委会与物业公司这"三驾马车"之间的组织冲突，还是因对治安、环境、拆迁等社区治理的不满而引发的居民与社区组织之间的冲突，抑或居民与居民之间的纠纷等，就目前而言，居民以个体身份参与冲突的概率更大。在社区冲突中体验参与感、提升维权意识、培育公共精神的过程，也是社区居民向公民转型的必经之路。

二 冲突的化解：社区治理框架下的适度社区自治

中国城市社区正面临自改革以来最为激烈和广泛的变革，并且这种变革因影响到整个基层治理结构而备受关注。目前城市社区面临社区参与不足和社区矛盾凸显并存的尴尬局面。要破解这一社区困境，则需要我们重新审视当下社区治理中国家、市场和社会之间的关系。正如一些学者们指出，社区的这种结构困境是由"强国家 – 弱社会"模式造成④。伴随"国家基层政权"建设，中国城市社区与国家行政职能紧密

---

① Alfred L. Chan, Paul Nesbitt – Larking, "Critical Citizenship and Civil Society in Contemporary China", *Canadian Journal of Political Science*, Vol. 28, No. 2, 1995, pp. 293 – 309.

② Dean Tjosvold, Chun Hui, Daniel Z. Ding and Junchen Hu, "Conflict Values and Team Relationships: Conflict's Contribution to Team Effectiveness and Citizenship in China", *Journal of Organizational Behavior*, Vol. 24, No. 1, 2003, pp. 69 – 88.

③ 何平立：《冲突、困境、反思：社区治理基本主体与公民社会构建》，《上海大学学报》（社会科学版）2009 年第 4 期。

④ 李正东：《城市社区冲突：强弱支配与行动困境——以上海 P 区 M 风波事件为例》，《社会主义研究》2012 年第 6 期。

相连，作为最基层的国家行政单元，社区中处于主导地位的仍然是政府，社区决策由自上而下的行政力量决定，往往忽视社区自身的意见和利益。这也导致居民对基层政府和居委会的不信任，由此引发冲突或者不利于冲突化解，甚至导致冲突的扩大化和再生产。社会在这种关系结构中力量非常弱小，基本扮演"拾遗补阙"的角色。

虽然表面上看社区冲突引起了社区各主体间的对抗，在短期内破坏了社区平静，但社区冲突发生的本质围绕公共利益和公共资源分配而展开，如果引导合理，可以推动社区发展、增进社区公共福利。关键是我们要正视社区冲突的存在，并为冲突创造一个达致有效消解的合理路径。而其中关键的是重构社区场域中国家、市场、社会三者间的关系。

那么如何重构国家和社会的关系，两者之间的关系如何调整？正如前所述，中国城市社区发展至今，社区自治并非主流的城市社区治理模式，不仅未被植入各级政府的社区行政理念中，即便是后单位制下的城市人对社区理应有更多依赖和期待，其也没有将社区当作可以自治的实践场。就目前而言，社区自治仅存在法理上的承载主体——社区居委会，而社区居委会一方面在大多数城市只是名义上的自治组织、实质上的政府行政末梢，另一方面在经历了六十多年的风雨历程后居委会在社区的权力及声望已趋向衰减①。借鉴以往治理经验，笔者提出社区治理框架下的适度社区自治。

源起于社会治理的社区治理，将社会治理对无限政府的否定在社区进一步放大，认为在社区这一最接近居民生活的小社会中，服务于居民的公共机构和组织应该更多元、更直接、更富独立性，即便在治理过程中有大片资源来自政府，也不应该依赖政府，而应广泛吸纳社会民间组织及个人加入其中参与治理。

---

① 闵学勤：《转型时期居委会的社区权力及声望研究》，《社会》2009年第6期。

效仿格里·斯托克（Gerry Stoker）对社会治理五个方面的解读①：社区治理可以由来自政府又不限于政府的社区公共机构和行为者来施行；治理主体的多元性导致社区事务解决过程中界限和责任方面的模糊性；参与社区治理的公共机构之间会存在权力依赖；社区治理意味着参与者最终将形成一个自主的网络；社区治理意味着办好事情的能力并不仅限于政府的权力，不限于政府的发号施令或运用权威。在此框架下，社区自治应属于社区治理的一种路径选择，因为按照《布莱克维尔政治学百科全书》对自治的定义，"自治是指某个人或集体管理其自身事务，并且单独对其行为和命运负责的一种状态"②，那么社区自治就是社区居民或社区公共组织对其所在社区全权治理的一种模式。显然，完全的社区自治之中，政府并不构成社区权力的部分，社区的常规运行和各项事务的解决完全依赖个人及社区自治组织。虽然这样的自治模式满足了居民自我管理、各负其职的愿望，但由于政府在社区的缺位，社区就较难直接分享政府拥有的资源。

事实上，社区治理本身并不完全排斥政府的介入，政府在社区的角色扮演只是从大政府转化为小政府即资源有限、权力有限的政府。而完全社区自治将政府从无限政府、大政府直接拉向无政府，如果存在机遇的话，那么风险也是并存的。因此，笔者认为社区应当实践的是适度自治。所谓适度的社区自治是基于社区治理的框架，一方面让更多的社区居民因自治的责任和权益而参与到社区治理中来，可以回避完全政府之下可能的透明性和公信力缺失问题，另一方面，若社区治理需要，政府仍可介入社区事务，支持甚至参与社区治理。不过适度社区自治其根本是居民自治，社区个人及社区公共组织是社区治理的主体、主角，政府

---

① 〔英〕格里·斯托克、华夏风译：《作为理论的治理：五个论点》，《国际社会科学》（中文版）1999 年第 2 期。
② 〔英〕戴维·米勒、〔英〕韦农·波格丹诺主编《布莱克维尔政治学百科全书》，邓正来译，中国政法大学出版社，2002，第 693 页。

及其他非社区组织可适度或低度参与社区治理，以配角的身份为社区治理提供相应的资源。

社区治理框架下的适度社区自治其理想目标是善治，如果按联合国在 1997 年所作的题为"分权的治理：强化以人民为中心的发展能力"报告中所概括的善治五条原则：合法性、方向、能力、责任心、公正①，适度社区自治首先较一般社区治理模式更容易获得合法性，它不是通过权威，而是通过居民自主决定社区的自治组织架构、社区重大事务的议事准则、社区治理经费的来源及支出、社区资源的共享方法等来推动社区的运行。其次，适度社区自治面向居民、服务居民的方向较明确，但如果居民自治的能力有所不足，可借助政府或非社区内其他组织的权力及资源来获得更好的社区治理效果。当然适度社区自治由于加入非社区内治理主体，其责任心和公正性可能有所分流，但如何寻求平衡点正是适度社区自治需要借鉴和突破的地方。

三　公民性建构的社区之路：先行抑或独行？

美国著名政治学家本杰明·巴伯（Benjamin Barber）曾将市民社会称为"我们的家园"（the place for us）：那是由家庭、部落、教会和社区的共同行动为我们自己建造的王国。②巴伯所描述的"我们的家园"意味深长：它不是私人的，也不是公共的，而是公民的（civic）。中国的城市社区同样一直都在努力构建家园，为后单位制下难有归属的人们寻找生活和心灵的憩息地，只是与西方悠长的社区发展历史不同，中国的城市社区还只是经历了短暂的 30 多年，无论社区中的个体还是组织都还没有完全适应，冲突的发生也就不可避免。不过，表面上影响社区正常运转的冲突事件，研究表明，也已成为公民性成长的助推器，社区

---

① 夏建中：《治理理论的特点与社区治理研究》，《黑龙江社会科学》2010 年第 2 期。

② Benjamin Barber, *Strong Democracy*: *Participatory Politics for a New Age*, Berkeley：University of California Press, 1984, pp. 266 – 268.

也因此成为市民社会孕育的先验场。

冲突有利于社会整合这在学界早已是个无须证明的命题，以齐美尔（Georg Simmel）、科塞（Lewis Coser）、达伦多夫（Ralf G. Dahrendorf）为代表的社会学者在 20 世纪中期就提出，"冲突具有保证社会连续性、减少对立两极产生的可能性、防止社会系统的僵化、增强社会组织的适应性和促进社会的整合等正功能"。① 社区冲突就中国城市社会的进程而言，并不是最突出、最显性化的社会冲突，它的波及范围有限、冲突强度不大、矛盾双方也不存在敌对关系，它的发生在最小化其负功能的同时，为所有社区居民开辟了一个可以发表不同意见，并通过有效组织、采取合法行动能争取更多社区利益的平台。可以说社区冲突弥补了中国社会长时间缺失的话语空间和行动空间，所有社区冲突的旁观者、参与者和领导者都在不同程度上获得对责任、权益，对集体行动的不同认知，国家或地方政府在社区冲突中发挥主导作用的同时让渡一部分权力，无形中给社会以成长空间，至少在市民、居民向公民的演变路径中对其表达了默许。从这个意义上说，社区冲突比任何其他刚性的社会冲突都先行一步，它相对自由的发生和演化为公民性的建构铺平了道路，也为市民社会的达成做出了示范。

社区冲突的发生不仅是社区发展进入多中心管理时期的一个必然，其实也巧遇了改革开放 40 多年以来心智逐渐成熟、心胸日益宽广，具备一定公共意识，同时其中相当一部分还拥有物权的社区居民。调查中发现社区冲突的参与者、领导者对社区的归属感远超于旁观者，他们视社区为家园，社区内的自然环境、治安环境、人文环境是他们的生活之本和快乐源泉，理论上这部分群体从单位向社区的顺利转型正符合国家的制度化安排和市场化进程。即便偶尔发生的社区冲突在短时间内削减了部分社区发展成果，但如果冲突是为了创造更和谐的环境，培育公民

的美德和修炼其社会参与和政治参与能力，也孕育了对政府的监督能力，提高了公民表达的质量与同一性①，那么这样的社区冲突也并非洪水猛兽。关键是我们要重视社区冲突的发生与发展过程，建立起合理有效的社区治理机制来化解冲突矛盾，让冲突最后转化为推动社区发展的建设性力量，提高社区的凝聚力和整合力，也让在社区冲突中日益成长起来的社区公民能通过制度化的途径参与到社区治理之中。

案例 2　　　　社区冲突唤民意　大社区建"同盟会"

　　N 市 GL 区的 AL 社区是 J2 街道最大的社区，该社区占地面积 0.3 平方公里，居民住户 3033 户，常住人口近 1 万人。人口的集聚，加之原有城市建设遗留下的各种问题，让 AL 社区内部矛盾纠纷日益明显。特别是社区中的 TLX 小区，该小区原本属于铁路单位小区，但单位从小区管理中撤出后小区属于无人管理状态。也正因如此，在小区中，"堵路"成为居民日常维护权利、表达意见、引起社区注意的常用方式。按社区书记的话讲，"TLX 小区民风比较淳朴，居民参与意识强，参与的一种方式就是堵路"。从 TLX 小区引发的社区冲突看，其实都由老旧小区配套服务不足而引发。比如围堵浴室事件，社区里面有个浴室以方便社区居民特别是老年人洗澡。原本浴室热水由自烧锅炉供应，但因自设锅炉烧水存在安全隐患，故改为大型送水车送水。这一供水方式的更改成为社区浴室矛盾的导火索。由于大型车经常进出，碾压小区路面，小区路面破坏严重。这引起了一部分居民的不满，这部分居民以年轻的、拥有私家车的居民为主。他们要求取缔浴室。但另一边，享受浴室服务的、以老年群体为主的居民则支持浴室继续开设。两方矛盾产生，但在萌芽阶段并未引起社区关注。后事件升级，围堵浴室，矛盾激

---

① Fung Archon, "Associations and Democracy: Between Theories, Hopes, and Realities", *Annual Review of Sociology*, Vol. 29, 2003, pp. 515 – 539.

化。且由于年轻人白天都在上班，围堵通常发生在下班时间。浴室事件发酵后，有居民把事情反馈给社区，老年人要求社区出面解决。至此，社区开始正式介入小区浴室事件。

面对社区经常性的类似"围堵"事件的冲突发生，社区慢慢摸索出了一套应对措施，即社区协商议事会。AL 社区的协商议事会议题主要由居民骨干或党员提出。比如在前述浴室冲突事件中，社区就通过三次现场议事来化解矛盾。在第一次议事会前，社区先和浴室老板就解决方案进行商量，后召开议事会，听取居民骨干和党员的意见，讨论解决方案。但第一次议事结果并未得到居民认可。于是，第二场议事会聚焦于反对浴室开设的理由，就浴室送水车碾压小区路面问题提出解决方案。第三场，请浴室老板到场，让浴室老板跟居民解释修路方案，最后得到成功解决。但这几次议事会，社区并未邀请处于事件中的普通居民到场。不过在多次尝试后，社区渐渐掌握议事技巧并感受到议事会效力后，在议事成员构成上开始突破原有与社区工作关系紧密的居民骨干和党员，向提出问题的居民开放。

此外，社区委在实践过程中还在原有协商议事会的基础上进行了以下两项创新。

一是针对社区居民缺乏表达意见的渠道，社区开设线上和线下问题收集平台。在线上，建立 QQ 群，以收集居民意见和建议；在线下，社工日常走访，每个社工负责辖区内 300 户左右居民，每年至少走访一次，以了解民情民意。

二是发展骨干居民力量，成立"民主协商同盟会"。即每个楼栋设立楼栋长，以及时发现小区存在的问题。楼栋长（同样是网格员）发现问题后及时反馈到小组长。在同盟会内部，有两个沟通联系渠道，一是线上 QQ、微信群联系，二是移动电话联系，每个同盟会成员的手机号都在集团网中，互打免费。总体而言，同盟会以民主协商为导向，如果事小就当场解决，如果事大则召开议事会解决，如果社区层面无力化解，则上报街道，乃至区人民代表大会。经过几年的议事实践，社区获得了辖区居民的信任。

从 AL 社区的实践我们可以看出，当社区不惧怕民意，作为利益协调和整合的角色，构建畅通的居民利益表达平台，并且激活社区内部的精英资源，借助微博、微信等平台，发动社区自身力量，让平台能得以顺利运转时，社区内大小矛盾都能得到解决，社区委能自如应对，居民也能获得满意。

第三节　公共意识的觉醒

近年来，无论是政府的统计数据还是社会各群体的切身感知，公众以个体或组织形式参与公共事务越来越频繁，除了因环保、拆迁等问题而引发的集体行动等消极被动的参与外，公众以志愿者身份参与公益活动、服务社会，或以公民身份对城市发展、社会建设献计献策等积极主动参与行为也与日俱增。学界对前者的解读通常是中国正处于快速转型期，社会矛盾突出、社会分化加剧，不同利益群体相互博弈，利益多元化格局鲜明[1]，因而引起个体和集体维权行动的剧增。但这一视角很难阐释大量主动参与的涌现、民间组织的兴起以及背后的行动逻辑。相比以利益为主导的维权行动、表面看似有碍稳定的或消极的公众参与，那些理性有序、富有积极意义的公众参与也正成为中国社会建设中的另一道风景。

一　城市公共参与图景

全方位、多层次的公众参与即使在西方社会也只是发生在 20 世纪中后期的事情，经历多轮次的"政府失效"和"市场失效"之

---

① 郑杭生：《社会学视野中的社会建设与社会管理》，《中国人民大学学报》2006 年第 2 期。

后，公众的能动主义（Citizen Activism）观念不断增强，在西方公共组织和公共事务管理中的参与日趋活跃，参与行动也逐渐合法化。公众参与的领域涉及社区发展规划、社区犯罪预防、公共交通、环境保护计划和危险废弃物处理等公共事务的管理①，由公众参与引发的社会运动也此起彼伏，例如民权运动、和平运动、环保运动、女性主义运动及反独裁主义运动等②。特别是随着类似像 20 世纪 70 年代美国国会通过的林登·约翰逊总统的"伟大社会"（Great Society）等专门针对公众参与的系列法案出台，引领了"新公众参与运动"时代的开始③。

相比公民参与（Citizen Participation）和政治参与（Political Partici-pation）等理念，公众参与（Public Participation）的外延超越政治意涵，涉及更广泛的公共社会事务领域。同时由于公众包括公民个体与群体性组织，因此公众参与又比社会参与（Social Participation）兼顾个人参与的自由与理性。解读公众参与源起和发展的理论大致有"个人理性说"、"权力分配说"和"社会建构说"④，因现代社会治理而突起的西方公众参与，在三种合力驱动下，曾在相当程度上推动了西方社会的运行，但公众参与是否能在中国社会创造共同体的"神话"，还需对参与理念建构共识以及对参与实践的步步证明。

其实中国语境下对参与的认知一直存在分歧，特别是学界和政界都很难以一个发展的眼光来面对公众参与的广泛性及包容性，往往纠缠于

① 〔美〕约翰·克莱顿·托马斯：《公共决策中的公民参与》，孙柏瑛等译，中国人民大学出版社，2010，第 9 页。
② 〔美〕西德尼·塔罗：《运动中的力量——社会运动与斗争政治》，吴庆宏译，译林出版社，2005，第 2 页。
③ Judd D. R. , *The Politics of American Cities*: *Private Power and Public Policy*, Boston: Little, Brown, 1979, p. 112.
④ "个人理性说"认为个人参与任何公共事务都是理性选择的结果，即参与者通过可计算、可控制的参与成本换取了个人的最大利益；"权力分配说"认为公众参与是一种公民权利的应用，是一种权力的再分配；"社会建构说"认为公众参与即源自社会结构的变迁，而它的运行和累积也同样重塑社会结构。

狭义范畴下的参与理念，或等同于政治参与，例如囿于现有体制的束
缚，参与是否要排斥国家主导的动员参与①、是否包含非法参与和暴力
参与、是否最终影响到公共政策和政府行为、是否只能是行动不包含参
与态度和心理②等。鉴于公众参与在社会运行中的重要地位及可能的稀
缺，笔者主张更宽泛地来理解公众参与，即公民试图影响各类社会公共
事务的所有活动③均属公众参与。首先，就参与主体而言，应包括所有
公民个体、无组织的集体，以及营利和非营利组织，这既覆盖现实生活
中的社会各阶层，也囊括网民等新兴公共群体；其次，公众参与的内容
小到社区公共事务，大到"两会"商讨的国家议题，关涉政治、环境、
文化、教育等多领域；最后，参与方式包括主动或动员的、常态或非常
态的、直接或间接的、线上或线下的各种言论和行动。当然，最重要的
就是无论何种参与形态，公众参与的共同目标应是推动社会运行的良性
发展，消弭或减少社会各阶层的差异，并为大众创造更多的社会福祉。

为了解中国城市不断兴起的公众参与的全方位图景，以及对中国社
会可能的影响，笔者于 2012 年 5～8 月对南京市包括玄武区、白下区、
鼓楼区、建邺区、秦淮区、下关区、栖霞区、江宁区、雨花台区、浦口
区、六合区、溧水县和高淳县④在内的 13 个区县进行了全覆盖的深度访
谈⑤，访谈对象既涉及弱势群体、工薪阶层、中产阶层等社会各阶层的
个体代表，也涉及政府、企业、学校和民间组织等的单位代表，共计

---

① 李路路：《社会结构阶层化和利益关系市场化——中国社会管理面临的新挑战》，《社
会学研究》2012 年第 2 期。

② 金桥：《社会质量理论视野下的政治参与——兼论西方概念的本土化问题》，《社会科
学》2012 年第 8 期。

③ 此定义借用塞缪尔·P. 亨廷顿和琼·纳尔逊在《难以抉择——发展中国家的政治参
与》（华夏出版社，1989）中对政治参与的定义句式：政治参与就是"平民试图影响
政府决策的活动"。

④ 2013 年 2 月 21 日，南京市新一轮区划调整方案中溧水县和高淳县均撤县改为溧水区
和高淳区。

⑤ 在此特别感谢南京市委社会建设与工作委员会对本次访谈的协助，同时也感谢南京大
学社会学院的刘晶晶、王莉花、郑璐、赵雁冰、赵园和张越等研究生对访谈资料的整
理工作。访谈的全程实录约 40 万字，欢迎有兴趣的同仁取阅。

调研发现，公众参与如潮水般从四面八方涌来，不仅社会各界没有做好应对的准备，即便公众自己身处其中也如一夜梦醒，恍惚中感知参与的真实存在。从建言献策到冲突维权，从动员型参与到主动式参与，从大众参与到精英参与，从扶贫助弱到参政议政，从在场行动到网络参与等，无论从参与的目标、内容、对象来看，还是从参与的形式、技术等来看，都呈现广泛支持的样态，这在一定程度上削减了制度瓶颈带来的阻隔。

（一）谁是行动者

对公众参与的全景观察首先要问谁在行动，谁是行动者？从 155 位各阶层被访者的访谈分析来看，公众以个体身份，或通过组织渠道几乎参与到社会事务的各个层面（见表 3 - 1）。

就个体参与[①]而言，目前相对比较频繁和凸显的是投诉维权、社区参与、环境参与、志愿行动和公益捐赠等参与行动，这些行动本身的内涵和外延可能互有交叉，且行动者也可能互有重叠，但其在转型社会中仍有各自较明显的参与特征，例如各地区都并不鲜见的投诉维权类参与行动，已成为诸多利益受损者维护权益的主要参与方式，其行动者遍布各阶层，除了各自不同的诉求导致维权行动外，日常社团组织的匮乏也导致行动者在情急之下更易寻找过激的维权方式，因为"公民投诉已经成为个体公民使用最频繁的参与途径，而且这些投诉作用显著"[②]。

在个体参与中覆盖面最广、持续力最强的是社区参与，长达 40 多年的社区建设基本为公众搭建了最贴近的参与平台，特别是为大多数离

---

① 所谓个体参与，是指个体以独立自然人身份介入公共事务，即便维护的是群体利益，或有集体行动，但这种临时的集结，其本质仍是独立个体参与，而非合法化的组织参与。

② Desai, U., "Public Participation in Environmental Policy Implementation: Case of the Surface Mining Control and Reclamation Act", *American Review of Public Administration*, Vol. 19, No. 1, 1989, pp. 49 - 65.

表 3 - 1　公众参与的全景分类

参与形式	主要参与特征	参与内容及行动范畴	行动者主体
个体参与	投诉维权	以维护个体或群体利益为主的投诉、上访行动	各类权益受损者
	社区参与	在社区内发生的各类文体类、议事类及选举等参与行动	社区居民（以退休人员及弱势群体为主）
	环境参与	包括各类环评中的市民参与及环境污染事件中的维权行动	环境事件相关者及其他居民、网民等
	志愿行动	不受私利驱使向他人提供各类服务及帮助	志愿者
	公益捐赠	纳税人向公益事业或灾难地区、贫困地区提供捐赠	纳税人
	公共事务参与	包括针对各类社会热点问题、城市规划建设等相关的参与活动	具有公民意识的居民、网民等
	参政议政	通过"两会"、电子政务、基层选举、游行等合法途径参与政务	人大代表、政协委员及其他合法公民
	其他自组织行动	包括通过各类商会、协会、俱乐部等参与活动	同行、同乡、同学等有共同志趣的朋友
组织参与	NGO、NPO参与	NGO、NPO组织参与社会公益事业及公共事务	NGO、NPO组织成员
	媒体参与	媒体以独立身份介入社会各类问题及公共事务发表意见和建议	媒体记者、编辑等
	学校参与	以学校为单位参与社会事务	学校师生
	其他单位参与	以动员为主的各类单位参与	单位员工

退休人员、失业人员、低保户和残疾人员等弱势群体提供了沟通交流机会，目前社区参与除了文体类活动外，随着物权的不断到位及物业公司、业委会、民间组织等与社区居委会在社区形成共治的格局，议事类、议政类参与也在社区逐渐兴起，使社区成为公众参与的培育基地，也使社区居民更易成为各类集体行动的行动者，但社区参与中精英的相对缺席仍是未来相当长时间内难以突破的瓶颈。

在个体参与中最值得珍惜的是那些以独立个体身份介入志愿行动、公益捐赠、参政议政及各类公共事务的公众参与，那些行动者没有被动员，都是发自内心地意识到个体生存的社会价值，并毫不犹豫地投入实际行动去帮助更多的人、影响更多的人，社会也因这些不断累积的个体力量而逐渐形成所谓的中间体——社会。

所谓组织参与原本是社会运行最需要的，也是公众参与最便捷的通道，但目前大量 NGO、NPO 组织在注册瓶颈及运行经验缺乏的桎梏下，对社会发展的贡献仍十分有限。同时，一些内生性民间组织有大量需求的推动、地方政府孵化基金或政府购买的支持，但其管理方式落后，人才吸引力弱；一些外发型社会组织进入中国，仍存在明显的水土不服，特别是遭遇强大的行政力量时，即便有众多的参与者支持仍不免有退缩之意。

（二）行动者的逻辑起点

无论行动有多宏大或多迅猛，都有其背后的逻辑，特别在制度背景还不够开放的前提下，行动者一定有他不得不行动的逻辑起点。此时最容易用来解读的就是个人理性说，访谈中听到最多的参与动机就是利益取向，例如上访维权者或为了争得本应属于自己的权益，或为了可能赢得的更多利益；社区参与除了文化类、娱乐类参与外，多半是有计生、就业、低保等需求才参与，这也是社区参与的行动者以弱势群体为主的关键因素。

显然，利益说只能解释公众参与的逻辑起点，越来越多的公众参与显现出差异的价值取向。例如汹涌的网络参与，对大部分卷入其中的网民而言，诸多热点与他们的日常生活世界无关，他们参与其中很难用理性论或利益说来解读，即便在网上起哄，表面上他因参与而获得了简单的快乐，其背后仍然是一种认同，对事件本身及所反映问题的认同，认为必须要参与其中才能让事件传播得更广，得到世间更多的警醒。如果仔细推敲一下这样的认同，它作为行动的逻辑起点得以让行动实现还需几大支撑平台。

第一是行动中游戏规则的设置，或曰话语权的分配方案。在参与行动前如果预知行动无效，或不如预期的顺利，行动就会夭折。网络技术的发展为所有参与的网民提供了相对平等的空间，网络 BBS、微博、微信等参与者几乎都是平等的个体，言说的规则也几乎一视同仁，而现实参与中的阶层分隔或权力多寡在网络中被忽略或隐去。

第二是行动后的价值感体现。行动，尤其是持续的行动，它的逻辑起点来自每次行动后的价值感。不仅在行动过程中有参与的存在感，在行动结束后还能获得现实意义，帮到他人、引起重视、解决问题等，这些对行动者的奖赏直接刺激行动者继续采取同样的策略。许多被访者在分析自己为什么不参与时表达最多的想法就是"我说的有用吗"，他们所认为的有用包括对自己、他人及社会整体，类似的价值感透射出对因参与而导致的权力重新分配的期待，一旦拆除参与的围栏、为公平参与提供合理的规则，通过参与来均衡阶层差异、分享更多权力的行动者将会更多，真正的公众参与大潮也会随之到来。

二 公众参与的阶层化及未来路径

即便对公众参与的理念形成了共识，还要直面令人担忧的中国社会阶层化和结构化的现象：中国社会基于身份、权力和制度而建构的，并被市场经济进一步固化的阶层分化正愈演愈烈，阶层地位越来越明确，阶层边界越来越清晰，阶层利益越来越凸显，甚至一度被淡忘的阶级现象又开始出现①。学者通常把这一现象归于现有的政治体制和社会管理

---

① 仇立平：《阶级分层：对当代中国社会分层的另一种解读——基于学理层面思考的中国阶级分层》，《上海大学学报》（社会科学版）2007 年第 2 期。

体系①、急剧变化的个人生活世界和周遭环境、权力阶层和中产阶层越来鲜明的阶层意识②以及由此对其他阶层形成的区隔等。如果将阶层化理解为阶层差异进一步拉大和阶层分化进一步固化的趋势，那么作为曾经创造西方社会共同体"神话"的公众参与，在中国社会扮演的角色值得关注。中国社会是否会因阶层分化而引发公众参与？在目前尚未对各阶层完全开放的参与体制之下，现有公众参与的目标、路径和策略透视了行动者怎样的逻辑，其最终结果究竟有利于缓解阶层化，还是更加剧阶层化及其结构化？

（一）公共参与的阶层化：何以可能？

不同的经历产生不同的世界观和不同的生活策略③，公众参与也是如此。达尔（Robert Dahal）早在 20 世纪 60 年代末的实证研究就发现阶层与公众参与之间的关联，他认为不同的社会阶层之间参与组织类型的差异表现在：工人阶级多参加与工作相关的团体，如工会，以及教会，或是和孩子相关的友好的、社会性的休闲协会；而中产阶层和上层倾向于参加公民和社会服务组织④。欧洲学者对 20 个国家进行横向跨文化研究也发现在大多数欧洲国家中，阶层和政治参与之间存在显著性的关系：专业技术人员和经理处于参与活跃度的最上层；体力劳动者处于最下层；个体经营者和非体力劳动者处于中间位置。农民因其行为变化很大，故很难将其划分到哪种梯度⑤。

---

① 李友梅：《社会结构中的"白领"及其社会功能——以 20 世纪 90 年代以来的上海为例》，《社会学研究》2005 年第 6 期。
② 周晓虹：《再论中产阶级：理论、历史与类型学 兼及一种全球化的视野》，《社会》2005 年第 4 期。
③ 〔英〕齐格蒙特·鲍曼：《个体化社会》，范祥涛译，上海三联书店，2002，第 181 页。
④ Dale Rogers Marshall, "Who Participates in What? A Bibliographic Essay on Individual Participation in Urban Areas," *Urban Affairs Review*, Vol. 4, No. 2, 1968, pp. 201 – 223.
⑤ Miguel Caínzos and Carmen Voces, "Class Inequalities in Political Participation and the 'Death of Class' Debate," *International Sociology*, Vol. 25, No. 3, 2010, pp. 383 – 418.

　　显然，因社会结构及社会发展阶段的不同，目前国内公众参与的阶层区隔与西方存在不小的差异，但既有的实证研究也发现①，国内不同社会阶层的社会参与动机形成机制存在一定差异，不同社会阶层在公众参与的需求上呈现差异化格局，如对社会中上层来说，其社会参与更多的是建立在自身对各项社会公共领域的事务和公益事业关注的基础上，而社会中下层的参与则与对政府工作的评价有一定的关联。故而，各阶层公众的参与形式在常规性与临时性、制度化与非制度化等维度上存在差别。

　　从社会各阶层多样性需求出发来观察各自的参与类型、参与目的，只能表达其一般性差异，有可能忽略了参与中的公平性问题、各阶层的合作困境等社会建构类问题，这也是探究公众参与何以阶层化必须追问的。

1. 参与中的公平性问题

　　参与中的公平性主要是指处于相对弱势地位的群体是否缺少或只有有限机会参与社会公共事务，而这些群体由于日常生活有可能遭遇不公正待遇更需要发声和表达意见的机会②。参与中的公平性问题还源自信息不对称，或信息公开程度的有限。在某种意义上信息就是权力，参与者和公众的信息拥有量在很大程度上将决定他们话语权和言说的能力，而言说的能力又决定了参与者通过交流而采取集体行动的能力③。公众参与世事均被信息所激发，拥有了正确、充分的信息意味着可以及时采取行动以表达反对或支持、理解或抗争。而事实上，处在不同阶层地位上的群体其拥有信息的渠道、信息的多寡和信息的优劣都存在差异，虽

---

①　崔岩：《当前我国不同阶层公众的政治社会参与研究》，《华中科技大学学报》（社会科学版）2020 年第 6 期。

②　Hampton G., "Enhancing Public Participation Through Narrative Analysis", *Policy Sciences*, Vol. 37, 2004, pp. 261 – 276.

③　王锡锌：《公共决策中的大众、专家与政府 以中国价格决策听证制度为个案的研究视角》，《中外法学》2006 年第 4 期。

然网络技术的大规模应用在相当程度上扩张了信息权力，但是重大事件、关键事件的透明度仍被权力阶层掌控，只有从根本上缩小信息拥有的阶层差异，才能削减公众参与的阶层化趋势。

2. 参与中的合作困境

如果说参与的公平性问题是指涉参与前的制度设计的话，那么合作困境就是参与过程中较难逾越的实际鸿沟。以往诸多研究集体行动的学者均认为个人不付出而获益的"搭便车"行为是集体行动中的主要困境，但一旦遭遇大规模集体行动，其参与者可能会被分隔为一个个有差异化文化认同、利益取向和行动惯习的小群体，此时的合作困境就会呈现阶层化倾向。

目前大多数行动者仍以个体化身份参与，或者是突发事件面前的临时集结，他们除了对事件本身有一定的参与认同外，多半还来不及形成稳固的全方位认同便加入了行动队伍，而有些参与历时较久，其间会多次选择、退让、做决定等，此时日常建构的阶层差异将暴露无遗，许多城市小区业委会成立难、运行难就是一个很好的例证。合法化的业委会存在对社会参与式治理原本是有相当积极意义的，但由于社区目前多元组织架构并存，社区居民的参与意识和公共意识欠缺，业委会往往很难代表各阶层居住群体，其公信力和执行力也随之受影响，因而除好的制度设计外，还需行动中的组织趋同感①和多方位合作才能达到参与的预期效度。

其实行动者刚开始参与的逻辑很简单，通过参与达成既定目标，但是参与的若是集体行动，就会面临目标多元化、行动中谁听谁的、是否需要调整目标或让渡自己的利益、如何结束。这一系列问题在阶层分化越来越显性化的社会中尤其突出，行动者不仅会受困于一般性的参与公

---

① Paul DiMaggio and Walter Powell, "The Iron Cage Revisited: Isomorphism and Collective Rationality in Organizational Fields", *American Sociological Review*, Vol. 42, No. 2, 1983, pp. 147 – 160.

平性问题和合作难题，还会因在参与中糅合进了阶层矛盾而引发新的冲突。因此他们的行动逻辑很难完全依赖个体理性，也无法期待一次参与能解决权力分配问题，嵌入社会结构中即时地去建构行动逻辑成为常态。

（二）公共参与的未来路径

经济建设向社会建设的转型、社会组织的不断兴起及公民意识的逐渐觉醒等为公众提供了越来越多的参与机会，公众正在学着以行动者的身份来实现独特的目标，毫无疑问这里潜藏着巨大的诱惑。多数个体抱着简单的逻辑参与行动，而行动者一旦出场，就有可能将其他的个体牵扯进行动空间，并迫使其做出反应，在不同程度上成为新的行动者的同时，日常社会建构的阶层分隔也卷入进来，加深了公众参与的复杂性。行动者的不断出场，对行动空间进行了反复的构造与再构造[1]，在这样的建构过程中，现在的公众参与过程已打上社会阶层化的烙印，且参与结果也并未创造理想的共同体场景。接下来的关键在于公众、政府以及社会整体如何反思和再造，才能避免未来公众参与进一步阶层化和结构化。

借用哈耶克（Friedrich August von Hayek）对人类制度变迁的演进主义思路和建构主义思路[2]，对公众参与的未来路径可做两种逻辑推演：演进主义思路认为人类的理性是有限的，而其行动又是嵌入性的，外在既有的规范和分层都会作用于行动的全过程。事实上，上述公众参与的行动者概览及行动者逻辑的分析都显示，社会整体的阶层分化已渗透于参与过程，如果参与进程中公正性不能履行或合作过于艰难，导致最初的参与目标没有达成，不排除因参与而进一步将阶层结构化和固化

---

① 马伊里：《合作困境的组织社会学分析》，上海人民出版社，2008，第181页。
② 〔瑞士〕库尔特·多普菲：《演化经济学：纲领与范围》，贾根良等译，高等教育出版社，2004，第12页。

的可能。那么沿此思路，扭转这一局面的方式包括政府应会同社会各界去建立合理合法且公正的参与制度，公众自身也需在一次又一次的参与体验中获得成长，学会不同个体间、不同阶层间相互尊重与合作，以达成参与目标。而建构主义思路认为人类拥有无限理性，可以为任何正在发生的事物建构它的合理合法运行框架。关键在于目前以个体身份介入的公众参与远大于以合法组织身份进行的公众参与，而当个体理性遭遇合作困境时，则很难迸发出集体理性，进而有碍于社会的再造。当然，如果社会组织的激增不可避免，组织的合法性参与在社会宽容的体制下被不断放大，同时政府也愿意积极回应并借助参与的动能进行再造，那么更多常态化的合法组织参与将呈现出来，如此不仅能避免公众在突发事件面前因临时集结参与而出现不合作困境，还能通过合法组织的成功参与加强组织内部各阶层的对话和凝聚力，社会整体的良性运行及理想建构也就可以预期。

无论如何，公众从消极被动转而成为积极主动的行动者，这样的参与机遇已经越来越多。行动者参与的单纯逻辑即使受到阶层区隔的困扰，因行动而可能汇聚的力量也正在积聚。通过参与使阶层差异消弭而不是进一步扩大，并以社会共同体的建构为目标才是未来应走的路。

案例3　　　　"七彩云南"落社区　平台整合聚民心

城市基层治理离不开公众参与，居民也不乏参与意识，但关键是社区如何搭建平台激活居民潜在的参与感，让居民参与推动社区发展，增进社区共同福祉。在现实社区实践中，社区委往往或者还没有认识到激活社区精英、让居民参与社区公共事务的重要性，或者还苦于无人参与，面对社区中青年的弱参与一筹莫展。对于此，N市GL区的几个街道就社区治理中纳入公众参与力量进行了自己的探索。以GL区H2街道的YN社区为例，该社区位于GL区核心区域，面积0.61平方公里，拥有133幢居民楼。辖区内多省市级机关单位和事业单位，如省人事厅、省国税局、GL 医院北院等，汇集各方精英，资源丰富。自 2003 年以来，YN 社区破除社区与驻区单位之间的沟通壁，开启资源整合，与辖区单位共建共组之路。具体做法包括通过召开共建单位座谈会，邀请辖区各单位的负责人共商社区事务。在座谈会上，既总结表扬单位为社区所做的服务事项，也提出社区新事项请单位共同参与讨论、认领。在不断实践中，YN 社区还孕育出了一个让人充满美好想象的社区组织品牌"七彩云南"，并在区民政局进行注册。之所以成立该组织，其目的在于整合多方资源，为居民服务、为单位服务。比如，组织成员在走访过程中了解到辖区内各单位的单身青年较多，具有相互交流沟通的需求，社区委就通过协商成立了"青年联谊会"，为单身年轻人创造联谊机会；又如，GL 区检察院为社区居民上法制课，设立青少年法制教育基金，让居民受益良多。GL 区 YN 社区一系列激活辖区单位资源的行动，也让原本上文分析中，处于社会中上层的精英能通过正式的途径参与到社区建设中。

第四节　社区社会的培育

正如康德在 18 世纪要问"自然如何可能"、齐美尔在 20 世纪初要问"社会如何可能"一样，进入 21 世纪以来，国家导向下的中国改革开放仅仅 40 余年，如果贸然问中国社会如何可能或许还有些贪早的话，转向承载单位替代的社区——40 多年来各方持续投入人力、物力、财力的社区，现在是否可以问社区的社会如何可能？

关注社区的社会，首先，源于城市化飞速发展下社区这一地域性容器受到中国社会自上而下、自古至今前所未有的全方位重视，一波又一波的建设规划、制度设计和社会资源都涌向社区，即便在社区自治、业主维权等关键性问题上仍有争执，介于国家与民众之间的城市社区，目前已不仅盛下家庭及居住空间，还同时容纳了政治（多元治理架构）、经济（物业管理）、法律（物权法）、文化（社区意识及活动）、技术（社区网络），甚至宗教等多元要素，内外合力下社区正滋生出一个社会版图，它既包括客观的地理空间、治理模式、市场运作和日常往来等，也正在培育主观的社区融入、社区认同和社区归属等意识，由此去探讨社区的社会正是时候；其次，由社区导向社会，直到通往好社会的理念并非空穴来风，20世纪90年代美国社会学者埃兹奥尼（Etzioni Amitai）发起了一场社区主义（Communitarianism）的社会运动，由50位学者和知名人士签名发表了社区主义宣言，其核心思想是"必须以社区主义的观点来影响我们时代重大的道德、法律和社会问题"①，虽然社区主义派别众多，立场大相径庭，但对社区建设的终极目标——建立一个好社会（Good Society）这一点均有一致的认同。如果说西方社区对社会的贡献更多来自社区自组织体系对公民参与的吸纳和培育的话，那么中国社区由外向内的建构模式中，国家侵入、行政干预的痕迹明显，何以谈社区的社会？诚然，在中国的城市社区，国家透过基层组织的维系和扩张在维护社会稳定和既有秩序、增强政权的绩效合法性、培育社区社会资本和协调利益矛盾方面有积极的效用②，而同时损耗的社区社会自主性、程序合法性问题已在近一二十年的社区发展中逐步呈现，并由随之导入的物权法、物业公司、业委会等机制，以及在社区冲突、社区维权中不断觉醒的居民社区意识③等来共同消解，由此形成的国家与社会在基层社区的互动、冲空、妥协、共生及合作等局面也恰好构成中国城市社区社会的独特景观，何去何从、社区的社会何以可能、

---

① Etzioni Amitai, *The New Golden Rule*: *Community and Morality in a Democratic Society*, Basic Books, 1996, p. 4.

② 肖林：《国家渗透能力建设：社区治理挑战下的国家应对策略》，《哈尔滨工业大学学报》（社会科学版）2013年第6期。

③ 闵学勤：《社区冲突：公民性建构的路径依赖——以五大城市为例》，《社会科学》2010年第11期。

共同期待的中国好社会能否建构都值得深思和探索研究。

一 小社区大社会，抑或大社区小社会？

社区和社会，表面上看这一组从区域广度到联结纽带都有差异的名词，早在 19 世纪末西方城市化刚刚勃兴之时，滕尼斯（Ferdinand Tönnies）对此就曾做区分：社区的主要特征是它强调人与人之间有着强烈的休戚与共的关系，而社会的特征则是以多元文化为基础的松散的人际关系①。韦伯（Max Weber）也几乎在同期认为社区（共同体）偏向情感驱动，而社会更注重理性取向的利益平衡。但两位学者都不否认从社区到社会，或者从社会到社区的勾连关系，前者认为"社会和社区都不是以其纯粹的形式存在的，它们相互渗透、交错在一起，只能说有时这一个占优势，有时另一个占优势"②，而后者也倾向于"大多数社会关系都边带有共同体的特征，边带有社会的特征"③。时至一个世纪之后，社区和社会，无论从感性和理性的维度，还是从主观到客观的视角，其体量及包容性已远超出城市化初期，社区日常生活的画卷被政治裹挟④，受经济、文化、法律和道德等的共同侵蚀⑤，社区从地域空间向公共空间乃至社会的转型已呈显性化。需要厘清的是，社区的社会是暗含小社区大社会，还是隐喻大社区小社会。如果是小社区大社会，意味着社区虽小，但社区中建构的社会无奇不有，无所不容，使得小社区透视大社会或小社区直接呈现大社会成为可能；如果是大社区小社会，

---

① 冯钢：《现代社区何以可能》，《浙江学刊》2002 年第 2 期。

② Tönnies Ferdinand, "Community and Society", *The Urban Sociology Reader*, 1887, pp. 13 – 22.

③ 〔德〕马克斯·韦伯：《社会学的基本概念》，胡景北译，上海人民出版社，2000，第 63 页。

④ Meehan, Elizabeth, "Citizenship and the European Community", *The Political Quarterly*, Vol. 64. no. 2, 1993, pp. 172 – 186.

⑤ Madsen Richard, "The Public Sphere, Civil Society and Moral Community: a Research Agenda for Contemporary China Studies", *Modern China*, 1993, pp. 183 – 198.

表明社区再大，假设国家权力侵入、行政力量干预过度，社会即便有所孕育，它仍是小社会格局。

关于小社区大社会，社会学界和人类学界曾有"小地方，大社会"之说，在内容上意指类似像社区这样的地方性社会同时交融政治和权力、生产和科技、宗教和仪式等①，并且映衬全球化与本土化之间的互相关照。由社区观察社会，还被早期中国社会学、人类学先驱吴文藻先生作为社会人类学中国学派的方法论立业之基，他在1935年指出"我所要提出的新观点，即是从社区着眼，来观察社会，了解社会……社会是描写集合生活的抽象概念，是一切复杂的社会关系全部体系之总称。而社区乃是一地人民实际生活的具体表词，它有物质的基础，是可以观察的"②。这一从社区出发研究社会的"小型社群研究法"曾被弗里德曼、马林诺夫斯基赞为开启了"社会人类学的中国时代"③。小社区覆盖的大社会，从结构上说并不单指独立社区中的社会景观，还指相邻社区之间的连接所形成的社会系统，有学者的实证研究发现，社区之间形成了三维社会融合：长期性的社区居住和社区间共享的附属设施有利于社会空间稳定，有密度的跨社区交往和社区参与促进了社会关系，社区金融和各类跨社区支持有效激发了社会活力。④ 即便是长距离的社区之间或郊区社区，互联网的存在，打破了狭隘的社区居住空间，其建构的社会网络和地球村理念仍能提供归属感⑤。

---

① 〔挪威〕托马斯·许兰德·埃里克森：《小地方，大论题——社会文化人类学导论》，董薇译，商务印书馆，2008。
② 王铭铭：《小地方与大社会——中国社会的社区观察》，《社会学研究》1997年第1期。
③ Maurice Freedman, "A Chinese Phase in Social Anthropology", *British Journal of Sociology*, 1963, pp. 1–19.
④ Sampson Robert, J., "Local Friendship Ties and Community Attachment in Mass Society: A Multilevel Systemic Model", *American Sociological Review*, 1988, pp. 766–779.
⑤ Hampton Keith and Barry Wellman, "Long Distance Community in the Network Society Contact and Support Beyond Netville", *American Behavioral Scientist*, Vol. 45, No. 3, 2001, pp. 476–495.

　　大社区下的小社会，对此的解读其实有积极和消极之分。积极的视角认为不同层次、不同类型的社区，无论人口稠密、空间扩张、家庭功能外移还是社会事务下沉，其实社区只能担负社会责任和履行社会义务。有学者在研究了美国社区政治后发现，有一种类型的社区，虽然人口众多且地域广袤，但公众的社区参与很少，原因是社区存在分歧较小的"一致性精英"①，他们几乎垄断了社区权力并主导了社区治理，社区没有培育自身的社会系统，不过与其他社区相比，社区运行并无太大的差异。消极的视角认为社区之大，应有与之匹配的社会空间。如果因为外部社会不能给其成员提供足够的供给、支持和连贯性，因此威胁到社区的社会价值②，或者来自非民意的行政、市场力量过度侵入，挤压到了社区居民的发声和参与，其结果导致社区社会的萎缩，那么大社区下的小社会就是一种不成熟，甚至畸形。这一观点的逻辑出发点在于社区作为人们的私密居住所在，加之物权的牵引，它无论如何都是个非正式的、自组织的空间，成员自愿联结才能更好地理解社区③，同时社区居民不是各类服务的被动消费者，他们只有作为创造社区特定性格的、积极的活动者，才意味着他们已成为社区管理者的一部分④，并会因此承担社区责任和社会责任。

　　由小社区洞察大社会，还是在大社区里解剖小社会，至少社区的社会要有所成形、有些模板，值得探索其如何建构、如何可能，哪怕跨社区、跨时空。

---

① Agger Robert, E., Daniel Goldrich, and Bert E. Swanson, *The Rulers and the Ruled*. Duxbury Press, 1972, p. 73.

② 〔美〕菲利普·塞尔兹尼克：《社群主义的说服力》，马洪、李清伟译，上海世纪出版集团，2009，第4页。

③ Beito David, T., Peter Gordon, and Alexander Tabarrok, eds., *The Voluntary City: Choice, Community, and Civil Society*, University of Michigan Press, 2002, p. 5.

④ Elinor Ostrom, "A Communitarian Approach to Local Governance", *National Civic Review*, 1993, pp. 226 – 233.

二　城市社区社会的建构何以可能？

城市社区的市场化程度正日益加深，物业公司在获得社区物业服务的合法性后，在一定程度上充当了社区管理的替代者，社区委固有的管理权正在持续萎缩，同时由于业委会法人地位的缺失及自组织能力偏弱，其在社区的自治权近几年内几乎没有得到扩张；另外，社区多组织割据、资源分散，正呈现去精英化、个体化的场景，社区居民只能根据不同的需求和不同的组织进行对接，或者与各组织都保持隔离。社区既非经济体，也非行政体，作为一个生活体、共同体，亟须找寻社区社会的出口。

社会是由各要素有机结合而成，在齐美尔（Georg Simmel）那里，这些要素有主观与客观之分、先验和后验之异；在哈贝马斯（Jürgen Habermas）的功能论中，社会是复杂系统的一种整合，包括物质力量的整合以及交往互动中产生的文化知识的整合；在吉登斯（Anthony Giddens）的结构说里，社会是行动者利用规则和资源跨越时空的互动情境。综合各类学说，笔者认为社区的社会是由维护社区运行的各种客观存在（包括社区组织及社区各类硬件设施等），与社区成员的主观意识和日常行动（包括社区意识、日常交往和社区参与等）整合建构而成。从社区发展的实践来看，社区生活的物质设施、管理机制等的建立与社区意识、社区情感的发育原本就是同一过程，只是在后发的中国城市，先硬件后软件，先客观后主观地一路走来，在笔者主持的对全国五大城市前后两轮的社区实证研究均显示，至今为止"社区安全""社区环境"这两项社区客观指标仍是被访者心目中社区治理的重中之重，2014年这一轮的调查在接下来的治理重点中依次是"社区养老""邻里交往""财务公开""物业精细化""网络互动""居民介入""物业市场化""活动开展""选举业委会""开会议事""直选社区委""组织介入"，与2009年相比，提供更多社区养老便利、增进邻里交往和公开社区财务等指标跃居社区治理重点的第 3~5 位，而对那些与社区组织建构相关的指标跌至最后。

笔者曾利用 2014 年的调研数据对社区社会建构进行结构方程模型分析，形成社区意识、社区参与、社区组织、社区硬件和社区运行五因子。就该五因子所形成、整合的复杂系统，再按照哈贝马斯关于公共领域结构转型中关于公共、开放、公益、公开、非强制、理性批判等标准，中国城市社区从相对封闭的居住空间，走向多元介入、主动参与和共担责任的主客观兼容的社会空间，已有了一个基本雏形，但阻碍其实现的羁绊仍明显存在，社区社会的理想建构还有待进一步的反思和行动。

（一）社区社会的主观指标及其建构

社区社会的主观要素主要由居民的社区意识和社区参与构成。

就社区意识而言，笔者的社区实证研究表明，在社区社会建构的结构方程模型中，社区意识由"人人都介入""有责任共担""有利益共享""有义务参与" 4 个观察变量做主贡献。特别是人人都参与才能让社区更美好的理念在 7 个主观指标中的认同度最高，达到 3.81 分（最高 5 分）。其实在社区共同体中，无论居住者的阶层如何分化，无论社区组织和运行体系如何，因共同居住而产生的共同意志、共同约束力和情感在某种程度上形成了社区价值观，一旦人人参与的意识被内化为社区价值观、被激发为社区参与行动，并进而强化社区成员对于价值观的承诺，那么社区就扮演了非常重要的社会角色。而"有责任共担""有利益共享"分别以 3.49 分和 3.08 分的认同度紧随其后对社区意识做贡献，与市民社会的核心理念也不谋而合。

就社区参与而言，社区参与不足一直是困扰中国城市社区发展的重要阻碍，从单位制下的动员式参与过渡到权责观驱动下的主动式参与，社区迈向居住、参与融合的公共空间，社区社会的建构才有可能。笔者的结构方程模型显示，居民有时间参与和参与的活动丰富、有吸引力是提升社区参与度的重要元素。近年来，社区参与中有一种独特现象：一旦涉及利益受损，社区成员临时集结参与还是比较容易的，而当利益补偿到位、冲突消解，参与又几乎归为零。当然，"网络参与"在解决社区成员不在场的参与方面提供了新通道，网络参与在将外部大社会与社区小社会融会贯通方面的作用还将得到不断延展。

社区意识和社区参与之间从理念到行动，以及由行动的累积进而更新理念，循环往复并保持高度相关。

（二）社区社会的客观指标及其建构

社区社会的客观要素主要由社区组织、社区硬件和社区运行构成。

1. 社区组织

就社区组织而言，2009 年的调研中"直选社区委"的选项在社区治理重点中还排第 3 位，2014 年的调研中其已落到第 13 位，结构方程模型中此项对社区组织因子的贡献也落后于"选举业委会"，国家行政力量在社区的衰减原本是社区社会萌芽的契机，但目前的模型中物业对社区组织的贡献占据两项，一项是"物业市场化"（例如收费与服务对等），另一项是"物业精细化"（例如提供更多服务内容），而象征社区社会的另一股力量——"组织介入"，即社区民间组织更多卷入社区事务，并没有对"社区组织"有显著贡献，目前仅作为社区运行的一分子，还未形成对社区组织权力的瓜分。从社区组织也可看出国家、市场和社会架构中社会的弱小：社区委表面上是居民自治组织但大多行使国家末端的行政职责，业委会在组织地位的认定上还存在模糊地带，而社区民间组织通过政府购买或政府孵化进入社区，成为国家治理体系的一个有机组成，最多参与"准社会"的建构。

2. 社区硬件

五城市的再研究中唯独"社区安全""社区环境"这两项硬件指标

连续在重要性均分上稳居前两位，其他变量在两轮的调研中其重要性都各有差异。在中国城市社区短短 40 多年的发展历程中，社区基础设施、配备仍不能完全满足需求，社区成员对此的最基本期待也在一定程度上影响了社区社会的快速发育。

3. 社区运行

在日常社区运行中有 8 个观察变量同时做贡献，且因子得分系数均衡地分布在 0.62 和 0.76 之间，社区社会的建构不是一朝一夕、一蹴而就的，从居民、组织全方位介入，到邻里互动、社区活动、社区议事的常规开展，再到社区为全社会未来最关注的养老问题提供服务平台，以及如何应对最近几年社区信息公开中呼吁较多的财务公开，最后到社区社会的网络延展等，无一不需要社区系统的良性运行来做保障，很难说孰先孰后、孰轻孰重。

三 建构社区社会之路

以往研究从社区组织的结构变迁、社区治理的重心转移，以及社区意识和社区参与的自觉自醒等不同侧面展示了一幅中国城市社区的社会版图：国家对城市社区的行政干预随着社区委的日渐式微正转向间接、隐性的方式，例如政府购买和政府孵化；国家在社区让渡的权力很大一部分被市场接管，但物业公司对社区的经济侵入并未赢得治理权威；社区成员在社区环境和安全欲求仍未满足的情形下，对社区内的互动交往、扶弱养老、信息公开和参政议政等有期待、有追求，但行动的缺乏仍是困境，以至于居民的社区情感归属、参与意愿等仍未有明显提升；而代表社区居民利益的业委会在近几年的成长过程中非但没有壮大，业委会选举难、自治难、维权难等一重又一重障碍使得社区居民在社区社会的版图中找不到落脚点。

需要反思的是，国家卷入的社区社会有没有生长空间？在社区外部的"大政府，小社会"背景下，国家在社区如何放下？其实基层政府一直试图通过无形的手间接提供社区服务、参与社区治理，而架起这一桥梁的社会组织或民非组织在成长的通道中走得也很艰难。深受滕尼斯影响的管理学大师德鲁克（Peter F. Drucker）在预示"下一个社会的管理"时，曾在政府、大企业和公民中寻找最终的管理者，他认为"我们迫切需要以建立社区为目的的非营利社会部门的快速成长，才能使社区成为新社会环境，也就是都市的主角"①。只是2009年、2014年两轮的调查中关于"引进更多社区民间组织"这一选项在所有治理重点中都排最后，显然外部社会的要素缺失，不能期待社区里会发生奇迹。事实上五城市再研究所呈现的社区权力混沌局面，或某种意义的真空局面，回到有序还是有路可探：让国家去做国家的事，例如社区养老等保障类事务；让市场去做市场的事，例如物业管理；让居民回归到居民该做的事，例如各类、各级社区参与等，当然关键是居民要在场。但是中青年的弱参与、不在场仍是当下社区参与的现实。

不在场的社会如何建构？这是一直困扰社区社会的核心问题。这里的不在场并非吉登斯所说的时空分离式的"缺场"或"脱域"②，而是真正的不在场。社区日常的互动、活动或议事，在场的多半是老年群体或其他依赖社区的弱势群体，充满活力的、有社区改造力的中青年群体因各种理由不在场，除非由有损个体利益的社区冲突来驱动。在2009年被访者还对有可能改变这种不在场、承载居民自组织的业委会抱有乐观期待，而5年的停滞不前甚至倒退在深圳这一首个业委会诞生之地也得到了印证，"深圳共有物业项目6835个，其中住宅区4265个；在各监管部门备案的业委会，2010年是1355个，2011年是1100个，2012年只有868个；868个业委会里，又有不少因换届不成功等原因，处在

---

① 〔美〕彼得·德鲁克：《下一个社会的管理》，蔡文燕译，机械工业出版社，2013，第129页。

② 〔英〕安东尼·吉登斯：《现代性的后果》，田禾译，译林出版社，2000，第16页。

瘫痪状态；全市实际运转的业委会低于7%"①。不在场的缘由很难归于社区意识缺乏，在社区中"人人都介入""有责任共担""有利益共享"的理念不仅有很高的认同，而且没有城市差异，更何况网络时代比以往更有条件应对不在场。如此分析不在场还是缘于居民自组织能力的缺失，或者说在外部社会中自组织机会、空间和体悟的缺乏直接影响到内部社区社会的自组织行动。

对社区而言，内外部社会的相互渗透在所难免，只是如果外部没有大社会格局，一切还在探索行进中，社区能否通过其内部小社会的逐步建构，朝着大社会的方向，然后向外部生长？"人需要社区，也需要社会——个体从社区中获得地位和归属感，在社会中发挥功能"②。19世纪滕尼斯留给20世纪德鲁克的启迪，对21世纪的中国城市仍然适用。不仅如此，中国公众需要在社区社会中习得参与的体验、自组织的体验、改善且因此获益的体验，甚至需要通过在社区的小社会天地中，感受到自己可以驾驭、可以奉献，并对其融入外部大社会的价值观有所触动，如此往复，社区不仅可以向社会输送公民，为公民建构社会储备善良、勇气、智慧和历练，也为中国建构好社会搭建了过河的桥梁。

案例4　　　　　协商监督双管下　互助合作携手治

社区社会非一朝一夕可达，需要社区各主体的共同付出和努力。而在行进过程中，社区意识如何培育，社区参与如何运转，社区中社会力量如何成长，社区各组织、社区居民如何共同在场乃至互相协作都需要长时段的摸索和历练。GL区B街道的新社区——YS社区，通过成立多元主体参与的协商议事会，让社区各种力量都加入社区运行之中。

① 顾汝婷：《深圳业委会多数不运转》，《深圳商报》2014年5月14日，第A11版。
② 〔美〕彼得·德鲁克：《下一个社会的管理》，蔡文燕译，机械工业出版社，2013，第7页。

　　YS社区成立于2011年6月,辖区面积0.72平方公里,下辖6个居民小区及15家驻区单位。其社区议事会于社区成立之初建立。该社区协商议事会与大多数社区议事会不同的是:(1)协商议事会成员更加多元化,其来自物业公司、业主委员会、业主代表、党员、居民骨干和自愿担任的楼栋长等;(2)由居民志愿者制定了协商议事规则;(3)为保障协商议事会运行,成立五人监事组,纪监组成员均为普通居民志愿者。五人监事组职责包括参加会议、监督议事会活动经费,活动方案的建立和筛选,以及审计等。监事组成员由社区广告招聘、居民自愿报名、社区筛选而来,筛选标准包括有时间、热心于社区公益事业,有一定的经验,能够帮助社区,能够改善社区建设。综合以上标准,实际运行的监事组成员以退休人员为主,其曾经职业是律师、会计等。设立协商议事会后,YS社区大小事务都通过议事会进行,包括环境卫生、老旧小区车棚改造、小区停车困难等各类社区事务。社区开展的项目都在小区议事园公示,以让小区每个居民都知晓和了解,项目开展前和开展中均通过议事会征求意见,以获得居民支持。当然YS社区的这种注重程序、信息公开的阳光化操作也并非一蹴而就,而是从实践中走出来的。如2014年社区居委会想改善一个小区的环境,在该小区门口脏乱差场地上建一个小凉亭,以美化环境,让居民有休闲去处。在社区委看来是一个完全为居民着想的好事却遭到居民的强烈反对,以致施工队进场都无法进行下去,此事不了了之。到2015年时,社区居委会改变工作思路,设置场地改造议题,充分公示改造方案,包括施工前、中、后,哪怕是一些微小修改,均告知居民。最后改造项目顺利进行。社区书记感叹"我们感觉到这个社区协商不是给社区增添压力了,多了项工作了,不是这个意思,这是为了社区更便于工作,取得大家的理解,大家来自治这件事情"。

　　又如在GL区另一个街道——J1街道的治理中,来自社会的力量也在成长。在该街道2015年才新成立的RC社区中,社会组织蓬勃开展。

新社区自成立起就开始无偿引进社会组织。在社区 6000 平方米的 4 层办公楼中，2 楼以上空间均由社会组织使用。这些社会组织提供助餐、娱乐、文化等各类服务。该街道的另一个社区——CY 社区则内在地发展起了互助合作社。合作社成立于 2007 年，在解决社区矛盾中孕育而生，起初由社区中较受信任的 6~7 名老年居民组成，组织负责人——社长由一位 70 多岁、在社区中很有威望的老年居民担任。互助合作社的活动包括：每月会主动到社区居委会聚会，商量社区事务；每逢社区代表大会、各种议事会等主动参与，提出提案或意见和建议；社区遇到棘手困难事务，互助合作社介入进行调节和解决。拥有居民基础、代表居民自治力量的互助合作社在发展过程中实际上成为社区居民委员会的助手。

当然就培育社区社会而言，以上街道个案只能称为萌发前的"松土"。在 YS 社区中，虽然社区公共事务的开展充分尊重了社区居民的知情权和建议权，也在一定程度上让居民参与到社区事务中，但社区党组织和居委会仍旧扮演主要角色，如议事会仍由社区书记/主任主持负责。而在 CY 社区中，互助合作社虽然由社区中有威望的居民组成，呈现一种精英主导模式，但随着精英自身的淡化和退场，自治组织的持续力和凝聚力令人担忧。

第五节　互联网技术的推动

互联网自 20 世纪 60 年代产生以来，对人类经济、政治和社会生活产生了深刻影响。正如曼纽尔·卡斯特（Manuel Castells）在其著作《网络社会的崛起》（*The Rise of the Network Society*）中所言："互动式电脑网络（network）呈指数增长，并创造传播的新形式与频道，它既塑造生活，同时也为生活所塑造"①。确实，从今日来看，如何言说互联网对人类生存形态之影响都不为过，大至国家政府行为、经济商业模式，小到个体日常社交、衣食住行等，无不与网络产生勾连。

同样在政治领域作为一种新的信息技术形式，一如其他新媒介的出现，自发轫起，互联网对政治生活的影响就受到各界关注。在西方学界，网络（或曰电子）与民主发展相连（如 Cyberdemocracy、Electronic Democracy 等新词诞生），互联网对公众参与产生何种影响成为学界讨论的焦点。如在《第三次浪潮》中，阿尔温·托夫勒（Alvin Toffler）断言，源于工业时代的西方民主结构"将被信息社会及新的政治结构所代替，在新的政治结构中，人们将'从依赖代表转为依赖人们自己'"②。同样，对中国而言，伴随网络卷入人口的急剧增加，网络社会来临，"非典"、PX 项目、疫苗等事件的涌现，各类形式电子政务的发展，互联网在国家－社会互动关系的讨论中，在社会治理、公众参与和政府行为的研究中，即便不是核心变量，也是绕不过的重要背景因素。在众多讨论中，社交媒体成为聚焦分析对象，基于这个开放性交往空间的互动结构、过程和结果，社交媒介建构起的公共性程度、对线上线下公共参与的影响等均值得关注。

因此，笔者在本节将聚焦政府和个体两个层面梳理互联网在中国的应用，以及探讨由网络参与导向社会治理的可能及可为。

一 互联网在中国的发展和应用

中国互联网发展始于 20 世纪 90 年代，在国家"科教兴国"、大力发展国民经济和社会信息化的战略导向下，中国互联网得以迅猛发展，

---

① 〔美〕曼纽尔·卡斯特：《网络社会的崛起》，夏铸九、王志弘等译，社会科学文献出版社，2006，第 2 页。
② 〔美〕阿尔温·托夫勒：《第三次浪潮》，朱志焱等译，生活·读书·新知三联书店，1984，第 530 页。

不仅在经济领域，在政治社会发展中也起着重要作用。

首先，在互联网的个人应用上，从图3-1可见，中国互联网用户数量快速增长。经历20多年的发展，网民规模从世纪之交的千万人，到2017年1月增长至7.72亿人。

图3-1　2000~2017年中国网民规模和互联网普及率

资料来源：历年《中国互联网络发展状况统计报告》，中国互联网络信息中心（CNNIC）发布。

其中有三个时间节点值得关注：一是在2008年，中国网民规模达2.98亿人，网民规模超过美国，成为全球第一，互联网普及率达到22.6%，首次超过全球21.9%的平均水平①；二是移动互联网发展，2009年工信部颁发3G牌照，我国正式进入第三代移动通信时代，此后随着便携式终端（智能手机、平台等）发展而带来的硬件成本降低和可用性提升，互联网接入和使用门槛降低，互联网工具的使用者向低学历、低收入等新技术的晚期接受者扩展，2014年我国手机网民规模首次超过PC网民规模；三是在2015年，国内互联网普及率首次超过50%，超过一半的人口进入网络空间，互联网人口向低龄、高龄和农村地区渗透。中国的

---

① 中国互联网络信息中心（CNNIC）：《第23次中国互联网络发展状况统计报告》，http://www.cnnic.net.cn。

网络社会时代已然来临。

即便上网技能缺失以及文化水平限制等原因导致的"数字鸿沟"仍旧存在，但过半的中国人民超越时空和地理限制一起进入网络空间，不仅蕴含着巨大的商业能量，也潜藏着不可估量的社会能量。因为这些进入网络的个体，不仅仅是互联网的消费者，也可能是网络社会中的参与者。对进入网络的普通大众而言，信息资源的丰富和互动沟通的便捷是两个主要方面。在互动沟通上，互联网突破时间、空间的交流降低了公众的交流成本和组织成本，个体能够在数字公共领域内形成共同体。在信息资源上，个体获取信息的成本极大降低，获取信息的渠道和数量显著增加。特别是基于社交平台的自媒体出现，更是变革了传统的信息传播机制，其主要表现在以下三点：其一，信息的生产不再由传统媒介控制，普通民众也获得了自主生产、发布信息的权力；其二，信息的传播方式由一对一向一对多、多对多等多向发展；其三，信息的传递速度加快，时时更新和发布成为可能。简而言之，互联网时代，普通公众获得了信息赋权。对社会参与而言，信息技术的重要性不言而喻，当代著名的民主理论家罗伯特·达尔（Rober Dahl）甚至认为政治不平等更多来自信息和知识的不平等，而非来自物质财富或经济地位的不平等，"信息技术的发展加强了获取有关政治议程信息的能力，这反过来促进了民众参与。信息技术也扩大了公民为政治过程做贡献的途径。它使得全体民众对公职人员的观察和监督总体上变得更加容易。由于信息技术扩大了信息和通讯的流动，它使得政府更加透明，政府越透明，精英相对全体民众所享有的信息优越感就越小"[1]。确实，理论上，任何一个联网者都能获取发布在网络上的信息，能够参与任意事件的相互讨论。虽然由于各种过滤、审查等底层监控机制存在，并不是任何观点都能表

---

[1] 郑永年：《技术赋权：中国的互联网、国家与社会》，邱道隆译，东方出版社，2014，第98页。

达，但不可否认，在过去几年的网络中不乏有关环境、医疗、拆迁征地、性别等议题的讨论，有些甚至延伸至线下行动，影响政府行为和决策。

其次，不可阻挡的互联网大潮不仅影响个体行动者、赋权公众，也波及世界各级政府，对政府传统行政逻辑提出挑战的同时赋权政府。在网络社会中，各级政府不得不调整自身行为策略，呈现更加开放的姿态，学习如何使用网络为公众服务，如何通过网络与公众沟通。其中一个明显的标志是电子政府兴起。在中国，20 世纪 90 年代末以国务院发起的"政府上网工程"为标志，电子政府建设开始受到重视。各级政府或主动或被动地加入电子政府建设行列，纷纷建立起互联网政务平台。发展 20 年，数字政府呈现从网站向新媒体平台、从 PC 端向移动端发展的趋势。目前，除传统的 .gov.cn 政务网站之外，政务 App、政务微博、政务微信公众号、政务头条号、微信和支付宝的城市服务等均为电子政府开展平台。中国互联网信息中心（CNNIC）的数据显示①，截至 2017 年 12 月，我国共有 .gov.cn 域名 47941 个，经过新浪平台认证的政务机构微博达 134827 个，政务头条账号 70894 个，31 个省、自治区和直辖市开通了微信城市服务，较之 2016 年，政务服务线上化速度明显加快，并且向县域下沉。

互联网电子政务，特别是新媒体平台的发展，固然有"宣传""引导"的作用，但各类网络问政平台的兴起仍为公众直接向政府表达意见提供了渠道。而且，退一步讲，即便是"宣传"，在互联网中，也不再是传统意义上的单向传播，而是一个双向互动的过程，即"政府利用互联网向公众传播其政策议程，而公众则利用互联网向政府给出其回应。互联网事实上成为一个双向的沟通过程，而非传统上的单向宣传过程。互联网起到了一个政治渠道的作用，没有一个政府官员能够限制公众对

---

① 中国互联网络信息中心（CNNIC）：第 41 次《中国互联网络发展状况统计报告》，Http://www.cnnic.net.cn。

一项特定的政府政策或议程进行讨论。政府可以在公众意见回馈的基础上修订其政策"①。另外，政务服务的线上化也确实提升了政府服务的体验，如微信、支付宝开通的政府服务，从政务办事到医疗、交通出行等确实方便了公众。

简而言之，在过去近 20 年中，不管是个体层面还是政府层面，互联网均得到了丰富的应用，中国社会已迎来了网络时代。对个体而言，互联网打破了以往传统媒介对信息的垄断和控制，极大地丰裕了信息来源和渠道，也让个体获得了表达和发声的渠道。对政府而言，网络社会既已到来，其在进行互联网监管的同时，事实上社会力量也在利用互联网监督政府，因此，政府也需做出改变，让自身变得更加透明，更具回应性，即在公众可掌握信息的广度和深度都呈上升趋势时，政府若想充分利用公共资源并获得公众的满意，必须调整自身行为，去了解、掌握和回应公众的需求。

行文至此，虽然互联网提供了开放性的公共空间，让社会公共事务和社会问题得以进入公众视野并得以讨论，也提供了国家和社会得以互动的平台，但经由这个互联网的技术支持，最终是否能够以及如何能够导向有序的公众参与，形成良性的政府、社会和公众互动模式，仍需进一步探讨。如果说过去的各类网络事件已表明存在具有公共性的网络行为，那么需要厘清的是，个体如何投入公共事件中？参与到网络公共空间中的个体之间共享着何种理解和认同？

二　网络参与导向的社会治理：以微博为例

自 2009 年微博进入中国市场以来，经过几年的高速发展，用户规模趋于稳定和成熟。根据新浪微博发布的 2018 年第一季度财报，微博的日均活跃量为 1.84 亿人，月活跃用户已经逼近 4 亿人。② 虽然围观者

---

① 郑永年：《技术赋权：中国的互联网、国家与社会》，邱道隆译，东方出版社，2014，第 49 页。

② 《微博：根据财报，你不怎么用的微博月活用户已经逼近 4 亿》，互联网数据资讯中心网，http://www.199it.com/archives/722714.html，2021 年 7 月 5 日。

仍超过抒写者、表达者，但微博最大限度地改变了大众在社会发展过程中的失语现象，并与正在到来的个体化社会迎面相撞，由此建构的宏大场域不仅将草根和精英一起卷入，各种正式与非正式组织也融入其中费心费力，不敢轻言失守。

除去技术的贡献，在理性人的假设下，人们不由自主地踏入微博共同体，一定有其必然的逻辑、共同的目标或利益取向，毕竟这不是一个人人都必须加入的正式组织，且大多数人从中并未获得经济利益。那么在围观、倾诉、评论、转发中显然涌动着人或组织都能认同的某种社会价值，这一价值不仅触及心灵深处，触及由此构建的、现实世界早已淡化的人性，激发了更多场外的加入，参与其中的发声、建言无形中又推动了社会治理及社会前行。由技术文明引发新媒体革命，进而可能带来新的社会生态文明①，即便深嵌其中的大部分人都未对此做好充分的准备，但微博从虚拟场域走向社会共同体的脚步已经停不下来。

（一）由微博参与导向的社会治理

其实基于人性的微博场域建构，还存在一个不得不提的推波助澜的技术因素——移动互联网，嵌入移动互联网的微博使更多的参与成为可能。东、西方学者近几年的研究也发现移动互联网为公众提供了大量更为开放、平等和自由的公共空间，可以将分散的、有潜能的、愿意发声的公众激活，他们在各个层面上的不断参与和反馈，将有利于社会治理②。而且微博将技术与社会基本的善和正义进行融合，不仅影响到了

---

① 〔加〕哈罗德·伊尼斯：《传播的偏向》，何道宽译，中国人民大学出版社，2003，第 28 页。

② 相关讨论参见 Jeffrey James. "Sharing Mechanisms for Information Technology in Developing Countries, Social Capital and Quality of Life", *Social Indicators Research*, Vol. 94, No. 1, 2009, pp. 43–59; A. Lenhart, K. Purcell, A. Smith, K. Zickuhr. "Social Media & Mobile Internet Use among Teens and Young Adults", Pew Internet & American Life Project, 2010; Anindya Ghose, Sang PilHan. "An Empirical Analysis of User Content Generation and Usage Behavior on the Mobil Internet", *Management Science*, Vol. 57, No. 9, 2011, pp. 1671–1691; 张德镇、金倚勋、周娟《韩国人推特网络的结构和动态》，《社会学研究》2012 年第 4 期。

个体用户参与，也影响到了政府，特别是基层政府的参与，十万多条政务微博的开通架起了公众与政府之间的桥梁。尤其在移动互联网时代，各类政府事务都带有更多的在地性和即时性，压力之下，社会治理者之一的政府，需要扮演一个公众想要与之交往的个体，才能建构真诚的、可信的形象并直接影响到彼此之间的互动①。微博上，无论公众参与社会事务，还是政府服务公众或与公众互动，只要双方基于互信，并本着公平公正公开的态度，移动互联网情形下随时随地都可达成。毋庸置疑，在通往社会治理的道路上新增的微博参与具有强大的生命力和持续力。

在政府与市场、政府与社会、政府与公众这三组互动关系的反思中产生的社会治理，是有限政府视域下的延伸。无论政府是否愿意，全球化语境下的政府都需接受公众的审视和考评，公众在赋权给政府让其施政的同时从未放弃自己参与治理的意念和行动，就像企业投入市场必有竞争者一样②。即便政府在掌握资源及行政经验方面有优势，政府在社会治理中也不再是唯一的权力中心，社会各种正式、非正式的组织及个人都将共同参与治理，并承担治理责任③，微博作为技术端口存在的同时，经过短短三四年的成长，已经俨然成为一个公众通往社会、参与治理的入口。并且微博参与和社会治理之间还存在天然的相似性：（1）社会治理需要有广泛的、强大的公众支持，只有社会成员都意识到自己所

---

① 相关讨论参见 Jongpil Chung. "Comparing Online Activities in China and South Korea：The Internet and the Political Regime", *Asian Survey*, Vol. 48, No. 5, 2008, pp. 727 – 751；Michael Gurevitch, Stephen Coleman, Jay G. Blumler. "Political Communication – old and New Media Relationships", *The ANNALS of the American Academy of Political and Social Science*, Vol. 625, No. 1, 2009, pp. 164 –181。

② 闵学勤：《政府质量评估的微观模型建构——基于全球 58 个国家数据的实证分析》，《社会科学研究》2013 年第 2 期。

③ 相关讨论参见〔美〕格里·斯托克、华夏风：《作为理论的治理：五个论点》，《国际社会科学杂志》（中文版）1999 年第 2 期；Coglianese Cary, "Citizen Participation in Rulemaking：Past, Present, and Future", *Duke Law Journal*, Vol. 55, No. 5, 2006, pp. 943 – 968。

承担的义务之后，才能积极地投身于治理之中。目前微博形成的大规模
互动平台几乎没有门槛地聚集了所有愿意介入的公众，无论他们出于何
种目的参与其中，只要发声、表达就已经融入社会。（2）社会治理提
倡宽容的价值观。在现代社会治理的过程中，治理主体之间处于平等地
位，他们之间相互尊重，彼此宽容，是一种一损俱损、一荣俱荣的互动
关系①。微博在聚合人气时，如果没有宽容、没有共同遵守的道德底
线、没有最基本的人性，也只能好聚好散，很难维系至今。（3）社会
治理即使在西方也是新课题，存在诸多难点，从参与模式、参与惯习到
参与效度都远未成熟。而大多数网民的微博参与从理念、态度到行为并
未形成有意识建构，个人、组织和政府在微博上的互动还未有效导入现
实中的社会治理。

即便如此，微博参与已经为中国式社会治理开启了一扇新的大门，
人们或刚刚找到门的方向，或正在迈入大门，或进门后仍在围观，但借
助技术的传播力，利用微博平台设置的转发、评论、点赞等方式，入门
的公众正学着参与。就目前的微博技术支持和公众常态的参与方式而
言，微博参与大致可分为表达式参与、讨论式参与和引导式参与等。由
于微博空间相比现实空间而言削弱了阶层区隔，任何职业、收入和教育
背景的公众都有相对公平的话语权和表达权，于是有感而发的、就事论
事的各类表达层出不穷，那些促进公共事务发展、推动社会前行的共同
表达就构成了表达式参与。对大部分普通网友而言，讨论式参与其实已
是家常便饭，每天的新闻、日常生活、突发事件、灾难事件等都是讨论
的内容，微博平台中评论、回复和再评论的循环功能推动了讨论式参
与，讨论的双方或多方不一定相识，也可能是机构或个人，只要基于共
同的善和正义，在讨论或辩论中就能互相信任、互相学习，事件变得更

---

① 〔美〕迈克尔·麦金尼斯：《多中心治道与发展》，毛寿龙等译，上海三联书店，
2000，第29页。

清晰的同时也有可能对社会问题有了更成熟理性的解决方案。例如
2013 年初原本要推行的"抢黄灯扣六分"的交通新规在微博中引起广
泛讨论，批评其不合理的声音不在少数，最终导致此新政夭折，也开创
了国家层面公共政策推倒重来的先河。引导式参与多半来自各界精英、
大 V 或政府官微，包括对某一尚不成熟的治理方式公开征询、对公共
道德行为的弘扬和维护、对新政新规的解读剖析等，引导式参与必须建
立在专业、权威及互信基础上，才能通过微博达成共识，推动社会前
行。例如占官微近一半的"微博 110"、交警微博、公安微博等警务微
博在引导公众安全出行、维护交通秩序方面功不可没。

（二）对微博参与的再反思

原本指向人类最深层、最基本相处之道的人性，和通往人与组织、
政府乃至国家共存方式的社会治理，在微博空间得到了汇聚。一方面，
微博相对自组织的互动交往模式，没有太多现实世界条条框框的限制，
凭良心、凭道义、凭言说的合理合法性，这些人性基本的规范几乎成了
微博空间默认的显规则；另一方面，基于人性原则的微博互动，汇聚更
多的是人心，如同市场经济的开放性迎来经济繁荣一样，微博空间维持
自组织的局面，保持它的开放性和活力，五年、十年或许更长，公众在
微博参与中学着成长，学着理解，学着建言，由虚拟空间延伸至现实世
界的社会治理即可预期。

不可否认，微博中存在散漫、无聊的发声，也存在有违人性的宣
泄，以及因起哄、言语暴力或谣言传播等有碍社会治理的参与，除了与
现实世界一样无法回避"负能量"问题之外，就微博空间而言是否还
存在其他混杂着技术、文化、社会乃至政治的多重特殊原因？例如，微
博空间中的原创帖引导了一种明显的个人主义书写倾向，有学者认为个
人表达可能无法有效转化为社会公共表达，也不能在具体的情境中顺利
实现身份的合理转移。同时，微博平台中的评论、转发功能形成的讨论

场，其实并不一定导向问题的清晰和解决，这样的讨论多数只是表达而不是解决问题或达成共识，换言之，多数参与者的谈话仅仅是消遣性的①。社会中的每一位个体在言论和行动过程中，并非都在有意识建构，看似无聊的个人表达当其获得回应，无论是批判还是认同，它都表明社会现实的一种集体存在，一旦回应有数量上的累积，当然前提是回应者都基于最起码的人性原则，那就很可能导向社会批判或社会认同，最终也将有利于社会发展和进步。

如果微博负能量的积蓄真如官媒所言来自所谓的"特定人群"、"某些意见领袖"或"网络水军"②，也并不可怕，微博已经成为承载世界最多网民之一的超大众媒体，超大众媒体不仅阅读者、言论者规模庞大，自组织方式（在微博中加关注）超级多元也构成了远超现实交互的复杂网，这样的交互平台已经很难按照某部分群体的意志转移而转移，无论这部分群体是正式或非正式组织的代表，抑或是由个体临时集结而成，除非这部分群体的意见表达符合人类生存和发展的一般性规律，并有利于大多数人的福祉提升，才有可能产生跟随的大众甚至超级大众。

微博空间正、负能量的交汇或多寡在人性原则面前自有它合理的发展趋向，只是需要进一步关注的是，社会治理的三个主体——政府、社会和个体在基于各自原则基础上，如何在微博空间进行良性互动，毕竟现实互动中的"合作困境"在微博场域中一样会发生。例如有时政府官微出于进一步维护公共秩序考量，提出一些新规新政，可能触动了某些个体的惯习或有损他们的利益，作为个体存在的网民对新政新规就可能出现误读和误传。再如一些慈善机构为帮助弱势群体借助微博进行募捐，也可能会被网友误认为是利益驱使。同样，个体发出参与社会的良

---

① 谢进川：《关于微博政治传播的几个问题分析》，《中国青年研究》2012 年第 9 期。

② 《求是：警惕网络"负能量"理性看待网络空间》，人民网，http：//politics. people. com. cn/n/2013/0617/c70731 - 21862191. html，2021 年 7 月 5 日。

性需求也经常会得不到呼应或被认为有其他图谋等。社会治理既是永恒的话题，也是世界难题，合作困境无论在现实空间、虚拟空间，还是处于什么样的文化背景、制度背景，都会长期伴随，只要多方都愿意守护人类最基本的善和正义，就无所畏惧，就有美好期许。

案例5　　　　　在线治理显端倪　即时互动共协商

当下互联网席卷全球，在深度影响社会各阶层生活方式的同时，也悄然影响着中国的基层治理。基层政府在摸索如何从管理走向治理的过程中，也同步探索着如何利用互联网技术展开线上治理。从最初 PC 端的网络问政，到移动端的政务微博和微信公众号，互联网技术敦促习惯自上而下行政思维的基层政府进行转变。同时，活跃的在线娱乐、社交和购物也培育起了一大批数字化生存者，论坛、微博等各式网络公共空间，让这些网民在围观、倾诉、转发、分享、评论时，自然而然地嵌入各类公共话题，即便不主动关注，也会被线上的社交圈裹挟进公共话题中。相较于一般公共话题的"远"、宏观且抽象，社区公共事务则"近"、微观具体且更利益相关，如果能汇聚社区中的居民到同一个在线平台，则其释放的治理能量不可估量。

从笔者在 2015 年对 N 市 GL 区各街道和社区的调研情况看，除了在街道和社区层面进行政务网站建设外，个别街道和社区也开始尝试借用 QQ 和微信等即时通信工具来收集民意或进行宣传。如 GL 区 J1 街道于 2013 年由分管业委会的社工发起建立业主 QQ 群。QQ 群的扩大主要通过社区工作人员有选择地走访，面对面地邀请业主加入 QQ 群的方式完成，两年后在线业主 300 多个。群成员由社区社工和居民构成，群日常以居民发声为主，社区工作人员呈"潜水"状态。群作用为反馈－收集，即居民把社区中发生的矛盾或存在的问题反馈到群里，社工对其进行汇总收集。又如 Y1 街道的 DL 社区推广社区微信群，让居民加入其中，发表意见。而这一努力也受到街道的支持，街道层面负责构想

ICN。街道主任介绍，所谓 I 有三层含义：其一，I 即我；其二，I 是 Internet，互联网的首字母；其三，I 也是 Information，信息的首字母，即意味着街道要通过互联网来收集信息。第二个字母 C 为 Community，社区的首字母，意味着由社区各类骨干嵌入其中的互联网是社区治理的依托。第三个字母 N 则是表示各类社会力量、多元主体参与。同样 H2 街道也在每个社区建居民微信群或 QQ 群。同时鉴于街道内部企事业资源丰富，包含各类餐饮业、学校、商场、部队、律所等，街道打算将群成员进行扩展，充分整合这些驻区单位的资源。

从以上个案中，我们可以发现，基层政府业已发现互联网技术的作用，正在基于 PC 机为终端的政府官方网站或微博向更具互动性的 QQ 和微信平台转移。如果微博更多聚集的是地域各异的陌生人，那么基于地缘社区而建立的社区群，则更具备共同利益导向。

但是，目前基层政府对于线上社区群的尝试仍旧是谨慎、保守的，线上互动的即时性技术功能还未发挥。理论上，在社区微信群或者 QQ 群，政府与居民可以进行即时互动，双向沟通；但事实上，由于基层政府在理念和技术上均未做好线上直面群成员的准备，微信群或 QQ 群仍旧停留在有问题在线呈报阶段，未转向在线事事回应、时时回应，微信群的规模和数量也非常有限，并未覆盖社区中大多数居民。

02
CHAPTER

第二编
通往协商的路径

第四章
社区协商的基本法则

民主就像一个旋转的陀螺，重要的是旋转的过程。[①] 同样，就社区协商而言，达成共识固然重要，但同样重要，甚至更重要的是协商开展过程的合理、合法。本章的协商基本法则试图回应在本土社区场景下如何进行协商以保障协商品质的问题。如果从系统的观点来看协商，要达成高质量的协商，不仅需合理的协商现场规则，也要一系列场外规范支撑，包括议题产生、议程设置、协商主体确定、协商结果运用和实施等环节。

基于此，在平衡协商的科学性、规范性和可操作性的前提下，结合N市GL区的社区协商实践经验，笔者提出"提案与公示""商议与辩论""回应与反馈""决策与执行""监督与评估"等有关协商的五大基本法则（见图4-1），它们对应社区协商的各环节，贯穿协商前、协商中及协商后，形成一个完整的闭环，保障有效、有价值担当的协商落地社区基层。

第一节　提案与公示法则

"提案与公示法则"适用于协商前期筹备阶段，该阶段规定了协商

---

① 俞可平：《民主与陀螺》，北京大学出版社，2006，第24页。

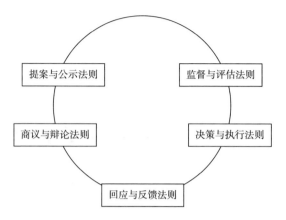

图 4 - 1 社区协商的基本法则

的主要内容和作用范围，保障协商议题品质及协商的合法性。

协商议题质量由议题内容和议题产生过程两方面构成。就议题内容而言，在社区层面，协商对象可为居民长期未得到解决的共同诉求、临时突发的涉及社区居民利益的公共事务、社区各阶段发展规划等具有公共性、有效性的议题，表 4 - 1 列出的是 2017 年 N 市 GL 区 Z 街道的部分典型协商案例主题，这些主题均为微小具体、与居民社区生活休戚相关的公共问题。

表 4 - 1 社区协商主题示例

序 号	主 题
1	小区停车棚修建和维护协商
2	XX 广场二期建设项目的居民补偿协商
3	加装电梯协商
4	电梯恢复运行协商
5	二次改水协商
6	社区停车问题协商
7	小区 28～32 号平台整治协商
8	小区自治管理协商
9	沿街商户烧烤油烟问题协商
10	社区健身器材更新协商

除议题实质内容而外，社区协商也需重视议题的构建过程。一般在

谈及协商时，总倾向于把注意力集中于商议过程（即协商主体间如何对话），而忽略了协商议题的建构问题，即为什么这些事项被提上协商日程，而另一些却没有。在社区协商中，与居民平等参与协商同样重要的是，居民可以影响协商议题的生成。特别是在基层协商日趋常态化的背景下，各类协商议题的序列安排如何形成尤显重要，是体现协商品质的重要环节，也是激发居民协商参与的关键步骤。如美国政治学家巴查赫（Peter Bachrach）和巴热兹（Morton Baratz）在他们的政治学经典之作《权力的两方面》（*Two Faces of Power*）中所指出的：能否影响决策过程固然是权力的一面，能否影响议事日程的设置则是权力更重要的另一面[1]。因此，在协商议题选定阶段应保持开放，而非封闭，即给予社区居民在议题选定上的话语权和自主权，提供相应的机会和渠道参与"协商什么"的表达，甚至在议题选定阶段即可引入协商。例如，在 GL 区的 AL 社区引进"院落协商，小区自治"模式，在议题征集环节，通过党员大会、楼栋长会、党群议事会、微信群、QQ 群、张贴通知、个别交流等形式，鼓励小区业主本着理性和友善的态度广泛参与讨论小区所存公共问题，并通过对话逐步达成共识，以关注度排序，梳理出亟须解决的具体问题。在实际操作中，一些协商议题往往由党政管理机构依据自身年度重点工作计划、群众性公共事务或者辖区内热点难点问题来安排公共协商的主题[2]，即便如此，也应公开以寻求公众支持和建议，保持议题自下而上的基础。

具体而言，以"社区理事制"协商模式为例，社区协商提案由社区理事们亲自撰写或向居民征集。在这种模式下，协商议题可称为更加正式的社区提案，之所以如此命名，一方面是出于对社区理事的信任和尊重，理事们应认真考量过社区居民的真实诉求才递交提案，或类似西

---

① 王绍光：《中国公共政策议程设置的模式》，《开放时代》2008 年第 2 期。
② 吴晓林、邓聪慧、张翔：《重合利益中的工具性：城市基层协商民主的导向研究》，《学海》2016 年第 2 期。

方的议员通过每周固定频次走访选民才获得提案①，另一方面，提案制也赋予社区居民责任感，"小社区大社会"②的意涵通过提案的征集、商讨和实施全过程在社区居民中进行分享、发酵，逐渐让居民在社区中找到共同体的感觉。在提案征集周期上，为了让社区协商（社区理事制）能够常态化和制度化运作，协商提案可以常年征集，月末、季末和年末也是集中征集的时点。在提案的征集方式上，除了理事们撰写和亲自征集外，还可通过社区办公点、社区信箱或邮箱、社区QQ群或微信群、微信公众号、社区工作人员、社区积极分子等线上线下多种途径进行征集，其中尤其要重视网络征集模式。相比线下传统模式，网络模式可建立更高效的互动反馈过程，且能改善社区中青年人的弱参与现状。此外，也可由社区理事会或其他社区管理主体通过组织居民开放空间会议（open space）③来搜集。若遇到复杂的主题，在确定议题大致方向之后，理事们可通过与专家、相关部门和居民调查沟通之后，再确定提案，以明晰化提案，切中议题核心。如在GL区Z街道的一个老旧平台环境整治案例中，协商组织者在初步确定平台环境整治的协商方向之后，通过社区微信群、线下意见箱等收集居民意见和建议，邀请施工队现场勘查情况等一系列调研后，最终细化议题，包括新建花坛、封闭车棚、安装扶手以及建成后平台维护管理等内容。协商提案的征集过程，其实质是社区居民卷入社区公共事务的过程。若社区已搭建起多方沟通互动平台，拥有良好的治理禀赋，那么议题征集就相对轻松；若还未建

---

① 高建生：《民意表达：基层社会治理意义上的解读》，中国社会出版社，2014，第125页。
② 高建生：《民意表达：基层社会治理意义上的解读》，中国社会出版社，2014，第125页。
③ 所谓开放空间技术是一种源自西方，目前被广泛使用的会议技术，创始人为欧文·哈里森（Owen Harrison）。该方法的灵感来自一般会议过程中参与者最有活力与学习力的时段总是在"咖啡茶叙时间"，所以尝试将"咖啡茶叙时间"的氛围，融合了西非原住民部落围成圆圈、参与者平等发声的开会仪式。开放空间会议借由引导师作为引导，打开一个让不同背景的参与者能够相遇的社会空间（social meetingplace），在这个聚合的空间，大家可以讨论社区公共生活的大小事务。

起平台，则可借由议题征集的过程，逐渐搭建社区参与平台。除常规征集的模式外，如遇紧急事件或突发事件，理事会成员可联名临时确定协商提案。所有提案首先要记录在册（包括电子记录），其次均可编号，累积增多之后还可按主题或难易程度分类，以示重视，也方便管理。

在提案正式确定之前，还要经历公示环节，即把确定需要协商的提案通过线上线下渠道在社区进行公开。由于社区不是居民的工作场域，居民不一定能第一时间看到公示提案，因此公开的时间至少需要两周以上，公示后无异议即可正式入选。这一过程既可让居民充分酝酿即将要商议的提案，也可通过公示征求有意参加协商的居民代表。

一旦协商主题正式确定，就需着手组建协商执行团队，负责协商时间的确定、协商参与者的邀请，以及场地、相关资料、物料等的准备。在社区理事制下，协商执行团队固定由社区理事会担任。常规化的执行团队更有利于累积经验，让协商在社区有序开展。在社区协商时间的选择上，需尽可能照顾社区中的在职群体，可选择工作日的晚上或非工作日。选定协商日期后，亦需在多渠道进行充足时间的公示，以确保全体社区成员知晓。在社区协商参与者的选择上，受协商成本、质量等限制，一般情况无法达到全体参与，参与主体的确定大致包括随机抽样、自愿报名、主动邀请、推选产生等方法，亦可几种方式相结合，具体视协商议题的性质而运用。其中，随机抽样又可分为抽样之后征求意见和在自愿参与者中进行抽样。对于前者，在社区场景下，可采取随机摇号方式，保证科学性和合法性。具体操作是：制定每个人的花名册，登记每个人的电话号码；在公证员监督下抽号；被抽到的居民若不愿意参与协商可以换人，再进行第二次、第三次抽号。考虑到被抽中居民的意愿以及抽样框大小等情况，在社区场景下可采用后一种方式，以保证更多有意愿的民众能加入[1]。主动邀请一般以所在社区的居民为潜在邀请对

---

① 谈火生、霍伟岸、何包钢：《协商民主的技术》，社会科学文献出版社，2014，第61页。

象;也可邀请当地的政府官员、专家、学者、商界人士等利益相关方。邀请专家学者可保证协商中信息的可信度以及最终决策的科学性。不管使用何种方式,参与人员均应以利益相关者,即受决策直接或间接影响的人员为主。对一次协商而言,参与人员的合法性至关重要,在现有社区协商实践中,我们也发现组织者对此做了较多工作。例如,在 GL 区 GY 社区的某工地环境污染协商案例中,由于波及跨小区的 300 户居民,全体住户到场困难,遂采取了代表制。具体操作为:首先,通过居民自荐或推荐的方式产生居民代表。在多渠道宣传招募下,共产生了 15 位居民代表。其次,通过征求其他居民意见,签订授权委托书的方式赋予居民代表以一定合法性。最后,协商代表名单在各小区公示一周。总体而言,这是一个比较严谨的方案,但操作起来有一定难度,结果也不见得让社区居民满意。该社区在另一次有关充电桩安装的协商中,则采取了 12 个院落每个院落各推选两位代表的方式产生居民代表,同时也邀请充电桩公司负责人、社区安全员与会。又如在 GL 区另一个社区以"为民办实事项目"为主题的一次社区协商案例中,协商组织者在进行相应宣传的同时,向社区内每家住户都发了协商邀请函,最后有 50 余人参加。此外,根据不同提案,除社区理事及相关利益方外,只要场地许可,尽可能确保有意向听会参议的居民都有机会到场列席或旁听。有时候协商也需要一些他者的意见,在案例中也出现过根据其他小区的经验建议来解决的场景。

第二节 商议与辩论法则

"商议与辩论法则"是协商的场内法则,应对协商讨论环节。在协商主体和协商范围确定之后,就必须考虑协商按照什么样的步骤、流程进行。社区协商是一个较为宽泛的概念,具体可选形式多种多样。在现有协商实践中,协商日、恳谈会、春茗会、论证会、协调会、理事会、听证会、评议会和辩论会等均是常见的基层协商方式。在一场协商议事会中针对不同的提案或商议进程也可融入几种形式。即便是通过社区理事会这一平台组织开展协商，也可选择以上多种商议形式。

在民主协商过程中，一般需要设置主持人角色以保证协商的顺利进行和协商质量。主持人的职责是：维持商议秩序、让讨论持续进行且聚焦主题；让每个人都有充分发言的机会，鼓励沉默者发言，避免健谈者支配讨论；协商会若不止协商一个提案，则每个提案需规定协商时间，主持人要相应限定每位发言者的时间；主持人扮演的是协商的协助者角色而非裁定者，其可以启发、引导和促进讨论、整合讨论意见，但不应让自身意见影响讨论。在现实案例中，由于基层问题本身的错综复杂，以及初试协商时一些居民对规则仍不明晰，习惯谈及一个问题时连带另一个问题，这时就需要支持人予以引导。如在 GL 区 M 街道的一次有关城中村用水问题协商现场，该地区由于历史遗留问题而土地归属不明，存在居民房产证、土地证无法办理问题，因此在商议过程中，有居民多次对此表示强烈不满，将话题转移至土地问题。当时，主持人进行了较好的引导，大家最终在当下比较紧急、目前可以解决的用水问题上达成共识。因此，主持人的控场能力、对讨论事项的熟悉度对保证协商有序至关重要。在主持人的选择上，现有案例中既有邀请专业主持人，也有请当地教师或学生担任，还有社区书记或主任等担当，其中社区负责人担任时应注意保持自身的中立性。基于社区理事制的协商，则可由协调能力较强、资历较深的正副理事长、秘书长或理事会轮值主席主持。

简单地说，协商可被理解为享有平等社会、政治地位和信息表达的参与人之间相互表达并尊重各自意见①。协商可视为一种对话方式，在这个过程中，参与者的表达必须遵守共同的话语规范。从根本上讲，协

---

① Hamlett, P. W., *The National Citizens' Technology Forum Handbook*, The Science, Technology & Society Program at North Carolina State University, 2007, p. 98.

商民主主要强调的是：首先，协商参与者需持有真诚、相互尊重、心胸开阔、相互包容的价值倾向，能良性地相互听取他人的意见，包括对立的竞争意见。对于这些基本价值，应在协商的多个环节予以标识、强调。其次，协商的沟通方式是谈道理、摆事实、讲证据，通过理性陈述理由说服他人，即"对其决策之正当性进行证明"①；考虑到文化素养、言说习惯等差异因素，也可增加"问候""修辞""叙述""讲故事"等沟通方式，以便补充或丰富以论证为主的民主协商模式，允许参与者从自己的历史、生活经历和视角出发参与讨论②。例如，拉科塔人通过讲述神话以及他们与黑山的故事来告诉其他人为什么应该停止黑山的林业开发③。最后，不管采用何种沟通方式，均要有充分时间聆听和讨论，聚焦讨论主题，具有实质信息，避免态度极化；对事不对人，杜绝参与者之间的相互攻击和轻视，控制或缓和没有经过反思的居民情绪；参与者自主表达意见，不能唯领导意志是从。现有本土基层协商实践表明，普通的参与者具备所讨论问题的相关知识，能够自由地表达自己的意见④。例如，在 2014 年 N 市 GL 区 R 街道某社区有关公共区域整治的协商中，由居民代表、商户代表、民警、城管科工作人员等组成的商议过程中，各方都充分表达了意见，社区居民表达安全和出行需求，商户表明安全担忧，城管和民警从各自专业的视角提供有关环境整治和社区安全的信息，协商主持者综合各方陈述理由，陈清利害关系，积极引导各方求同存异，最后达成过道清理、修建车棚的意见。由于社区协商的议题都与居民切身利益相关，在案例观摩中，我们发现即便少数居民在

---

① 〔美〕埃米·古特曼、〔美〕丹尼斯·汤普森：《审议民主意味着什么》，谈火生译，载谈火生编《审议民主》，江苏人民出版社，2007，第 4 页。

② Young Iris Marion, *Inclusion and Democracy*, Oxford University Press on Demand, 2002, pp. 53 – 80.

③ 〔美〕艾利斯·马瑞恩·杨：《沟通及其他：超越审议民主》，聂智琪译，载谈火生编《审议民主》，江苏人民出版社，2007，第 110~123 页。

④ 〔澳〕乔纳森·安戈、陈佩华、钟谦、王可园、毛建平：《中国的基层协商民主：案例研究》，《国外理论动态》2015 年第 5 期。

刚开始或因不习惯等羞于表达，但当协商氛围营造足够时，他们亦会积极参与。随着会议进程的演进，居民们对议题的表达也会突破笼统概化而走向深化、丰富化和具体化。如在 GL 区 J2 街道，由 7 位居民代表、人大代表、政协委员、党员代表、街道工作人员和社区主任共计 15 人参与的，以 1~4 号楼道出新问题为议题的协商中，会议伊始，居民只能模糊表达自己对于楼道出新的意愿，后经历几位居民发言后，会议逐渐具体到要安装窗户、防盗门等可操作性步骤，并考虑到出新后的楼道维护。会议总用时一个半小时，参会居民代表不仅能表达自身看法，也能在阐述理由的基础上对他人观点进行反馈，表达赞同或反对。

当相对程序化的协商会被社区居民认可后，参与协商者对发言内容组织、如何分享信息、有效针对主题发问、提出有信息量的建议、不同意见如何发起动议和附议等都会了然于心，形成一套文明秩序的商议法则。也正是经历了这样的过程，民主操作程序才能走出专家学者的书斋，突破权力精英们的垄断，走进公众社会，进入每个社区成员的公共生活，被他们认同、理解、掌握和运用。

针对社区公共事务的协商，多轮协商、持续协商是常态。如在 GL 区 Z 街道的广场补偿案例中，从 2014 年 9 月始，于 2016 年 5 月结束，前后历近两年，协商 18 次，最终达成共识。社区事务再小都牵涉各家各户利益，协商进程中时常会陷入选择性困难，帕特南（Robert D. Putnam）在其著名的《使民主运转起来》（*Making Democracy Work*）中曾提及如何在遇到公共选择困境时找到一条捷径，他认为是"大力发展社会资本"[①]。协商过程中的社会资本除理事的背景资本和理事的现场控制资本外，协商者的协商技术资本也是社区协商中的稀缺资源，例如协商中的辩论技术。社区协商如遇公共选择困难，当现场参会者较多时可通过投票来决

---

① 俞可平：《社会资本与草根民主——罗伯特·帕特南的〈使民主运转起来〉》，《经济社会体制比较》2003 年第 2 期。

定。面对这样的情况，一些社区管理者也许会心生疑问——既然最终都是投票，为什么不一开始就投票，而要经历费时费力的协商呢？答案是经由协商程序后的投票有别于直接投票，通过充分的协商对话，不同群体的立场和偏好得以公开，投票背后的原因得到澄清和解释，对于投票原因的解释才是最重要的目的；参与者或曰投票者获得了更多超出原本认知之外的信息，包括所决事项的信息和他人对该事项的意见。协商之后的投票表决是基于"知情"基础上，深化理解之后的表决，而非简单地加总和聚合（calculation and aggregation）居民偏好。投票之外，也可通过辩论的方式。辩论既可充分、精准地展示公共事务的全部信息，也可提升协商会的规格，吸引更多的社区居民关注和监督。以往，在社区中展开辩论并不被大多数议事会采纳，社区理事制更接近西方的代议制，有机会运用辩论技术，将大大提升社区居民、理事和各方代表的参与意愿、协商技能和社区归属感。

有关商议的具体过程，我们可以观察一下课题组对 N 市 GL 区 R 街道 XT 社区的一次协商过程记录。该协商的主题是开放式小区楼栋下的停车问题（是否能停车及后续执行/管理问题）。该问题共涉及 66 户业主，在协商之前，已有 13 户不能到场的业主表态不同意停车。

案例 6　　　　**停车问题难协商　多方合力聚共识**

（一）基本信息

时间：2016 年 5 月 11 日上午 9：30 ~ 10：30

地点：社区居委会大会议室（方形会议桌）

协商主题：XT 社区 X 号楼停车问题协商会

参与人员：X 号楼业主代表（12 人）、社区居委会主任（主持人）、社区调委会成员（1 人）、社区民警（1 人）、街道城管科和综治办工作人员（2 人）

观察员：高校研究生（2 人）

（二）协商会议流程

1. 社区居委会主任向参与各方陈述本次协商议题。

2. X 号楼业主代表分别陈述意见。

3. 社区居委会、调委会、民警、城管科等分别陈述。

4. 主持人汇总意见。

（三）协商会议结果

1. 到场业主形成的共识：一是不同意小区楼下停车，原因为小区道路窄、井盖多、水管多，不适合做停车场地。二是对于如何进行隔离，到场业主代表的普遍意见是修建更高的、永久性的水泥墩将小区门口彻底堵死。

2. 调委会代表：建议居民在永久隔离桩修建施工的过程中继续发挥力量，劝那些把车停在小区的居民将车开走。

3. 民警代表：提出虽然今天到场的和有书面材料的居民都不同意停车，但整体同意人数未过半，建议仍需要对想停车的居民进行说服，若后期需要民警查找小区停车的车主，民警可以提供帮助。

4. 城管科代表：一是从物权上看，楼下道路使用权归 X 号楼的 66 户居民，居民可以合法使用。当场业主的意见是不能停车，但这个意见只是代表到场的 12 户居民。要想最大限度保护自己的权利和规避责任，建议通过召集临时大会，至少 34 户居民通过才能代表全体居民的意见。承诺过半数后，街道方面可配合小区工作。二是从技术角度，建议永久地阻断要保证垃圾车可以进来清理，也要考虑墩子高度和宽度能让消防车进入。

5. 协商结果：与会人员达成一致意见，但业主的缺席造成不能即时表决，后期将由社区工作人员和社区居民代表制作居民投票表，上门让未参会的住户进行签字表决。

第三节　回应与反馈法则

"回应与反馈法则"主要作用于每一轮协商之后的环节，简而言之，其要求协商组织者在商议过后，梳理关键性协商信息，并将其告知社区居民，以保证协商的透明性，获得社区民众的信任。回应和反馈法则致力于在会议之外构建起社区协商平台和社区居民之间的良性互动关系。

协商因为顾及多方利益，其效率相对低下是事实，但是协商的整个过程和环节对公民意识养成、对增进互信合作等都有巨大帮助，其中多轮协商进程中的回应和反馈法则起到关键作用。作为场外法则，回应和反馈很容易被忽略。其实回应和反馈是一个很重要的治理方式和原则。在善治理论的基本原则中，回应性就在其列[①]。通过协商达成共识，固然被协商各方所乐见，亦是开展协商所求目标之一，但不可否认，协商实践中也不乏陷入拉锯，难达成各方同意，需经历长时段、多轮次协商的案例。有时几场协商会下来并没有实质性的进展，社区各方对提案的商议可能陷入僵局，在这样的场景下，协商组织者能做的就是回应与反馈。协商组织者可以针对协商中的关键问题做最大程度的信息梳理并告之社区居民，居民的诉求即便不能百分百达成，只要与相关部门沟通过，就可以回应居民，哪怕得到的只是官方说辞，或者一些法律解释，并未解决实际问题，都可以将过程真实反馈给社区居民。

回应和反馈法则最重要的就是真诚地表达对社区居民的尊重，让他们信息对称，让社区协商平台在阳光下操作。透明性和信任问题对民主协商而言至关重要[②]。有学者在研究协商形式之一的共识会议时指出，

---

① 俞可平：《引论：治理与善治》，载俞可平主编《治理与善治》，社会科学文献出版社，2000，第9~11页。

② Edna F. Einsiedel and Deborah L. , "Eastlick. Consensus Conferences as Deliberative Democracy: A Communications Perspective", *Science Communication*, Vol. 41, No. 4, 2000, pp. 323 - 343.

让公民小组成员感到沮丧的是一种不确定性——他们的报告是否能产生影响，他们的观点是否被听取①。人们需要知道他们的观点是被认真对待的，需要确认他们的参与付出是得到重视的。但在当下中国社区，这一点明显不足。正如有学者指出，就中国社区建设的现状而言，目前存在几个普遍性的"二元"对立性难题：一方面社区参与主体得到了快速发展，另一方面其在社区功能的发挥上仍需一个长期的培育过程；一方面社区搭建了诸多协商议事平台，另一方面社区居民参与意愿相对偏低；一方面社区协商议事已经成为居民较为普遍的共识，另一方面居民又对其缺乏足够的信任。② 就此而言，通过获得回应和反馈让居民建立参与自信心，走出"独自打保龄球"的状态；通过公开和透明，构建起协商组织平台与社区居民之间的信任。

运用好回应和反馈法则不仅是撬动居民协商参与的重要一环，在某种程度上也可为担负公共事务协商责任的协商组织（如社区理事会）减负减压。原本协商就是一种过程，它永远在路上，不要说社区协商，即便国与国之间的协商都会出现观点库有限、资源不足、条件还不许可等情形。由回应建构的信任经常被运用于政府质量评估中③，基于社区理事制下的协商，理事们若能长期遵循协商的回应和反馈法则，其实也为社区理事会累积了社区社会资本，一旦公共事务不能如愿处理或需要让居民更广泛地参与社区公共事务时，这些信任资本均可被反复使用。毕竟，建立社会资本并不容易，然而，它却是使民主得以运转的关键因素。④

---

① Edna F. Einsiedel and Deborah L. Eastlick, "Consensus Conferences as Deliberative Democracy: A Communications Perspective", *Science Communication*, Vol. 41, No. 4, 2000, pp. 323 – 343.

② 文军、吴晓凯：《社区协商议事的本土实践及其反思——以上海市普陀区"同心家园"建设为例》，《人口与社会》2017 年第 1 期。

③ 闵学勤：《政府质量评估的微观模型建构——基于全球 58 个国家数据的实证分析》，《社会科学研究》2013 年第 2 期。

④ 〔美〕罗伯特·D. 帕特南：《使民主运转起来》，王列、赖海榕译，江西人民出版社，2001，第 217 页。

第四节 决策与执行法则

在众多协商理解中，将协商民主视为一种决策体制，或者说决策形式是其中之一。米勒（David Miller）认为，当决策是通过公开讨论过程而达成，其中所有参与者都能自由发表意见并且愿意平等地听取和考虑不同的意见时，这个民主体制就是协商性质的。[①] 协商确实能够增加共识，并显著降低组织中的多样性[②]，西方协商民主实验中已证实的结论并不意味着协商到最后一定能达成共识，也就是说协商追求共识，希望能获得各方的认同最终形成决策，但如果没有各方期待的结果也并非意味着协商失败。对于存在较大争议或协商无法解决的事宜，由社区居民代表大会决议，或提交上级相关部门审议，或进入法律诉讼程序。也就是说，关于某项议题的协商过程可设定一定时间限制，协商旨在产生决策，在某个时刻（如评估后发现协商无法解决）可中止协商，进入其他决策程序。

当然各方理应调用最大资源、尽最大努力，争取在多轮有效协商后做出共同决策，无论是投票决议还是一致认同，或是保留意见并采取妥协的方式形成决议，都需进行公示。相对而言，通过常设的社区理事会而不是临时召集的居民代表进行协商，前者的合法性要高很多，通常只要不是过半社区居民参与的协商，其合法性仍然是相对的，所以协商决策的公示环节尤为重要。其间若有居民提出新的合理动议还需重启协商。例如，在 GL 区 J2 街道的院落公共区域环境整治和改造案例中，协商经历了"首次协商—形成改造方案—方案公示—居民提出合理质疑—

---

① 〔美〕戴维·米勒：《协商民主不利于弱势群体？》，载〔南非〕毛里西奥·帕瑟林·登特里维斯主编《作为公共协商的民主：新的视角》，王英津等译，中央编译出版社，2006，第139页。

② David Schkade, Cass R. Sunstein and Reid Hastie, "What Happened on Deliberation Day?", *California Law Review*, Vol. 95, 2007, pp. 915–940.

开启二次协商—修改方案—再次公示—居民认同—方案形成并申报当年度'为民办实事项目'"的过程。具体而言，在第一次协商中，形成共识的改造内容主要有四点：（1）全面清理院内的杂物垃圾；（2）泥土地整改为水泥地面，解决雨天泥泞、行走不便的问题；（3）院落外墙整修粉刷；（4）向体育部门进行健身器材申请，最终建成体育锻炼场所。在第一次公示征求意见期间，居民对改造方案提出了三点疑问：（1）地面硬化问题；（2）院落内原有树木去留问题；（3）车辆进入问题（成为停车场）。针对以上合理的异议，社区重启协商，进一步完善方案，最终公示获得赞同。作为治理方式的社区协商，公开性是其内在要求，要求在整个协商过程均有体现。在商议后阶段，通过协商决策公示，事实上连接起了协商会议内外的居民，能够让未能参会的居民有机会评论这种协商结果，并提出合理的建议，进一步共享信息、建议和理由，提升决策的合法性和科学性，构建起完整的社区协商系统。在某种程度上，这也是哈贝马斯所提出的双轨协商模式在社区的样态，即受程序限制的正式协商决策机制和不受程序限制的社区公共领域的非正式意见形成过程之间的互动。

公示结束后应由专人负责进入具体执行实施阶段。在实施过程中，也要随时向社区居民、相关人士通报和公开决策执行进程和进展情况，就执行中的难度和问题及时向居民反馈。在 N 市 GL 区和 QX 区的田野调查中，笔者发现一些社区已经能熟练运用互联网技术，在具体实施过程中引入"线上直播"，使执行过程公开化。执行时如遇阻挠，或出现新的合理动议，也需重启协商。社区各方都要"对继续对话的可能性保持一种开放的态度"①，因为协商过程是一个动态过程，其问题提案、产生的决策都是动态、临时的。协商不仅发生在决策前，决策执行过程

---

① 〔美〕埃米·古特曼、〔美〕丹尼斯·汤普森：《审议民主意味着什么》，谈火生译，载谈火生编《审议民主》，江苏人民出版社，2007，第6页。

中也要形成居民和居民、居民和其他社区主体在正式和非正式协商场景下的交往，及时调整和完善方案。

案例 7　　　　线上线下齐协商　施工扰民获解决

（一）案例背景

该案例发生于 JW 社区内的一个大院小区。该大院内有业主 156户，由于大院产权单位已破产，当时属于无管理状态。小区旁有个拟建楼盘的施工地块，由多家公司联合开发。

（二）确定协商议题

议题缘起于社区微信群中居民的反馈，经社区工作者和协商工作室调查了解后予以确立。2017 年 11 月 11 日凌晨 3 点 54 分，有一位大院业主在社区"云协商"微信群里发帖，反映原客车厂地块施工扰民多日，夜间噪声让他无法忍受。该帖一出，便在线上和线下引起波澜，其他住户纷纷跟进发声，要求社区尽快解决。

接到这一民意反馈之后，社区开始着手调查了解。一是施工现场调查，确定事件属性。经了解，噪声来源于大院一街之隔的工地施工，是晚间数台挖掘机不停作业造成。根据城市管理有关规定，渣土车白天不能清运，只能晚间工作，而施工单位也已得到有关部门的夜间施工许可证，属于合法施工。但深夜的机器轰鸣确实干扰了周围居民的睡眠。二是进一步通过社区微信群、社区办公点接待等方式了解居民想法。总体而言，除了夜间噪声之外，部分居民也提出安全担忧，质疑施工导致房屋墙体开裂。

由于两方初步沟通未果，多主体开发商未能及时回应居民诉求，社区和协商工作室决定开启协商并制订计划和开始筹备，力求在合法施工和噪声扰民之间找到平衡点。

（三）多轮协商过程

1. 线上初步协商。（1）推选居民代表并公示。通过每户走访，由居民自己推选出本单元的代表，并通过线上和线下渠道公示居民代表。（2）组建协商微信群。主要由施工单位经理对居民的疑问和诉求予以了解和答复。居民的意见主要有两点：一是噪声扰民严重影响睡眠，希望停止夜间施工，哪怕晚一点停也可以，只要能让人睡个踏实觉；二是墙体开裂的问题，需要给说法，确定能否安全居住。（3）在社区微信群中及时反馈与开发商的沟通进展。

2. 征求未参与协商者意见。主要通过社区志愿者和居民代表走访业主，将线上了解到的情况和想法，与未参加线上协商的业主交流。最后，居民们的意见都集中在噪声和房屋安全两点上。

3. 线下多轮协商，达成共识。线下的前两次协商主要由居民代表、街道综治办、司法所、施工单位经理、技术人员等组成，现场居民提问，施工单元予以技术解答，并商议解决方案。经过几轮协商，最终双方达成了共识：一是针对因施工造成的粉尘和噪声对业主的影响，决定对每户业主进行一定经济补偿；二是每天晚上 10 点钟以后停止施工，不影响业主们正常的休息；三是对少数居民反映的家中房屋有开裂情况，将聘请第三方鉴定部门到家中进行鉴定，鉴定情况出来后再做商议。

（四）协商决策公示和执行

12 月 23 日，补偿的通知张贴在每个楼道单元里，并同步于社区微信群。5 日后，社区与志愿者们协助施工单位进行业主们的补偿发放。

第五节　监督与评估法则

协商决策实施过程中的监督环节，主要指对社区协商组织进行第三方监督。监督既可保证协商成果有效转化为居民的利益和福祉增进，也可表达社区协商组织自始至终的专业精神。在具体实施方面，以社区理事制为例，监督工作可以通过在社区理事会并行层面设立监事会来完成，也可由社区居民或社区社会组织代表参与完成，或由媒体、高校学者及其他外部专家团队等第三方组织来完成。例如，在 GL 区 XT 社区的"有一说一"工作室采用了"办结回访"监督程序，即针对完结的协商议题及时向"说事人"和利益相关方进行回访。由类似像第三方组织这样的中介机构参与和监督协商，是西方发达国家经常采用的治理方式①，在以本社区理事为主导的社区理事制中引入第三方，可以充分展示社区理事会的"阳光运行"，最大限度地保护协商成果的公正性。

另外，协商即使拥有完美的过程和决策结果，仍然需要评估。协商是一个过程，也就是说，它从不完善、不成熟到较完善、较成熟，在不同的时段会有程度上的差异。评估是对整个协商过程的总结、反思过程，也是社区协商模式不断演进，趋向常态化和专业化不可缺少的步骤。评估的范围包括协商的范围、程度和结果，即协商什么、如何协商、协商到什么程度为止和协商相关效用等。具体而言：在协商内容层面，评估协商议题的性质类别、广泛性，整理、积累与之相匹配的现有法律规范等；在协商程序层面，总结针对特定类别议题，在程序过程中信息征集、协商参与主体范围、协商决策过程等环节的经验和教训。社区协商的本意是通过理性对话，寻求社区各主体之间的相互理解，以达至一种共识性结论。但在现实情况下，评估的标准既要考虑协商的科学性、规范性，也要考量协商成本和相关效用，这就需要组织者在协商的参与性和代表性之间进行平衡，对在协商过程中什么时候引入投票决策，甚至让权威性决策机构决策等进行把握。例如在社区理事制中，评估工作将由社区理事们完成。社区理事会应对协商的耗时、耗财及相关效用、解决的问题做出全面评估，在吸取经验和教训的同时，所累积的

---

① 张诗雨：《发达国家城市治理的标准与模式——国外城市治理经验研究之一》，《中国发展观察》2015 年第 2 期。

素材和形成的协商文化可在一届又一届轮换更替的理事中进行传承，只有可持续地长期依靠理事团队去解决公共事务，社区理事会才能步入真正的良性运行轨道。

社区的协商惯习、协商资本和协商技能并非一朝一夕能培养、构建起来，社区协商需要多一点时间，需要更多的实践，更需要针对每一次经历的评估总结、反思积累，也唯有如此，社区才能建构起协商自信，从蹒跚走向得心应手，在社区公共事务中发挥协商的力量。正如 GL 区一位社区主任在社区协商"每月一课"分享经验时讲述："案例的整理，对于事前协商有比较好的指导作用。比如说近期我们召开了 JMH 小区健身器材更换的议事，之前 GR 社区器材的更换出现了各种各样问题。……因为有类似的案例，所以为我们处理 JMH 小区的健身器材更换提供了思路。为此社区特召开了专题协商会，针对更换前居民意见、注意事项、管理分工等做了具体协商。把问题解决在事前。居民提出了安装的要求，业委会负责居民的沟通工作，物业负责安装现场的围挡以及安全问题，社区负责与体育局的沟通以及施工衔接方面的工作。经过多方的协同工作，目前健身器材的更换在有条不紊地进行。"① 确实，针对一些常规性协商案件，如加装电梯、小区出新、业委会换届、物业费涨价、院落自治等社区常见公共事务，需要准备好相应的法律法规文件、解决的步骤程序，而不是等到问题发生之后再学习。

总体而言，"提案与公示"、"商议与辩论"、"回应与反馈"、"决策与执行"以及"监督和评估"五个法则贯穿社区基层协商的全过程，需要社区协商的组织者们精心策划、持续施行，用以维系社区小社会的秩序。一旦遵循各类法则的协商有真实、公正的价值担当，那么它将履行预期的教化功能②，受益于社区协商的不仅是理事们，所有介入其中

---

① 资料来自课题组访谈。

② Paul Nieuwenburg, "Learning to Deliberate: Aristotle on Truthfulness and Public Deliberation", *Political Theory*, Vol. 32, 2004, pp. 449-467.

或与之相关的社区居民都能分享协商成果、共享协商文明，而坚守常态化、规范化和平台化的社区理事制也才能作为议事会的升级版本，推动基层协商治理的创新。

案例8　　　　电梯十二年停运　五法共用保协商

（一）背景简介

HJG 小区 03 幢是一幢 9 层建筑，住户一共 144 户，其中 7、8、9 层 48 户，2000 年入住后电梯一直运行正常，2002 年因产权纠纷停止使用至 2014 年。随着时间推移，住户年龄增长，要求恢复电梯的呼声越来越高。

（二）分析评估

社区、物业及住户代表组成了老旧电梯工作专项小组，调查了停用电梯具体原因——03 幢原来是电信公司的职工房改房，后电信将产权转让给了移动公司，之前电梯所发生的各类费用都由电信公司支付，产权转让移动公司后，两家公司都不愿意承担相关费用，住户们也不愿意自付费用，所有电梯停止了运行——并就是否恢复电梯，如何恢复，住户承担金额多次召开民主协商会议。在这期间，社区负责人发放了调查问卷，成立了电梯筹备管理小组，给有意向参与集资的住户发放缴费确认表，在规定时间内向专用账户汇款。其中就资金协商的情况是：53 户每户出资 5000 元共集资 26.5 万元，其中电梯 18.2 万元，安装费用 6.4 万元，合计后余 1 万多元在专用账户。以后的维修等费用一年每户 600 元同样存入专用账户。

（三）服务计划

第一阶段：调查启动。自 2014 年 10 月起，开展自筹资金，恢复一台电梯的调查工作，并成立电梯恢复运行工作服务小组，制定《HJG03 幢集资恢复电梯运行实施办法》。

第二阶段：筹备确定。确定更新电梯的单位并对其进行资格审查，聘请技术顾问，电梯选型及厂家考察，向区住建委了解老旧小区电梯更新政策，签订电梯供货和安装合同。

第三阶段：安装施工。根据合同要求，进入电梯更新的实际施工。对旧电梯拆除，新电梯定制，机房装修，门厅清理等工作。

第四阶段：制定长效管理规定，制定《HJG03 幢电梯运行管理办法》。

（四）实施过程

1. 调查启动

自 2014 年 10 月起，小区开始开展自筹资金，恢复一台电梯的调查工作。经过社区分管小区物业的社区二级支部书记逐户上门征求意见，7、8、9 层共 48 户，除 2 户未联系上外，有 44 户及 6 层部分业主表达了同意的意愿。2015 年 1 月 12 日，社区、物业和各单元业主代表召开了第一次会议，成立了电梯恢复运行工作服务小组。电梯公司负责人介绍了要购置、安装电梯的相关情况。经大家认真慎重地讨论《HJG03 幢集资恢复电梯运行实施办法》后，进行了责任分工，决定启动自筹资金恢复电梯的工作。经所有的相关业主对《HJG03 幢集资恢复电梯运行实施办法》的认同，并再次签字确认，缴款。截止到 2 月 2 日有 53 户业主同意该实施办法并汇款。此事由服务小组向街道、移动公司做了报告。GL 区 3 位人大代表在人代会上，将此事作为代表建议，上交 GL 区人大会议被受理。恢复电梯的进展情况不时地受到区、街道的关注。

2. 筹备确定

根据上述会议确定的事宜，物管人员与业主代表经过对承担更新电梯的单位进行资格审查、聘请技术顾问、电梯选型及厂家考察、向区住建委了解老旧小区电梯更新政策、协调移动公司办理相关手续等一系列工作，克服本楼电梯井道不符合电梯安装新标准等诸多困难，终于在 3 月 23 日与 HDK 有限公司签订了电梯供货和安装合同。根据合同规定，确定定制西门子（1000KG，1 米/秒）电梯一台，为"交钥匙"工程，交付时间为 2015 年 6 月 30 日。

3. 安装施工

根据合同要求，4 月 2 日始，进入电梯更新的实际施工阶段，包括对旧电梯拆除、新电梯定制、机房装修、门厅清理等。5 月 21 日，新电梯到货。5 月 25 日，开始安装。此阶段，遇到一些没有预计到的困难，主要有：B 幢供电电缆损坏，无法对楼顶电梯机房提供 380 伏电源。经过物管和业主相关同志积极想办法出主意，本着既保证安全又节省资金的原则，妥善解决了电梯机房供电问题。由于电源问题及暴雨的影响，至合同期未能完成施工的全部内容。但在此期间，安排对电梯的门厅进行粉刷出新，机房安全、屋顶防漏的处理，监控机房的装修，7、8、9 层过道的照明修复、杂物清理，协调移动公司配合市质检部门对电梯的验收。至 2015 年 9 月 1 日，完成全部更新工作并投入运行。

附表 4 - 1　业主集资款使用明细清单

单位：元

序号	日期	开支项目	数额	说明
1	1.19	中行 MT 支行开户	0	
2	2.2	收款完成	265669	12 日查询：共 53 户，应为 265000 元。多余款为负责人垫付开户费若干及产生的利息
3	3.12	井道修改及安全门处理	−5000	
4	4.2	清理 7、8、9 电梯门厅垃圾	−600	
5	4.12	付购电梯首款	−50001	
6	5.6	再付购电梯费用	−100001	
7	5.27	安装电梯首款	−30001	
8	6.12	380 电源检查修复	−396	
9	7.2	监控防盗门、机房防漏、门厅出新	−6000	
10	7.10	A 幢～B 幢楼顶 380 伏电缆布放	−300	

序号	日期	开支项目	数额	说明
11		7、8、9层过道清理	0	
12		购电梯尾款	-32000	
13		安装电梯尾款	-24000	
14		质量保证金	-10000	
15		节余	7370	

4. 制定长效管理规定

进入电梯安装之时，服务小组根据《N市电梯安全条例》的规定及《HJG03幢集资恢复电梯运行实施办法》的要求，开始草拟《HJG03幢电梯运行管理办法（1.0讨论稿）》，7月10日经服务小组全体人员讨论通过后，提交所有业主协商讨论。《HJG03幢集资恢复电梯运行实施办法》经正式发布实行后，运行管理工作由物业公司管理处负责。服务小组所负工作结束。

（五）总结评估

在多方的积极参与和努力下，电梯于2015年7月得以安装使用，住户上下楼难的问题，通过民主协商、自筹资金、政府扶持得以解决，居民十分满意。在具体工作的4个阶段，经历了4次全员的协商：第一次，要不要恢复电梯使用，这次协商是以调查问卷的形式，逐一上门征求意见；第二次协商（如何要）如何恢复，住户承担金额；第三次协商是成立专用账户，钱账分别由谁来管理等相关问题，并再次签字确认，直至缴款完成；第四次（长效管理）是所有业主讨论通过《HJG03幢电梯运行办法》，保证电梯长期安全有效地运行。除了几次大的协商促成了电梯的安装，还有就是经过业主推荐成立的电梯安装服务小组，付出了大量的精力，在大家的支持及信任下，担负了恢复过程中相关事务的日常处理，由于对电梯这种特殊设备的更新没有做过，预想得过于简单，觉得有钱买了电梯，安装好即可，有的困难甚至都没想到。如：

老电梯的井道与新标准的配合，电梯注册单位、安全管理等需大产权单位移动公司的承担，配套电源的好坏等，而且有些部门及个别业主对恢复电梯能否成功持怀疑态度，并说即使恢复，也会因为缴纳费用（物业费和电梯运行费）的纠结不能长期运行下去。在前后半年多时间里，服务小组不光花费了很多时间，还跑了许多部门，光是移动公司就去了5次。在这么多的问题和困难面前，服务小组经过多次民主协商，达成了一致意见，最终完成了电梯安装。

电梯恢复工作可谓不易，在恢复电梯运行这一问题上，五个法则贯穿HJG协商的全过程。社区在实际工作中，应紧扣群众利益的诉求，通过广泛征求群众意见，推行民主协商管理和民主决策，让居民根据自己的需求，通过民主协商的方式，自己定方案，自己来实施，达到全员参与、公开、公平、公正的民主协商目的；社区在协商过程中既不是决策者也不是调解者，更多的是起到服务和引导的作用，从"代民做主"到"让民做主"，从"直接管理"到"主动服务"，不仅减轻了社区的工作量还提高了居民的满意度，有效地推进了居民自治，充分彰显了基层群众自治的活力和能量。

案例9　　　　　知难而上巧协商　二次改水俘民心

（一）背景介绍

Z街道SP社区是一个以老旧小区为主的社区，周边的发展变化与社区形成了强烈的反差。SP社区是人口居住密集、居民成分多元、资源缺乏且基本配套不足的无物管老旧小区。SP辖区内老旧小区绝大多数为20世纪八九十年代建造，其中大部分为拆迁安置房。SPL230号、232号、234号是一幢9层建筑，始建于1997年的商品房，其开发商是GL区CZK公司，三个单元，一梯两户，住户一共48户。居民成分多元，其中有CZK公司的、有建设银行的、有省级机关的，还有部分公共租赁房住户。该小区物业公司是GL区房管所，该小区是SP社区唯一有物管的小区，除了它，该小区还有两栋28层的高层建筑。因为楼层高，居住该楼的居民一直没能实现二次改水，近20年来居民们一直使用的是水箱里的水，饮用水的卫生问题一直是困扰居民的一件大事。政府惠民"二次改水"工程启动后，周边的很多高层居民楼都陆续实现了"二次改水"，SPL230号、232号、234号居民要喝上放心水的诉求也愈加强烈。满足老旧小区社区群众的比较性需求和表达性需求，是亟待思考和亟须解决的问题。

（二）分析预估

得知SPL230号、232号、234号被纳入当年二次改水的惠民工程，社区立即联系物业，迅速成立了二次改水工作推进小组，召开前期工作推进会，对二次改水初期情况进行分析，梳理具体问题如下。

1. 老旧小区公摊面积紧张，泵房的选址不确定。

2. 老旧小区房屋产权结构复杂。

3. 居民成分多元化，整治协调难度大。

4. 因为前期的管理问题，居民对物业管理接纳程度不高。

5. 后期泵房使用产生的电费居民是否愿意分摊等。

（三）服务计划

1. 宣传阶段：征求宣传。社区工作人员上门做耐心细致的调查工作，征求居民对二次改水的意见，并将这项利民惠民的政策及相关法律法规向居民宣传。

2. 启动阶段：泵房选址。确定二次改水的建造泵房地址，邀请水务局专家对泵房选址的规定要求及安装过程进行介绍，将选定的建造泵房地址及时公示，最终确定。

3. 推进阶段：安装施工。根据过程进度要求，监督施工方按期完成二次改水，规范施工。就施工期间产生的噪声、粉尘对小区环境造成的不良影响，督促施工方做到及时清理和协调等。

4. 稳定阶段：后期维护。确定后期泵房用电产生的费用由居民平摊，制定长效管理办法。

（四）实施过程

以化解矛盾、维护稳定和谐的局面为着力点，努力延伸网格化管理的触角。搭建线上协商平台、线下议事平台，畅通诉求路径，缩短解决路径；确定网格化管理责任人，承担该片区网格管理职责，做到线上线下及时沟通、协调业主、物业公司、产权单位、开发商、水务局及施工方等多方可能出现的问题和矛盾。

1. 宣传阶段：事由民议，倾听群众心声

当年是老旧小区二次改水惠民政策实施的最后一年，经过前期水务局的实地勘察，230号、232号、234号具备建造泵房二次改水的条件，被纳入当年二次改水项目计划中，居民们终于可以喝上直供水、放心水。4月初，由街道、社区和居民代表三方召开了二次改水工程第一次议事会，将230号、232号、234号二次改水政策、相关法规以及后期可能产生的问题告知居民代表，并征求了部分居民代表的意见和建议。之后对于没能参加居民议事会的居民社区在"掌上微社区"（微信群）中进行了宣传和告知。

2. 启动阶段：权为民用，依照民意决策

5月初，水务局施工队进场，对建造泵房的选址进行测量，挨家挨户上门做登记，并进行了泵房选址的公示。但物业公司王主任认为建造泵房的地方位于地下室，产权归CZK公司所有，在开发商不允许的情况下不能占用地下室作为其他使用。有这样的说法，施工队不敢开工，工程被迫停止，泵房选址被搁浅，同时水务局开始对建造泵房进行重新选址，但没有更合适的地方建造泵房。居民们得知后，非常着急，他们很担心会因为泵房选址问题错过最后一次二次改水的机会，顿时微信群里炸开了锅：有的居民质疑地下室的产权问题；有的居民质疑物业是为了利用地下室出租，而有意阻碍二次改水泵房的建造；有的居民质疑地下室是人防设施，不应该归物业使用，产权也不属于物业，物业没有权力占用……一时之间，对物业的不满、对开发商的不满、对地下室产权的质疑声此起彼伏，有的居民还扬言要找媒体曝光等。这些居民来自不同阶层、不同职业，每个人对问题的看法都不同，他们对物业公司和产权开发商极度不满。居民们派出代表来到社区了解进展情况，并说明地下室现在的使用状况和他们认为地下室也有他们业主使用权的理由，希望社区能为他们搭建协商平台解决问题。社区一面上报街道，一面与物业沟通，一面通过微信群及时汇报沟通结果，安抚好情绪激动的居民。

社区在第一时间把存在的问题和居民的想法向街道负责二次改水的段科长汇报，段科长非常重视，立即联系了产权单位 CZK 公司，CZK 公司负责的领导表示他们对在地下室建造泵房并不反对，而且据了解地下室产权既是开发商的，也是业主的，都有使用的权利。于是街道城管科王科长又联系了物业公司，对物业公司王主任反对在地下室建造泵房的原因进行调查了解，并多次沟通协调，考虑到二次改水是一件惠民的好事，5 月 19 日上午，街道城管王科长约定 CZK 公司、物业公司、水务集团、街道和社区五家单位现场召开议事会，把问题摆出来，现场协调处理。经过协商，产权单位 CZK 公司和物业公司都纷纷表示愿意支持这项惠民工程，最终依照民意泵房建造的地址还是定在了地下室，对地下室的使用进行了隔离和调整，二次改水得以顺利地开展下去。

3. 推进阶段：依托平台，加强多方协调，着力解决实际问题

6 月初，当建造泵房施工进展顺利的时候，居住在二楼的住户一天突然在微信协商群里发出一条信息，表达对二次改水泵房建造好后产生的噪声有顾虑，怕会对他们今后的生活产生影响，一旦泵房建造好后，就无法更改。这位居民不但在微信协商群里表达了不满，还到施工现场阻止了泵房的施工。社区在协商群里第一时间看到了这位居民对噪声问题的顾虑，通过协商群安抚居民情绪，解释安装泵房后肯定会做隔音处理，将噪声影响降到最低，同时联系街道能不能带这位居民去参观一下二次改水成功安装案例的小区，看看那里对泵房噪声的处理，隔音墙的

安装，以成功案例消除居民对后期泵房噪声的顾虑。这位居民在参观过成功案例小区泵房的隔音处理后终于打消顾虑。6月中旬，在施工中，施工方不小心挖断了地下的水管，造成地下室被水淹，一度造成了施工的暂停，居民们不了解情况，在微信协商群里发表对施工方消极怠工的不满，社区再一次搭建线下协商平台，召开施工方和居民的议事会，双方互相沟通，反馈施工进度及暂时停工的原因。

针对二次改水惠民工程期间遇到的各种各样的问题，社区多次组织不同形式的民主协商模式，推进形成了常规性的协商机制和氛围，提升了协商的效率，强调了协商的必要性。

4. 稳定阶段：依靠群众，依法协商管理，全力做好长治久安

社区积极推进线上线下居民协商自治，从居民中选出热心奉献、值得信任并且有时间和精力的居民代表，及时向居民转达和反馈工程进展、诉求建议等。并在群里将确定后期泵房用电产生的费用问题向居民告之，召开了线上协商会，最终居民纷纷表示愿意平摊电费，每户每年先交50元，多退少补，由热心的居民代表负责收取及管理，制定长效管理办法。二次改水惠民工程圆满结束，居民们终于喝上了直供水。但线上线下协商不会结束，对于后期出现的其他问题居民们可以随时线上线下民主协商，沟通交流。在网格中察民情、访民意、解民忧、促和谐。

在具体实施的四个阶段中，从启动到结束，历时近四个月，召开了线上线下协商议事会共八次。第一次协商是征求居民对二次改水惠民工程的意见；第二次协商是将这项利民惠民的政策及相关的法律法规向居民宣传，并告之具体实施细则；第三次协商是就居民对泵房选址的不满，针对地下室产权问题进行了协商；第四次、第五次都是现场协商，针对泵房的选址产权单位、水务局和业主之间所产生的不同意见，五方现场勘查，化解矛盾和误解，最终重新确定了建造泵房的地址；第六次协商是居民线上反映对泵房噪声的顾虑，最终参观了二次改水成功案例

小区，了解了隔音层的效果，居民顾虑得以消除；第七次协商是因为施工中发生水管损坏事故，造成泵房被淹，居民对停工多日产生的质疑；第八次协商是针对后期泵房建造好后产生的电费问题，居民代表在协商群里发挥了自治的力量，得到居民的肯定。之后的协商会都是居民在协商群里自己协商解决，比如门禁卡问题、停车问题、楼道杂物问题、电梯机房安装空调问题等，都得到了有效的解决和回应，居民的幸福感和满意度得到了提升。

（五）总结评估

日益提高的生活品质，使得人们越来越关注饮用水的"入户水质"和"入口水质"。为了让居民们赶上惠民政策的最后一班车，用上优质的自来水，在多方的积极参与、配合和努力下，二次改水惠民工程历时四个月，完成改造安装使用，居民终于喝上了直供水、放心水。居民们对社区积极搭建"居民说事"协商平台，想居民所想、急居民所急的工作态度表示赞许。结合二次改水惠民工程民主协商案例，社区在实际工作中吸引社区居民因为自身利益而参与协商共治、线上线下民主协商的形式渐渐被居民所接受，形成良好的协商氛围，变过去的"被动协商"为"主动协商"，激发更多居民参与社区公共事务的积极性和主动性。民主协商也是一种民主生活方式，这种社会生活方式有利于促进社会安定有序，有利于妥善解决群众内部利益矛盾。从线下转到线上，再将线上融合线下进行协商，这是未来社区进行协商必须习得的综合技能。

第五章

社区协商的内容选择

在现有的政治框架下，协商民主在城市治理中展开的可能性在于：在民主发展中强调协商而非对抗，把民主机制内生性地嵌入发展当中，把协商精神作为社会发展的有效资源提升出来，从而实现社会更加有序的良性发展——以城市空间内的民主发展促进居民的民生问题解决，同时，在这一过程中不断提升现代城市民主的质量[①]。社区作为社会治理的基本单元，其可持续发展成为当下城市存量建设与治理创新的基本目标。随着单位制的解体，我国的社区治理也从单一的行政规划转向多元协同，如何在社区中搭建协商平台，从哪里着手，先试验哪一片，其实有规律可循。笔者将从社区规划治理、社区环境治理、社区文化治理和社区养老治理这四个方向着手分析基于协商的社区治理路径。前两个方向是西方后工业时代最普遍遭遇的治理困局，积累了大量的实证经验；后两个方向是中国城市化后期相对容易突围，容易达成共识的治理板块，从中习得的治理方略可供更大范围、更多方向的城市治理做参考[②]。

[①] 韩福国、张开平：《社会治理的"协商"领域与"民主"机制——当下中国基层协商民主的制度特征、实践结构和理论批判》，《浙江社会科学》2015 年第 10 期。

[②] 闵学勤：《基于协商的城市治理逻辑和路径研究》，《杭州师范大学学报》（社会科学版）2015 年第 5 期。

第一节　关于社区规划的协商

一　社区规划的基本特征与必要性

"社区"一词是从英文"community"翻译而来。此词源自拉丁文"communis"，意指同胞或共同的关系及感觉，具有"社群"的意义。根据中外关于"社区"概念的演进和基本特征，一般认为"社区是一定地域范围内一定规模人群的社会生活的共同体"[①]。它作为一定地缘群体和区域社会，是城市社会赖以存在和发展的基础。对于一个社区来说，它具有四个方面的属性：其一，经由人的居住以及某地经常性活动的涉入；其二，经由亲密性及记忆的积累过程；其三，经由意象、观念及符号等意义的给予；其四，经由充满意义的"真实的"经验或动人事件，以及个人或社会的认同感、安全感及关怀的建立。[②] 日本将其翻译为"共同体"便传神地点出了社区的社会属性，但由于现在的社区受到都市化、市场制度、科层组织等因素的影响，出现了社区人口的高密度、高异质性、高流动性以及社会关系和社会文化特征等方面的变化，这些变化越来越使社区意识淡薄，真正意义的"社区"有远离的倾向。

吴良镛先生曾指出，"社区是人最基本的生活场所，完整社区规划与建设的出发点是基层居民的切身利益，不能仅当作一种商品来对待，必须要把它看成从基层促进社会发展的一种公益事业"。[③]社区作为基础层面上的社会单元，以其丰富的人文内涵为支撑，构成了数量众多的小

---

① 杨贵庆、黄璜：《大城市旧住区更新居民住房安置多元化模式与社会融合的实践评析——以上海市杨浦区为例》，《上海城市规划》2011年第1期。
② 李九全、张中华、王兴中：《场所理论应用于社区研究的思考》，《国际城市规划》2007年第6期。
③ 吴良镛：《人居环境科学导论》，转引自李郇、黄耀福、刘敏《新社区规划：美好环境共同缔造》，《小城镇建设》2015年第4期。

社会。它们以具体、直观、形象的特点表现出社会生活的形式和规律。社区的发展状况则是评价一个社会的文明程度和生活质量的基本尺度，提高公民社区意识和社区参与有助于人们进行平等交流、协商合作和自我管理，是实现切实有效的社会整合与社会稳定的基础。因此，在当前的社区工作中，需要在一个更为广泛而综合的意义上来探索社区规划的方法与模式①，而绝不能将社区规划与一般的居住区（小区）规划等同。

社区规划缘起于化解社会发展中的各种矛盾，满足社区可持续发展对物质与精神层面的客观需求。因不同时代的矛盾和需求具有差异，城乡规划领域的学者们对社区规划的对象认识不一，主要表现为关注点从单一的物质空间环境转向社会与经济维度，进而向"空间生产－社会关系"的深层互动延伸②。社区规划的目的，就是要帮助邻里建立小城镇中那种亲密的邻里关系，并由此创造更健康的个体以及更健康的社会。社区规划的贡献，不仅仅在于创造设计良好的空间，或者追求设计上的美感，而且是开始转向更广泛的社会目标：创造社区和谐氛围，赋予社区居民权利③。由此，社区规划应包含以下三个原则。

1. 立足地方特色，充分利用资源

每一个社区都具有特定的本地性，它必须对特定的区域、街区或者社区具有一定的归属或依附的情感，而不是标准化、大众化的产物。因此，区域环境的自然、文化多样性都是社区能充分利用的资源和机会。

2. 优化空间品质，营造集聚中心

段义孚认为场所是"在世界中活动的人的反映，通过人的活动，空

---

① 童明、戴晓辉、李晴、田宝江：《社区的空间结构与职能组织——以上海市江宁路街道社区规划为例》，《城市规划学刊》2005 年第 4 期。

② 刘达、郭炎、祝莹、李志刚：《集体行动视角下的社区规划辨析与实践》，《规划师》2018 年第 2 期。

③ 〔美〕威廉·洛尔、张纯：《从地方到全球：美国社区规划 100 年》，《国际城市规划》2011 年第 2 期。

间具有了特殊的意义，场所是人类生活的基础，在提供所有的人类生活背景的同时，给予个人或集体以安全感和身份感"①。但物质载体是发散的，需要营造集聚中心，创造促进社区居民互动的物质条件。通过捕捉发现某些户外空间，进行整治提升，赋予休息、交流的用途，让公共空间成为集聚居民交往的平台。

3. 丰富睦邻活动，凝聚社会关系

城市的意义在于人的聚集而居，而今日居住在城市的人们却各自形成一个个心灵与物质的堡垒。简·雅各布斯（Jane Jacobs）指出，街道中存在监视的"目光"很重要，店铺中相互照看、邻里间照顾小孩、街道上的问候、路边的闲聊等活动，可以保持社区的活力，也可以创造良好的地方感与安全感。② 社区应通过社会建构不断丰富自身内涵，通过活动重构社区的社会关系，促进不同人群的融合。

在社区规划中，空间是社会关系的载体，二者互为"标""本"。然而在我国快速城镇化背景下，不论是以物质空间规划为核心的居住区规划，还是早期聚焦物质和社会经济空间的社区规划，都倾向于将空间的美化与优化作为社区规划的根本目标。这种重"标"而忽略"本"的规划目标设定带来的是终极蓝图式的精英式规划：规划方案源于政府、规划师或市场精英的主观意志，倾向于蓝图的设定，也倾向于单纯经济利益导向的空间设计③。要想实现美好可持续发展社区的最终目标，必须坚持以人为本，坚持社区成员这一主体地位，培育群体自治能力，通过参与式、协商式规划来培育社区公共环境品质持续提升的内生性动力。

---

① 李九全、张中华、王兴中：《场所理论应用于社区研究的思考》，《国际城市规划》2007年第6期。
② 〔加〕简·雅各布斯：《美国大城市的死与生》，金衡山译，译林出版社，2006，第127~160页。
③ 刘达、郭炎、祝莹、李志刚：《集体行动视角下的社区规划辨析与实践》，《规划师》2018年第2期。

二 社区规划的协商路径

帕克（Robert E. Park）提出社会规划"和政治一样源远流长，起源于城市、古希腊城邦，以及文明的复杂问题"。他认为最早的社会规划者从柏拉图（Plato）到盖迪斯（Patrick Geddes），都梦想在"某处创造一个美好的城市和理想国度"。包括近代城市规划先驱者霍华德（Ebenezer Howard）以其"社会城市"理论，更多被后人称为"社会改革家"或"社会规划者"。① 可以看出，社会规划中蕴含的社会理想和人文关怀，带来其与城市规划和发展之间割舍不断的历史渊源。

早于中国百年开启的西方城市化进程中，城市规划有经验，也有教训，但基本的轨迹是不断遵循治理要义，即让更多的公众参与规划，无论你身处被规划的中心，还是身处同一个城市，或者仅仅是对城市规划需尊重民意的声援②。正如《马丘比丘宪章》③所主张的，"城市（社区）规划须建立在专业设计人员、城市居民、公众和政治领导人之间不断协作与配合的基础上"。城市（社区）规划引入公众协商程序：首先，能够保障规划方案的制定得到最有效的公众参与，促使各利益方进行深入的协商，为项目或社区的发展扫除障碍；其次，能够针对地区的近期、中期、远期发展策略形成共同愿景，减少整体规划缺失导致的重复建设和"短时项目"；再次，能够集思广益，深入解析建设项目中可能遭遇的问题，确定项目方案设计的指导原则和预期目标，提高方案质量，并促使其他建议的涌现；最后，能为公众提供一个可以自由发表和交流意见的平台，强化公众对于社区规划项目决策方案的有效影响，并对规划方案的实施起到一定的监督作用。参与式的规划使关注点从终极

---

① 刘佳燕：《国外城市社会规划的发展回顾及启示》，《国外城市规划》2006 年第 2 期。
② 闵学勤：《基于协商的城市治理逻辑和路径研究》，《杭州师范大学学报》（社会科学版）2015 年第 5 期。
③ 孙兵、王翠：《城市管理学》，天津大学出版社，2013，第 76 ~ 77 页。

状态转向多元协商的过程，从自上而下的意志表达转向多元共识，是培育互信、化解分歧、凝聚共识及实现集体行动的重要手段。例如法国在现有的城市规划体制中不断融入公众参与和公众协商程序，这三个作用于城市规划不同阶段的、有松有紧的、各有侧重的参与程序包括：公共调查程序、公众协商程序和公共辩论程序。这三大程序都是为了增强城市规划决策的民主性和科学性而采取的必须进行的公众参与程序，其中公共调查程序和公共辩论程序为法定程序，公众协商程序虽为非法定程序，但由于其应用范围最为广泛，且形式灵活最具多样性，所以在法国的城市规划公众参与中具有不弱于两法定程序的十分重要的地位。① 在20世纪60年代纽约苏荷区的城市更新规划中，《美国大城市的死与生》(*The Death and Life of Great American Cities*) 的作者简·雅各布斯和建筑师拉普肯（Rupken）领导了大规模的反对城市更新运动，他们要求将城市发展应有多样性、人们工作应更便利、传统的邻里价值不能丢失等作为最重要元素，而不是一律的快速通道及钢筋水泥，在他们及大规模参与者的共同参与并与官方协商下，免于城市更新运动的苏荷区给予艺术家们大规模入住的机会，进而促使苏荷区成为一个高收入阶层和绅士化的社区。② 近年来，北美、澳洲等地的国家也更多地呈现地方社区层面协作式规划的特点，强调以社区自身完善为动力，地方政府、社会团体、公众共同参与促进生活品质提升的过程③。不再像传统规划"关注城市空间关系的完整体系"，而是"试图通过竞争方之间的协商谈判达成有限度的共识，并为规划进程的所有参与者提供战略信息"④。

城市规划对城市版图的更新，有可能是一场变革，侵入城市成千上

---

① 谭静斌：《法国城市规划公众参与程序之公众协商》，《国际城市规划》2014年第4期。

② 郭巧华：《从城市更新到绅士化：纽约苏荷区重建过程中的市民参与》，《杭州师范大学学报》（社会科学版）2013年第2期。

③ Allmendinger, P., "Towards A Post - Positivist Typology of Planning Theory", *Planning Theory*, Vol. 1, 2002, pp. 77 - 99.

④ Friedmann, J., "Planning Theory Revisited", *European Planning Studies*, Vol. 3, 1998, pp. 245 - 253.

万民众的生活和工作，更有利于激发公众参与，而参与的过程就是表达不同意见、提出自己观点、与规划方进行多轮协商的过程，当然参与多方若意见难以统一，也可能引发冲突，冲突更需调用城市应急治理体系，在考验政府治理能力的同时也将更多的公众卷入其中，掀起更大范围的参与有利于普遍习得治理理念和协商能力。[①] 本节也将通过两个具体案例来详解社区协商式规划的过程与成效。

案例 10　　　　　社区规划共协商，老旧平台得整治

（一）背景简介

N 市 GL 区 MF1 社区成立于 2000 年，因 20 世纪 80 年代建立的一个模范小区——MFM 小区而得名，有常住人口 3946 户 11950 人。

2016 年初 Z 街道社区服务中心出新改造被列入 GL 区为民办实事重点项目，而 DBG28～34 号平台、34～38 号平台和 40～50 号平台就位于 Z 街道社区服务中心楼上。平台年久失修，许多管道排水不畅、污水横溢是引起社区服务中心多年来屋顶渗漏的症结所在。治理 DBG 三大平台，做好防水工作刻不容缓。但防水工程必须将平台上的杂物（含花坛）全部清理干净，才能进行铺卷台、试水等一系列工作。在清理 DBG28～32 号平台过程中，社区碰到许多问题。有位住户窗户底下砌了一个不规则的花坛，种上了花，花坛里还有一株葡萄树，枝藤攀爬在窗户上，而这株葡萄树是其已故父亲生前栽种的，如今每年夏天葡萄树都硕果累累，这位住户说什么都不同意清理。周围的邻居也纷纷指责社区，有的说上平台老年人多，上下楼不方便，社区应该为我们装个扶手，有的说车棚是敞开式的因而车辆时不时地被偷，社区应该为我们封闭起来……由平台整治而牵出的一系列社区治理问题让社区工作人员捉

---

① 闵学勤：《基于协商的城市治理逻辑和路径研究》，《杭州师范大学学报》（社会科学版）2015 年第 5 期。

襟见肘，本着平台整治优化与协调居民利益的双重目的，MF1社区开启了长达1个月的协商工作。

（二）实践过程

1. 搭建协商团队，启动协商工作。社区党委、社区居委会召集社区民警、施工方、居民代表围绕本次协商的目的、理念、思路和工作计划形成统一认识，并通过发出协商邀请函、楼栋长会议等多种方式广泛宣传以在最大程度上调动居民参与协商的积极性。

2. 开展现状调研系列活动，确定协商议题。为了解居民整治平台环境的初步想法和需求，楼栋长挨家挨户地上门收集居民的意见，居民也通过社区微信群在线上积极表达意见建议；社区方面也采取一对一访谈、集中座谈、增设意见箱等方式摸清现状，就居民提出的整治想法请施工队实地察看现场，设计施工提案。在一系列的现状调研结束后，社区确定了此次的协商议题，包括新建花坛、封闭车棚、安装扶手以及建成后的长效管理等内容并提前向居民通报。

3. 组织协商会议，达成方案共识。为了让居民行使决定公共事务的权利，真正将"当家做主"做实，社区充分考虑了协商的时间和地点问题，鉴于DBG离社区所在地较远，步行十多分钟，同时担忧白天上班族无法到会而影响协商主体的代表性，MF1社区向兄弟社区SP社区借了活动室（该活动室位于DBG28~32平台下面），在征求居民意见的基础上把协商会的时间定为19：30。由于会议时间、地点充分顾及了居民与会的便捷性，会议出席率达到85%，有些年老体弱无法到会的居民也向社区请假并由社区代为转达了个人意见。协商会议一开始，在社区党委的组织下，与会居民纷纷发言。施工方在听取居民的意见后，向居民详细介绍具体安装流程包括安装细节、安装尺寸等技术要求，同时通过幻灯片向大家展示安装封闭车棚、扶手及花坛的样图，使观看效果更加直观真实。在这一协商过程中，整治方案不断修改扩充，最后协商各方均达成共识，形成了统一的协商意见。同时，居民就平台整治出新后长效管理也达成统一认识，制定了大家必须共同遵守且互相监督的平台公约：（1）车棚不私拉乱接电线，以免发生火灾；（2）居民自治，建立车棚、平台居民轮流值班打扫制度，保持平台清洁卫生；（3）花坛内只允许种花，不允许种植蔬菜。

4. 方案公示，实施过程接受居民监督。社区将协商结果公示并纳入为民办实事项目上报，街道统一组织招标予以实施，在实施过程中居民都热心地予以监督（见图 5 - 1）。

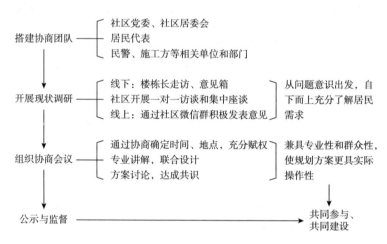

图 5 - 1 MF1 社区平台整治协商模式

（三）总结评估

此次平台整治案例，居民经历了抵触埋怨—理解关心—主动介入—支持辅助的过程，充分践行了协商式规划的理念，获得了显著效果。

1. 区别于以往停留在形式上和成果公示上的咨询性参与规划，本次案例将居民协商参与落实到实践的各个方面（前期的意见征求，中期的协商讨论，后期实施的监督与维护）。这种协商式规划充分挖掘了自下而上的需求，历经各个主体的推敲和讨论，编制出了兼具专业性和"群众性"，且更可落地的规划方案与制度。

2. 社区党组织和居委会充分认识到社区居民参与的重要性，改变以往"长官意志式"的设施供给，是从服务居民向"服务于居民的自我服务和全体社区成员相互服务"角色转变的一次有益尝试。

3. 改变以往社区弱参与的现状，是 MF1 社区引导居民自治的开端。居民在此次参与的过程中不仅锻炼了自己公共事务的决策能力，也在规划中感受到自身价值存在的满足，增强了居民与社区的互信。在此基础上，社区社会关系得以增进，社会资本得以增强，为后续进一步规范协商程序奠定了基础。

案例 11　　　　社区改水话协商，线上线下共推进

（一）背景介绍

SD 社区隶属于 N 市 GL 区 Z 街道，地处 GL 区西北角 SPL 地区。占地面积约 0.246 平方公里，拥有居民 4091 户约 15000 人，其中有青少年 1000 多人，老人 4000 多人，党员 680 人。88 幢居民楼中，2/3 以上为无物管小区，管理起来十分困难。

其中 SPL173~199 号为两幢 9 层楼，一梯 6~7 户。这 100 多户住户一直使用水箱水，由每个住户每月轮流收取水费。水箱由于长期缺乏清理，水质已经很难得到保障，同时水管年久失修，遇到极寒天气，极易爆裂；而由住户自己收取水费，存在有人长时间不交，且总水表与住户用水表之间存在差异，差额部分需住户自己承担的问题，这大大提高了用水成本，居民迫切需要用上直供水。

（二）分析预估

SPL173~199 号为老旧小区，这里没有统一的物业管理，要确保工程顺利完工，需要多方协调。一是居民对工程的开工、水管的走线入户、泵房的使用、泵房产生的电费如何缴纳等都存在一定疑问，这些技术问题需要水务集团和施工方协助解答；二是部分居民不愿意改水，需要社区工作人员和社区民警共同上门做宣传工作，使他们充分理解改水的积极意义，并主动配合改水工作；三是若施工方未按工程进度及时完工，施工对居民住房造成的破损部分未能及时恢复，易引起居民对施工

方的不满，需要社区与水务集团、施工方及时协调。

（三）服务计划

就改水工程实施进度，社区制订改水工作计划如下。

1. 前期宣传：2016 年 7～8 月将工程宣传到户，让所有涉及的住户了解工程概况和改水的积极意义。

2. 召开居民协商会：2016 年 9 月召开居民协商会，邀请多方参会，听取各方建议或意见，最大限度地求同存异，确保工程能够顺利开展。

3. 建立饮用水二次改水工程微信群：通过将工程招投标方、施工方、街道相关条口人员、社区民警、居民和商户代表等纳入改水工程微信群，建立起各方沟通平台，使得社区能够及时掌握相关动态。

4. 协调施工进程：根据工程总体进度安排，社区要及时进行检查和督促，对居民反映的合理问题，协调施工方及时整改，并协助施工方解决施工中相关困难和问题。

5. 督促工程收尾，张贴完工告示：工程完工后，社区要根据工程规划要求，对施工工程进行全面检查，对未完善的遗漏问题督促施工方及时补救，对居民反映的工程问题协调施工方及时解决。

6. 办理泵房用电电表安装：改水工程完工后，社区将协调供电部门及时联通供电线路，安装用水水表，保证完工就能供水。

7. 预收泵房用电电费：为确保全体改水用户利益，此次改水小区实行预收费方案，根据所涉及住户人数和用水量，每户预收一定数额电费，以后逐年收取，多退少补。

（四）实施过程

1. 前期宣传：社区于 2016 年 7～8 月多次在两幢楼各楼层张贴通知，告知即将进行二次改水工程。在此期间，社区工作人员多次上门到居民家里进行沟通，特别是对改水工作有意见的居民，做到一户不落，并在通知上注明召开居民议事会的时间和地点。

2. 召开居民议事会：社区于 2016 年 9 月 27 日上午在社区会议室召

开二次改水工程议事会，邀请工程招投标方、自来水公司、施工方、Z街道、社区民警、SD社区工作人员、居民住户及周边商铺共同参会。在会上就施工方案、进程、管线用料、管线走向、水压水质、泵房建设、泵房电费收取等事项进行了公示和讨论。会后社区对大家反映的问题进行了汇总整理，让施工方在施工过程中加以注意和整改。

3. 建立二次改水工程微信群：社区趁着召开议事会的契机，利用面对面建群的方式，建立SPL173～199号微信群，并在会后，将微信群号张贴至楼道口。微信群既为居民提供表达诉求的渠道，也为各方沟通建起平台，同时也让社区及时了解和解决居民诉求，以及向居民公布施工过程，这一举措得到广大居民大力支持和好评。

4. 协调施工进程：施工开始后，先后遇到无处接水、接电及居民车辆阻碍施工等困扰，施工方在反映困难后，社区工作人员及时在微信群内发布了施工所遇问题，得到居民积极响应，特别是施工现场附近几户居民同时反映愿意免费提供家中自来水供施工方使用。另有临街商户提出愿意给施工方接电，牵涉的停车挡工问题，居民也在最短时间内回到小区移走了车辆，使得工期得以顺利进行。

5. 督促工程收尾，张贴完工告示：工程完工后，社区张贴完工告示，并根据工程规划要求，对施工工程进行全面检查，进行后续完善。如：有部分居民反映，家中走线入管时的破损部分没有得到及时恢复，楼道内存在施工时残留的废料未及时清理走，影响了居民的正常生活。社区及时向施工方反映，施工方在第一时间内将问题解决，并对给居民造成的不便表示歉意，得到居民谅解。

6. 办理泵房用电电表安装：为确保居民及时用上直供水，社区在改水施工过程中，以社区名义及时为SPL173～199号电泵房申请了电表，并根据工程进度联系供电部门及时安装供电线路。

7. 预收泵房用电电费：在工程收尾时，社区及时张贴预收电泵使用电费的通知，电费为每户50元/年。有部分住户觉得自己楼层低，用不到电泵，无须缴纳电泵电费。社区当即联系水务集团，得到水务集团肯定回复后，及时反馈给居民，因连接到泵房的总水管为各层住户公用，所以各层用水的时候，电泵都会运转，因此每户都需要缴纳电费。

（五）总结评估

整个工程中，工程开展信息公开透明，调动各方参与，建立有效沟通渠道及时解决问题，避免误解产生，是确保工程顺利开展的重要前提。为了使改水工作顺利进行，社区通过线上线下多种形式，架设施工方和相关住户的沟通桥梁，特别是通过建立"改水微信群"的形式，使社区各方主体都能够进行有效沟通和对话，显著提升施工效率和施工满意度。但中间也出现施工方不愿加入微信群的情况，使得所有答疑都需社区转达给居民，存在答复专业性不足的可能。因此，社区统筹协调召开线下协商会，借助协商会平台，居民与水务集团和施工方能够得以进行面对面充分交流和沟通，使得各方误解和疑惑得到有效解除。

SD 社区 SPL173～199 号二次改水协商案例，充分展示了社区协商的纽带、桥梁作用。社区居委会在这个过程中也赢得了居民的好评，从改水前的方案讨论到施工现场的协调，再到新增费用的收取，全程引导、参与、沟通和协商，特别是在施工方不愿入群的前提下，及时利用在线平台充当居民与施工方之间的中介，成为居民真正可信赖的主体。

MF1 社区和 SD 社区的实践证明，协商式社区规划是行之有效的社区规划与治理模式。实现了从"蓝图导向出发"转向"问题导向出发"，没有宏伟蓝图、规范式成果与图集，而是从问题出发，因地制宜，保留特色，通过规划解决社区问题。从"注重空间结构"转向"注重社会关系"，通过空间改善带动居民参与，重构社区社会关系。从"编制物质规划"转向"商定行动计划"，不是外来的、千篇一律的、线性的规划，而是以居民为主体的、从身边小事做起的、富有弹性的行动规划①。

第二节　关于社区环境的协商

一　社区参与环境治理

早在 20 世纪初，环境问题已成为人们普遍关注的社会问题。随着工业化、城市化和全球化的发展，环境问题不论在发展中国家还是发达国家都已成为影响经济、社会、人民生活质量的主要因素。在中国，环境问题已成为公众最关心的社会问题之一，如何使社会经济沿着可持续发展的轨道运行也成为我国决策者关注的话题。当前，中央高度重视环境问题，要求地方政府充分发挥环境治理职能并不断加大治理力度。但是，目前国内政府在环境治理的措施和手段上仍然沿用传统的第一代治理范式，即过度依靠政府和市场。一方面，地方政府主要依靠传统的自上而下的管理模式，过度包办使环境治理成本居高不下；另一方面，市场化的环境治理手段难以广泛推进，企业及社会资金投入的积极性不高。总体而言，传统环境治理实践面临高成本、低效率的困境。在这种背景下，学术界一直致力于达成一种高效、平等、合作的环境治理模式，寻找一种政府和市场之外、能够克服传统官僚、讲究程序的"基于结果"（Results – based）或有共同目的感（Sense of Common Purpose）的环境治理主体②。

良好的生态环境是最普惠的民生福祉。要实现环境质量改善、建立

① 李郇、黄耀福、刘敏：《新社区规划：美好环境共同缔造》，《小城镇建设》2015 年第 4 期。

② 汤好洁：《地方政府环境治理社区合作模式的中外比较分析》，《中南林业科技大学学报》（社会科学版）2014 年第 1 期。

全面有效的环境治理模式，自然离不开公众的广泛参与。随着相关实践的推进和法律法规的修订完善，公众参与在环境治理领域的重要性日益显现。但在实践层面，公众参与环境治理却仅仅满足了合法性、程序性的要求，仍缺乏有效完善的制度设计。在这样的背景下，构建组织化的公众参与环境治理模式十分必要。这里的组织化，主要按照地域相近的原则进行组织，如传统社区的组织模式，即社区也成为参与环境治理的重要主体之一。①

公众对环境的感知首先来源于其生活居住的社区。在某种程度上，对社区的环境建设过程也是对社区居民的环境教育过程。这样"社区"就成为"公众"与"政府主管部门"之间的契合点和桥梁。② 以社区为基础的环境治理（保护）是指：完整的社区拥有以社区为主体的保护，同时又可以向另外两个主体延伸，向上可进入政府的保护活动中，往下又进入环境资源私有化的范围。社区机制的建立，进一步扩大了环境治理的主体，明确了相关方面的责任，而且有效地整合了政府活动与个人行为，提高了环境治理效率。③

但也有学者对社区参与环境治理的有效性提出了质疑，其中最有名的来自 1968 年哈丁（Garrett Hardin）④ 提出的"公地灾难模型"。该模型建立在理性经济人假说的基础上，认为对个体而言，不论付出与否都可以享受相同的公共物品供给，追求个人利益最大化的理性人会毫无节制地使用公共物品，而没人愿意为了集体的利益去限制自己的行为或为有效的管理采取行动，因为自利导向的理性个体都有强烈的冲动去"搭

---

① 王珏、何佳、包存宽：《社区参与环境治理：高效、平等、合作》，《环境经济》2018 年第 Z1 期。

② 环境保护部宣传教育中心编著《探索解决社区环境问题的新途径——社区环境圆桌对话指导手册》，中国环境科学出版社，2009，第 2 页。

③ 洪大用：《中国民间环保力量的成长》，转引自况安轩《农村社区环境治理机制初探》，《湖北财经高等专科学校学报》2010 年第 1 期。

④ Hardin, G., "The Tragedy of the Commons Science", *Journal of Natural Resources Policy Research*, Vol. 3, 1968, pp. 243 - 253.

便车"。如此，理性人间的集体行动会陷入"囚徒困境"。哈丁对人性的前提假设与霍布斯（Thomas Hobbes）在其著名的《利维坦》（*Leviathan*）一书中观点相近，因此他的结论是：如果不能将资源彻底私有化，那么就需要社会主义式的统一控制，即不能市场，则为政府。此外，按照一些批评者的说法，在哈丁那里，恰恰是社区（一个小村庄）被认为是灾难发生的原因。

哈丁使用了一个乡村社区来演绎他的灾难理论，在其寓意中，社区内的公共环境资源将走向灾难的命运。然而，另外一些研究者则提出截然不同的看法，他们认为正是传统社区的衰落才导致公地灾难模型的出现，真正的公地灾难是现代国家、现代经济关系的侵入而导致的公共资源管理体系的毁坏以及接踵而来的资源退化[1]。具有代表性的有奥斯特罗姆（Ostrom）的"集体行动说"[2]，他认为集体自治组织政府和市场能更有效地治理"公共池资源"，但需符合以下四个基本原则。

1. 互惠互利人的存在、数量与偏好的可辨性。群体的社会关系越紧凑，成员间紧密联系和熟悉的程度越高，社会资本越强大，越容易产生集体行动，即促进集体行动在于增进群体内部互信。

2. 成员规模和偏好同质性。规模过大会造成较高的协商成本，阻碍互信的形成，相同偏好则有利于互信。

3. 成员和社区资源的稳定性越强，互信机制越容易建立和维持。

4. 群体自我决策的能力越强，越利于成员平等地参与公共决策和监督，推动自组织安排和"公共选择"。

综上所述，社区要在环境治理中发挥积极作用，必须维持社区成员稳定、强化成员互惠互信的紧密社会关系、引导合理规模的群体自组

---

[1] 陶传进：《环境治理：以社区为基础》，社会科学文献出版社，2005，第26页。

[2] Ostrom, E., "Reformulating the Commons", *Ambiente& Sociedade*, Vol. 10, 2002, pp. 29 – 52.

织，即对内通过建立沟通协商平台引导有效自治，对外加强代表社区居民表达利益诉求的职能。

二　社区环境治理的协商路径

社区参与环境管理在现实中已经发挥了有效的作用，在发达国家以及亚太地区都有成功的例子。环境保护和自然资源管理方面，澳大利亚政府创造了鼓励公众参与的良好氛围，公众参与环境影响评价和流域水污染等环保项目，社区参与和社区承诺是公认最有效的方式。社区参与程序可以看作在环保和自然资源管理的设计、实施和影响监测中运用的一个技术包，它起始于使目标群体知情，继之以对需要承诺的社区进行赋权，指导社区能坚持实现所希望的结果。这个技术包由五个行动阶段组成，分别是告知阶段、咨询阶段、参与阶段、合作阶段和赋权阶段；[1] 同样还有英国的水环境管理——磋商会议和市民参与，巴基斯坦的生活垃圾与固废管理——社区信息宣传和教育，泰国的自然资源保护——社区激励，等等。[2]

国内也有相应的积极探索，有学者针对近十年来国内各类环境治理的协商议题和路径，将环境协商的实践分为四种类型，包括面向个体化、碎片化的环境议题，民众通过自下而上的通道传递利益诉求，政府就此做出相关回复的回应型环境协商；针对集体性环境事务，强调通过协商机制激活社会自我组织和自我治理能力，协调城乡社区内部环境利益分歧的自治型环境协商；政府通过自上而下的渠道收集社会意见，通过政协常态化协商机制、项目审批圆桌会和环境行政执法公众陪审团、协商式电视问政等进行的咨询型环境协商；公众、环保社会组织和其他

---

① 陈昕、张龙江、蔡金榜、王伟民：《公众参与环境保护模式研究：社区磋商小组》，《中国人口·资源与环境》2014 年第 S1 期。

② 王远、陆根法、罗轶群、王健华、王华：《环境管理社区参与研究——社区污染控制报告会》，《中国环境科学》2003 年第 4 期。

治理主体以协商平台为依托，对政府环保职能履行、环境决策执行和企业污染治理情况展开询问、质询和评议的监督型环境协商。[1]

但比较遗憾的是，由于政府承受经济发展的压力和基于对社会稳定的考量，目前还没有寻找到一条常规的基于协商的环境参与路径。通常都是环境已经遭受破坏，公众才知晓并不得已选择上访。而真正的环保治理，从可能对环境有影响的各类建设规划初期，到运行中期及结尾，每个阶段都应有与周边居民协商的安排，环境无小事，并且是关系子子孙孙的大事，从西方 20 世纪中期大规模的各类环境抗争，到中国国内近年来关于雾霾、水污染和农产品污染等不断涌现的新闻报道和公众参与，基于协商的多组织联动已经刻不容缓，包括政府、企业在内的各利益主体在倾听、回应、谈判中共同形成环境治理的协商平台[2]。在平等、公正、公开的基础上，邀请相关单位和社区居民协商解决社区内及周边的环境问题，最终达到改善社区环境质量、推动环保公众参与的目的。本节也将通过两个具体案例来详解社区环境协商的过程与成效，以期为其他社区环境治理提供模板。

案例 12　　　建筑施工致污染，社区协商来解决

（一）社区简介

GY 社区位于 N 市 GL 区 Z 街道的东南部，面积约 24 万平方米，常住居民 3344 户，户籍人口数 10512 人。近几年来，GY 社区通过协商民主，解决多起百姓的"三最"——最关心、最直接、最现实——问题，它们分别是：GY19 号自来水水表出户（多次召开产权单位、自来水公司、居民的协商会议最终达成出户意见），LXY22 号、24 号的公厕和自

---

[1] 郎友兴、葛俊良：《作为工具性机制的协商治理——基于不同环境协商类型的分析》，《浙江社会科学》2020 年第 1 期。

[2] 闵学勤：《基于协商的城市治理逻辑和路径研究》，《杭州师范大学学报》（社会科学版）2015 年第 5 期。

来水停水事件，CPU 民族食堂施工及其影响周边居民的问题，LXY14 号小区成立小区管委会引进物业管理问题及 JM 广场二期工程噪声与扬尘问题。此次就 JM 广场二期建设项目噪声扰民这一经典协商案例进行详解。

（二）矛盾源起

N 市 JM 广场二期建设项目，于 2014 年 8 月开始进行基础工程施工，施工单位是 YF 基础工程有限公司。施工噪声、粉尘等给社区居民带来一定的影响，影响范围包括南面、西面、北面部分居民。南面居民：TJX10 号，共 70 户，TJX12 号，共 30 户；西面居民：MJJ43 巷 3 号、5 号、7 号，共 170 户；北面居民：MJJ16 号，共 30 户。总计 300 户。

为了有效解决 300 户居民的环境污染困扰，建立畅通的诉求表达渠道，让居民能在表达和参与中通过协商实现利益诉求，充分行使参与权、知情权和表达权，社区开始积极搭建协商平台。

（三）实践过程

1. 收集民意

此次扬尘、噪声扰民共影响周边 9 栋楼 300 户居民，这 300 户居民不是集中在一个小区，而是超越了一个小区的范围，这给协商解决问题带来了一定的困难。为了妥善有效地解决好这一实际问题，社区以工程扬尘、噪声影响居民为主题，首先召开社区工作人员会议，成立社区协调工作领导小组，社区党委书记任组长，将社区工作人员分成三个小组。第一组负责收集 TJX10 号、12 号居民的意见，第二组负责收集 MJJ43 巷 5 号、7 号居民的意见，第三组负责收集 MJJ43 巷 3 号和 MJJ16 号居民的意见。社区工作人员深入居民区，收集汇总居民所反映的问题和意见，形成社区公共事务议题。经过半个多月的上门入户听取意见，共收集到居民最关心的问题。（1）噪声：夜间施工影响小孩上学、大人上班、老人健康；（2）粉尘：施工中的扬尘严重影响身体健康；（3）诉求：希望国际集团尽快拿出补偿方案，并发放到位；（4）大多数居民想要的补偿方案是置换房子和换地方居住。

2. 产生居民代表

由于施工影响的住户较多，如果邀请每一位"受害者"召开议事会，协调难度较大。社区和国际集团共同商议，决定遴选居民代表进行协商，通过居民自荐和居民推荐的方式产生居民代表。在前期张榜公示、上门入户等多种宣传方式下，共推选出 15 名居民代表。为了使居民代表身份的合法性不产生争议，2014 年 10 月 23 日社区组织国际集团、施工方、部分居民和第三方的律师就代表如何产生提出建议。大家各抒己见，最后律师从法律角度建议可以采取居民授权委托书方式产生居民代表，这一建议得到了大家的认可。授权委托书在经过多次协商修改后，社区开始利用晚上时间上门入户征求居民的意见。其中 MJJ43 巷 3 号、5 号、7 号 170 户居民，有 156 户家庭同意授权委托 ZQH 等 7 人为代表，MJJ16 号 30 户居民同意 JYL 等 3 人为代表，TJX10、12 号 100 户居民同意 PSQ 等 5 人为代表，并把代表名单在各小区公示 1 周，代表的合法身份产生了。通过签订授权委托书明确居民代表的身份，不仅增强了居民间的信任关系，也强化了社区居民的公民意识和身份认同。

3. "拉锯"的协商过程

2014 年 10 月 29 日上午召开第二次协商会，主要商议对居民造成的影响如何补偿。甲方代表认为对居民的补偿，应该根据施工过程分为三个阶段，第一阶段：从施工开始至 2015 年 2 月底；第二阶段：从 2015 年 3 月 1 日至 2015 年 9 月底；第三阶段：从 2015 年 10 月至工程结束。第一、第二阶段施工方是 YF 基础工程有限公司，第三阶段施工方是总承包方。居民代表对此无意见。但在涉及补偿标准时，协商进入了持久"拉锯战"。从 2014 年 9 月开始到 2016 年 5 月前后共召开了 18 次协商会，整个协商的过程前后历时近两年，其中不乏因各方争执不下而休会。所幸的是在各方争执过程中，社区副主任担任主持人角色能根据情况进行控场，控制住居民激动的情绪。协商会经常性地从早晨 8：00 谈到下午1：00无果而终，等各方冷静下来后再约下次协商时间。每次协商会人员座位安排也很有讲究，往往是居民坐一边、集团和施工方坐一边，社区坐在中间，不偏不倚。经过十多次的协调、沟通，最终由起初居民开价每月2500元，降到每月1000元，再次降到每月800元，最后协商双方达成如下协议。

（1）每户补偿1500元。

（2）补偿时间节点，从施工之日起到2015年2月底。

（3）协议签字后，3~5天发放补偿款，争取12月底完成。

（4）居民凭住房证、身份证领取。

后期由于工程进度缓慢，迟迟不能完工，在原先补偿的基础上，社区再次组织召开了五次协商会议，第二次补偿协议于2015年10月全部补偿到位。在2015年10月至2016年4月广场处于停工状态，根据协议补偿不发。自4月底开工以后，该社区又开展了两次协商，最终补偿款都得以到位。

（四）总结评估

社区协商民主作为一种新的基层协商民主形式，它对于推动社区的科学自治、促进社区的和谐发挥着重要作用。社区是协商民主嵌入基层社会治理的重要场域，而协商民主则为社区治理提供了公共参与的协商、沟通机制以及多元主体之间有效的利益整合机制，提高了社区治理的成效。GY社区在协商民主的实践探索中，不断完善制度设计，并呈现以下特点：①协商主体广泛化。开展形式多样的民主协商活动，拓展社区各方人士了解社区渠道，促进社区建设凝聚共识、凝聚人心、凝聚力量。②协商内容具体化。因为社区工作比较复杂，利益诉求日益多元化，因此协商民主的议题十分广泛，GY社区主要以涉及居民群众切身利益的实际问题为内容，在社区广泛开展协商。③协商形式多样化。围绕社区建设、民生服务等问题召开专题协商、现场协商、线上协商等多种形式的协商会议，在不断丰富协商形式的同时，逐步完善协商格局。④协商程序规范化。不断提升协商的组织性和严密性、规范化和程序化，通过"选题—定案—执行—反馈"四个环节明确每次协商的基本方向，确定协商主题；做好会议前调研工作和预案工作，并原则上按照预设方案进行协商。协商会议召开后，能及时整理与会人员提出的意见和建议，并尽快给予反馈，推动协商成果的落实转化。

案例 13　　　　垃圾摆放起争议　三方协商促和谐

（一）社区简介

YN 社区位于 GL 广场西北角，常住人口 5116 户 15728 人，133 幢居民楼，共有自管党员 1725 人。辖区涵盖省人大和 6 个大的商务楼宇，有 1000 多家政府及企事业单位，居民中副省级以上的领导有 20 多人，居住人群素质较高，有较强自治需求。由于 YN 社区历史悠久，老旧小区较多，13 个小区里面有物业管理的只有一两家，因而存在社区服务供给不足的现象，其中居民最不满意的就是社区环境。为了提升居民的生活满意度，H 街道从 2015 年以来专注院落协商，YN 社区也积极推进，将协商民主落实到社区的每一项民生实践中。

（二）矛盾源起

A 小区的垃圾桶一直摆放在小区对面的路边上，恶臭的气味影响到了隔壁小区，再加上修路，小区旁的 FHG 路变成了单行线，导致通行不便。两小区的居民因为这个垃圾桶闹得不可开交。社区方面曾经牵头让两个小区居民代表坐下来进行沟通谈判，但双方互不相让，无法达成共识。为了缓和居民矛盾，YN 社区决定进行多方联合协商来解决这一环境问题。

（三）实践过程

经过前期积极的组织动员，社区分别召集了两小区的居民代表、环卫所、民警、街道等涉及生活垃圾清理、清运的相关单位和部门代表。为确保协商会议的顺利进行和协商程序的合法性，社区也特别邀请了无利益相关但有实践经验的其他社区居民作为第三方进行参与。会议当天，在居民和各个单位部门代表的沟通对话下，A 小区居民最终同意将垃圾箱摆放进小区内，环卫公司也保证每天集中拖运两次垃圾。会议结束后，根据垃圾管理条例垃圾箱离楼道 15 米远的规定，社区负责人重新考察了现场，最终选定垃圾箱摆放地点。

（四）总结评估

YN 社区在摸索社区协商的过程中做到了程序合法。虽然协商过程减慢了事件处理的速度，但在过程中充分尊重了民意，利益无涉的第三方的引入也成为 YN 社区环境协商的创新点。

环境问题看似不大却是大多社区的通病，一旦有导火索比如建设火锅城等就容易引发居民上访。抛开其他问题不管，针对环境问题，目前最简单也是最必需的方式就是根据具体环境问题构建协商机制，搭建协商平台，吸纳相关主体反复探讨。之所以要建立协商机制和平台，就是为了确保协商的常态化，而不是运动式保洁、运动式协商。一旦常规性协商平台建立，公众也会不断因环境问题而加入协商行列，通过协商的参与，虽然也会存在争执争议，但已经更多地转化为非冲突性的对话沟通。因环境事件而参与，公众不仅因此获益、达成目标，而且有机会学习如何谈判、如何迂回、如何体悟集体的力量，在行动中的成长是环境参与中不可忽视的附加价值①。

第三节　关于社区文化的协商

一　城市文化治理与协商

城市历来都是文化的载体，一个城市无论从器物层面，包括山川河

---

① 闵学勤：《基于协商的城市治理逻辑和路径研究》，《杭州师范大学学报》（社会科学版）2015 年第 5 期。

流、建筑风格、历史遗存和公共空间等，还是从精神层面，包括大众文化、先锋艺术、草根文化，以及市民价值观等无不透视文化的积淀，而这些虽有传承，但更多的是靠一个城市的文化治理。治理意味着解决问题、提出方案并不仅限于政府的权力，不限于政府的发号施令或运用权威。相比其他城市治理方向，城市文化的广泛性、公共性决定了政府只是多边权力的一隅，特别在西方，除了文化政策，推进文化治理的多半来自文化基金、行业协会和民间组织等其他公共机构。而本土文化参与公共治理目前还处于萌芽期或者觉醒期，需要多方对此形成共识、进行顶层制度设计、共同培育文化氛围，并逐渐形成公共性导向下的文化治理场域①。

文化之于治理，既是对象又是工具，如本尼特（Tony Bennett）认为"文化不仅是一种社会生活方式，还是一种连接权力与自我的'作用界面'，是一种作用于社会之上的治理机制"②。当前文化治理可分为宏观、中观、微观三个层面，宏观层面的文化治理主要指国家通过对文化价值的调控发挥社会治理功能，微观文化治理可以定位为个体家庭内部的文化价值教育，而中观层面的文化治理主要是对宏观层面与微观层面的衔接与转换。③ 文化治理是培养群众"公共责任"和"公共精神"并引导群众参与"公共生活"的重要手段。④ 中国社会的改革依次从器物、制度再到文化层面，中国社区治理也从器物、制度再到文化层面，都发生了深刻的变化，当人们解决了温饱问题，文化与民主逐渐成为人们新的诉求。综观世界各国的治理模式，发达国家都经历了从"社会管

① 闵学勤、郑丽勇：《当代视觉文化的公共性及其治理》，《文艺理论研究》2015 年第 2 期。
② 〔英〕托尼·本尼特：《本尼特：文化与社会》，王杰等译，广西师范大学出版社，2007，第 20 页。
③ 〔德〕尤尔根·哈贝马斯：《公共领域的结构转型》，曹卫东等译，学林出版社，1999，第 101 页。
④ 唐秀玲、韩勇、洪明星：《文化治理视角下的社区治理现代化研究——基于 Y 省 X 社区的实证分析》，《行政与法》2015 年第 12 期。

理"到"文化治理"模式的转型,特别是欧美,以及亚洲的日本、韩国和新加坡等,发达国家在现代化进程中都明确提出了文化治理改革的顶层设计方案,文化治理已经成为国家现代化治理体系的主体模式,这在很大程度上也反映了国家治理从工业社会走向后工业社会时出现的"社会转向"与"文化转向",而其中的"文化转向"是政治结构、社会结构和经济结构变迁的必然选择[①]。

在文化治理过程中,让公众通过协商达成参与,其契合度在于:首先,城市文化在它的展示、分享和建构层面都有其独到的公共性,公众只要生活在城市就能感知,参与治理有其天然的责任和义务;其次,城市文化作为城市的软实力之一,它没有经济或社会发展的刚性成分,与协商的柔性管理意涵不谋而合,拥有主导权的政府更易放下身段,通过引导和倾听民意来推进文化发展;再次,互联网技术不仅让城市文化近乎免费地走近、贴近每个个体,而且多种互动平台对文化的推波助澜直接影响人们的城市交往方式及公共性认知,同时每个个体的文化觉知比以往任何时候都容易获得快速提升,如遇文化公共事件,多方更有基础互信互达、有商有量地推进城市文化治理;最后,各类文化民间组织及公共团体的勃兴,为规模化、自组织地参与生产城市文化提供了多种可能,如果再配以相应的文化政策,建构适当的文化协商平台,城市文化的多元治理即可期。

二 社区文化治理与协商

社区作为城市的微观领域,推进城市文化治理离不开社区文化治理的支撑。按照城市文化治理的逻辑,社区文化治理亦可理解为在社区治理过程中将社区文化作为治理的对象与工具,借助社区治理网络体系,

---

① 张鸿雁:《"文化治理模式"的理论与实践创新——建构全面深化改革的"文化自觉"与"文化自为"》,《社会科学》2015 年第 3 期。

培育与塑造新型社区文化，发挥文化的治理性功能，孕育社区共同体要素，建构社区公共性的集体行动。① 相对城市的较大范围地域空间而言，社区文化反映的是某一特定地理空间范围内人们在价值理念、行为方式等方面的共性。

社区文化治理之于社区治理，既是社区治理的一部分，又含有救助治理困境的意味。面对当下中国城市社区碎片化、个体化和公共性衰落等困境，不少学者开出了社区文化重建的药方，认为社区文化治理是社区重建的新路向。② 当前社区呈现的诸多问题归根结底是社区文化失调之后果，一如费孝通当年的诊断，"社会问题起于文化失调"。因此，当务之急是要建构起社区文化，通过文化渗透重塑社区精神，增强居民对社区的认同感与归属感，繁荣社区公共生活，增加社区公共资本的存量。其实社区治理的文化转向在社区建设的先行国家和地区早已开启，如法国、日本、新加坡和我国台湾地区等都在一段时间侧重社区"硬"环境改善后，转向了"软"环境建设，即突出社区文化建设，注重构建社区文化认同。以台湾地区为例，1994 年台湾推出"社区总体营造"计划，力图重塑地方的文化特色，试图以文化来推动社区建设，"通过社区文化推展，以凝聚社区共识，改善社区环境，进而推动地方产业与文化的发展，以达到社区共同体的目标"③。目前来看这种以文化为主导的社区营造路线颇有成效，而其得以成功的关键因素之一就是调动起了在地居民的积极性，通过沟通、互动与体验，社区文化产业发展与居民生活质量改善形成了良性循环。同样，在法国城市社区文化营造中，社会力量亦起着重要作用。法国城市的小市镇（类似中国城市的社区）

---

① 李山：《社区文化治理：主体架构与实践行动》，《云南行政学院学报》2017 年第 1 期。
② 相关论述参见杨君、徐永祥、徐选国《社区治理共同体的建设何以可能？——迈向经验解释的城市社区治理模式》，《福建论坛》（人文社会科学版）2014 年第 10 期；赵丽江、吴雪芹《文化建设：城市社区治理的路径选择——基于武汉市 T 社区的实证分析》，《江汉大学学报》（社会科学版）2015 年第 4 期；等等。
③ 赵环、叶士华：《社区参与：我国台湾地区社区建设经验分析》，《华东理工大学学报》（社会科学版）2013 年第 2 期。

会在听取居民和有关地方性协会意见的基础上，制定本区域的文化建设发展规划，包括中长期规划和年度实施计划；到具体规划实施时，又充分调动社区居民资源，如区域内大学教授，参与到活动开展中。① 可以看出，重建社区文化关键在于多方参与。社区文化治理的关键就在于在社区范围内，发展政府、社区组织、企业、社区居民和驻区单位等各主体之间的合作、协商和伙伴关系，建立起多元主体参与构建文化的体制机制。但是在实践中，协商式文化治理尚处起步，如何借助协商技术让社区文化在空间更新、地缘文化再造中形成多元主体联动，如何调动各方主体的积极性、发挥各自特长均有待实践探索。本节接下来将通过两个案例来呈现社区文化协商的可能及可为，其中案例14为社区挖掘自身资源构建特色文化，案例15为社区在协商治理过程中构建起自治文化。

案例14　　　　　慈悲社里讲国学 文化协商兴社区

（一）背景简介

N市H1街道地处N市最繁华的商贸圈，下辖7个社区，约10万人口。近年来，H1街道始终贯彻落实以国学为本，走院落协商自治。该街道老旧小区较多，大小院落约50个，基本一栋楼就是一个院落，其中还有两个自管的小区。在街道各社区国学文化发展中，又以CB社区为典型。该社区面积约0.34平方公里，是一条小巷子。CB名称由来颇有历史渊源，清代此处有一CB庵，民国时期此处又发展起了一个慈善组织，类似于道德会，以慈善、布施、救助、印经等为主。久而久之，人们就把该街巷唤作CB。此外，CB也是民国名人集中居住之地，如张治中故居就位于CB与SJR路口。当下，CB也拥有国学方面人才和实

---

① 李勉：《借鉴国外先进经验加强城市社区文化建设》，《重庆工学院学报》（社会科学版）2009年第4期。

践基础，如 2004 年社区中纯公益性的少儿国学诵读班在戴博士和一批志愿者老师的组织和帮助下开班，成为 N 市唯一一家纯公益社区级青少年国学经典学习点。对 CB 社区而言，发展国学，既拥有充足的历史文化底蕴，又有现实的实践经验支撑。

（二）工作思路

国学文化在不同的时期被赋予不同的含义，其内涵被不断丰富，呈现多元化发展趋势。当前主要任务是如何将国学文化、CB 文化与社区协商相结合，让协商推动社区文化培育，让社区文化发展支撑协商开展，在推动社区协商式治理的同时，形成街道文化品牌，让居民获得社区文化认同和归属。目前的一个思路是，社区的线下协商可在国学馆中进行，让社区成员进入这一国学空间，学习国学，也通过协商来发展国学。

（三）实施过程

1. 线上线下并行，调研居民的意见与建议

CB 社区少儿国学诵读班推行多年，社区工作人员通过线上交流、线下走访的形式了解居民对于国学教育的看法，搜集居民对于推动国学教育的意见与建议，同时社区工作人员与居民代表多次召开议事会，共商如何使更多的居民参与到社区文化协商之中。

2. 以发展社区青少年国学为突破口，辐射社区全龄人口

以国学研究见长的戴博士和一批志愿者老师组织成立的少儿诵读班已在社区推行 10 年有余。在这十几年中，他们坚持免费授课、免费发送国学诵读课本，目前已有初级、中级和高级三个班，分不同时间段为孩子们上课。诵读班学生也由刚开始的 5 个，发展到目前的 35 人长期坚持。且为了成为孩子的榜样，陪伴孩子学习成长，社区越来越多的年轻父母、爷爷奶奶加入诵读班进行学习。

（四）总结评估

社区协商做到深处是要深入文化层面，打造文化底蕴，否则，居住

在这个社区里的人们不会形成一种普遍的特质。文化之于协商而言，就是柔性的辅助，当协商遇到意见相左、陷入争执僵局时，共同的文化纽带就能起到安抚人心、打破争执、推动共识产生的作用，如 CB 社区的文化深入人心时，就可在协商争执时予以提醒：社区是以 CB 文化为基础的，请大家心平气和。

在现有基础上，该社区为进一步打造国学文化，推动文化与协商相结合，还持续采取了以下措施：（1）发展若干社区协商精英，让社区中有家学渊源的、懂国学的老居民加入社区协商，传播社区 CB 文化。（2）搭建社区协商常态化协商平台，社区协商中的国学不是封闭式自上而下的授课灌输，而是让居民进行开放式讨论。比如就日常事、周边发生事从国学的角度进行探讨，居民可以在其中畅所欲言，发表自己的看法；又或者研究国学中的一句话，围绕这句话来讨论小区的事、没解决的问题。（3）借助专家力量，平常就社区的焦点、难点问题向推广了七年国学的博士咨询，请他到国学里找相应的典故，请教如何把社区事务与国学经典相结合。

概而言之，CB 社区利用现有的文化基础，把国学作为日常协商内容的一部分，无其他紧急事务协商时就谈国学。通过这种点点滴滴、涓涓细流的方式，让国学渗透进家家户户。协商的过程就是成长的过程，如此，一点一点往前推进，就能有效整合碎片化的社区文化资源。

案例 15　　　　楼幢自治唤民意　共商共建出新貌

（一）案例背景

XM 社区位于 GL 区 Z 街道的北部，小区占地面积 0.98 万平方米，拥有居民 4095 户 9046 人。辖区有三家部队、一所学校、一家律师事务所、一家民营医院、一家军干所、四家物业管理中心，是一个以双拥共建为特色的多功能服务型社区。XM18 号小区建于 1996 年，面积约 7500 平方米，4 栋居民楼 278 户。该小区面积小、资源少、基础设施落后、住户成分多元、实施物业管理收费困难、长期处于缺乏管理状态，居民投诉多、意见大。经各方努力和申请，小区被列入 2014 年出新计划，全部工程于 2014 年 12 月底结束，小区面貌焕然一新。2015 年，随着试点协商工作的开展，该小区将小区自治管理作为协商工作的试点案例来推进。

（二）分析预估

2008 年，XM18 号曾作为零散的试点小区出新过，根据当时的情况，该小区在社区工作人员的带领下成立了业主委员会，之后通过收取少量的停车费请特困户担任门卫，这是小区自治管理的开始。但从实际情况看，效果并不好。因而在这次小区自治管理的推进中，重点要解决以下两个问题：一是真正发挥业主委员会的作用，5 名委员加强和业主的沟通，疏通委员的畏难情绪。二是增加门卫数量，设法兼顾整个小区。

（三）服务计划

根据预估中所确定的重点与问题，制订如下服务计划。

1. 按单元推荐代表成立小区管委会，指导他们通过协商实施小区自治管理。

2. 在小区充分规划停车位，以收取停车费满足小区日常管理的需求。

3. 逐年加大对小区投入，实现小区管理整体提升，逐步向小区居民收取管理维护费，培育居民花钱买服务的意识，形成小区自治管理良性循环。

（四）实施过程

1. 前期工作统计居民意见、建议

在小区出新的过程中，针对小区居民的需求、机动车情况开展摸底登记，尤其是机动车车主对停车收费的意见和建议；就推行的管理模式召开不同人群的座谈会，并请教专业人士。同步遴选单元代表，花时间、精力推进平安 E 门的安装，为实施自治管理打基础。

2. 按计划推进、步骤到位

（1）筹备成立小区管委会。经过前期细致的工作，共有 17 名居民代表报名楼栋单元长，经过全体业主大会同意，成立了小区管委会。管委会第一次会议于 2015 年 1 月 31 日召开，社区主任担任管委会主任，4 栋楼各产生一名副主任，分工明确各自任务后，社区为管委会聘请律师一名。

（2）协商小区停车收费方案。管委会成立后，首先要协商通过的是小区管理的资金来源和标准。小区有私家车超过 50 辆，而小区可划停车位 45 个，经过反复谈论，决定采用先登记后收费的方式，按 150 元包月标准，按季度收取停车费。由于前期工作到位，收费工作推进顺利。

（3）核定人员工资，实施小区自治管理。门卫的月工资核定为 1500 元/人，在小区物色 3 位下岗居民担任门卫兼停车管理收费员，24 小时将小区管起来。保洁重点部位是楼道和车棚，核定每个楼道的保洁费是 10 元/次，17 个楼道，一个月 3 次共计 510 元；车棚是半个月扫一次，每次 50 元。2015 年 1 月底，社区为小区申请办实事资金用于安装道闸，2 月正式实施管理，让居民感受真实的变化。

（4）持续办实事投入，实现小区管理整体提升。出新以后，连续三年，社区每年坚持用为民办实事资金为小区做一件实事，为小区自治管理提速。2015 年，为了加强对机动车的有序管理，给小区大门安装道闸；2016 年，为了进一步改善小区的治安状况，为该小区安装监控，小区管理迈向技防；2017 年，对门卫室进行了出新，让制度上墙，促管理规范。同步，协助管委会通过向全体住户收取每年 60 元的管理维护费，引导居民花钱买服务的意识，90% 住户自觉缴纳，小区自治管理再上新台阶。

（5）线上线下互动到位，居民对小区事务全掌控。2015 年小区管委会成立后，每季度召开一次协产商会议，邀请小区居民参会，公开小区管理情况，同时听取居民对小区管理的意见和建议。2016年起，社区建立社区微信群，让社区事务实时呈现。比如：2016年12月，工作人员将安装监控的全过程在群里直播，居民积极反馈，并及时提出合理化建议，让实事办得好、得人心。

3. 解决问题从易到难。按季度召开管委会会议，门卫汇报院落管理和停车收费情况，楼栋长反馈居民意见和建议。从易到难，逐个解决问题。比如：居民反映沿街餐馆将垃圾倒入小区，管委会找来保洁公司开现场会，给每个饭店配垃圾桶，定好收垃圾时间和交垃圾费时间。

（五）协商成果

从2015年小区成立管委会开始，工作人员按程序操作，并进行相应的记录。截至2019年，围绕小区的管理召开各类会议12次，其中全体业主大会2次，管委会会议7次，部分业主意见征询会5次，其间围绕安装小区道闸、设立门卫、停车收费、门卫管理、自行车棚的划分、安装监控、收取小区自管费用等问题进行了多次反复的协商，并将协商结果落实到管理中，促进了自治管理。经统计，2015年以来，小区未发生一起入室盗窃案件，"12345"等投诉量持续下降，居民满意度持续提升。

（六）总结评估

XM18号小区自治管理一年一件大事的协商方式，使得小区生活品质、管理品质均得以提升。从记录在案的各个时间点及各项收费明细看，一个成功的小区治理离不开精确簿记，这些数据也为每一轮的有效协商提供了依据。XM18号每次由难到易的协商过程，一方面源于社区治理理念的不断提升，另一方面也依靠协商平台的不断更新（微信群）和居民参与的步步跟进。日后社区需要努力的方向：其一，建立线下平台、线上平台、线上线下联合平台，只要有问题社区人员随时就有合适的平台进行协商。其二，建立正式的社会组织，既是孵化成正式的社会组织，也是孵化成未来的协商平台，最好能够在区民政局注册，好处就是促使其不得不往下持续推进。其三，重视居民参与，社区要注重挖掘潜在志愿群体，培育社区志愿团队，结合《志愿服务记录办法》和民政部"全国志愿服务信息管理平台"，建立志愿服务时间银行，让居民志愿服务的同时，在自身需要帮助时也能够得到社区的回报，这能够激励居民参与志愿服务的意愿。

XM18 号小区自治管理体现了自治文化的理念，在中国文化中很少有自治理念，这种理念需要保护、需要发展、需要传播，群众自发地、主动地去做事就是自治的魅力。该小区的自治管理并没有宏伟蓝图，而是着眼于关乎居民生活质量的切身事宜，打破了"自上而下"的官本位模式，体现了"自下而上"的培育过程。整个小区自治管理并不是一蹴而就的，展现了自治协商的过程，倾听居民的声音，重视居民的建议，塑造居民对于自治管理的信心，促进社区自治文化的培育。

第四节　关于社区养老的协商

一　社区养老的重要性及发展现状

老龄化作为全球性人口发展趋势，无论在发达国家还是发展中国家，都是急需应对的重要挑战。在中国，人口老龄化进程加速已是不争的事实，2011 年第六次全国人口普查数据显示，60 岁及以上的人口比10 年前增加了 2.93%，其中 65 岁及以上人口上升 1.91%[①]。且伴随社会环境改善和医疗进步，人们的平均寿命普遍延长，人口也因而持续老

---

① 张恺悌、郭平主编《中国人口老龄化与老年人状况蓝皮书》，中国社会出版社，2010，第 9～13 页。

化，向高龄化发展。第七次全国人口普查结果显示，全国 60 岁及以上人口为 2.64 亿人，占总人口比重提升至 18.7%（其中 65 岁及以上人口为 1.9 亿人，占 13.5%），[①] 这意味着不但需要养老照料的人口在不断扩大，需要提供的养老服务需求也在不断深化。但当下现状是，随着家庭结构变化和社会流动增加，空巢家庭增多，传统家庭养老功能式微；同时，机构养老亦与老年人在家养老的传统观念不相符。养老需求不断扩大和养老供给严重不足之间的矛盾日益凸显，如何老有所养，让老年人安度晚年，已成为社会普遍关切的问题。在此背景下，社区养老被给予厚望。

所谓社区养老，顾名思义，老年人养老地点在社区，社区给予照顾和服务，让老年人在熟悉的环境安享晚年。社区养老根植于社区，既能让老年人享受社会服务，减轻家人照顾负担，又可以不脱离熟悉温馨的家庭环境、社区环境，较能获得人们心理上的认同，是一种有参与感和归属感的养老模式。此外，社区养老也有低成本、高效率的优点，可以充分利用老年人原有的物质资源（如住房、家具、耐用消费品和生活设施等），较之机构养老，具有投资少、成本低、服务广、收费低、见效快的特点。[②]因此从全球范围看，社区养老都是发展养老事业的主导模式。无论是倡导独立自由的欧美国家，还是强调家庭文化的东亚国家和地区，让老年人居住在社区，邻近家庭，将养老服务与社区公共设施有效整合，满足老年人多样化的需求，享受养老服务，都是发展的主导趋势。[③] 如较早进入"银发"社会的英国，自 20 世纪 90 年代开始，就将养老问题纳入社区，对老年人采取社区照顾的模式。社区照顾具体又可

---

① 《七普：60 岁及以上人口为 26402 万人，占 18.7%》，搜狐网，https://www.sohu.com/a/466139630_120056655，2021 年 12 月 27 日。

② 关于社区养老的意义和优势详细见陈元刚、谢金桃、王牧《我国社区养老研究文献综述》，《重庆工学院学报》（社会科学版）2009 年第 9 期；李学斌《我国社区养老服务研究综述》，《宁夏社会科学》2008 年第 1 期。

③ 谢波、魏伟、周婕：《城市老龄化社区的居住空间环境评价及养老规划策略》，《规划师》2015 年第 11 期。

分为"由社区照顾"和"社区内照顾"。"由社区照顾"主要是由家人、朋友、邻居及社区志愿者或组织提供的照顾;"社区内照顾"主要是指运用社区资源,在社区内由专业工作人员对老人进行照顾,是专业性的照顾服务。[①] 又如中国香港地区,在面对老龄化程度加深和养老新问题时,也强调社区照顾和社区内养老。近年来其在社区服务领域内进行的一系列变革,均重新整合和优化了社区内养老、护老资源,以满足老年人在社区中养老的意愿,同时也在一定程度上缓解政府负担。[②]

对已经步入老龄社会的中国,发展社区养老亦是应对老龄化、空巢化和高龄化危机的解决之道。我国正在致力于发展以居家为基础、社区为依托、机构为补充、医养相结合的养老服务体系。在多轮的社区建设中,发展和完善社区为老服务的功能均是题中应有之义。但就目前而言,我国对老人的关怀还停留在居家养老的层面,尚未形成多元主体共同参与的社区养老体系,以满足各类老年人口的需求,如空巢老人、患病老人、高龄老人等。社区养老资金不足、社区社会组织发展不完善、专业性人才匮乏、对社区养老认知不足等制约当下社区养老发展。

二 有关社区养老的协商

一如社区的其他建设内容,社区养老的推进需要社区多主体共同参与,需要整合包括公私部门在内的多方资源。面对老龄化乃至高龄化趋势不断加强的现实,社区养老必须依靠政府、社会和市场的协作,单靠行政性资源已无力应对。较早面临老龄化挑战的西方国家,如美国、英国等,均已走上由社会各界力量共同参与的社区养老模式之路。如美国进入 21 世纪以来,政府层面,在提升老人住房可支付性、社区宜居性、

---

① 杨蓓蕾:《英国的社区照顾—— 一种新型的养老模式》,《探索与争鸣》2000 年第 12 期。
② 丁华:《整合与综合化——香港养老服务体系改革的新趋势及其借鉴》,《西北人口》2007 年第 1 期。

发展多层次社区养老服务等方面给予了一系列政策支持；以非营利民间机构为代表的社会各界亦积极参与养老服务，极大地弥补了政府力量的不足，为老年人提供多样的、与其需求相匹配的服务。[①] 其中美国自然形成退休社区支持服务项目（NORC-SSP）就充分体现了基于需求导向的社区多中心治理框架。所谓退休社区支持服务项目，主要由提供个人社工服务、医疗健康服务、教育娱乐服务和提供老年人参与志愿机会四个方面组成，倡导老年人积极参与，充分利用已有的社会网络，在项目融资以及建立医疗和社区服务关系上创立灵活的公私合作伙伴模式。[②] 可见，发展养老事业并非某一方的责任，而应是社会各界同担当、共建设。

在中国，面对来势凶猛、数量庞大、高龄化进程快的特点，要达成"老有所养，老有所医，老有所为，老有所教，老有所学，老有所乐"之目标，也唯有调动多方资源、多方力量来提供为老、助老、照料护理等服务，共同营造社区老年宜居环境，提升社区老年照顾的软硬件能力。但关键问题是面对弱参与、碎片化的社区，如何整合资源。利用协商技术搭建各方合作平台或是解决之道。社区就养老话题展开协商，首先，在居民端，几乎每家每户都有老人，养老话题事关大多数家庭，尤其是在老龄人口占比较大的社区，随着寿命延长，高龄老人将越来越多，随之，老人的自理能力也日趋下降，失能疾病的概率越来越高，解决老年人的照顾照料、提供友好的环境设施更是当务之急，因此，养老协商易于获得居民的支持和激发他们的参与热情，同时协商平台也是他们表达需要、提出亟须解决困难的渠道。其次，在社区端，由于协商的开放性，通过协商，可吸纳各类相关的社会组织、企业、区乃至市的民政资源、驻区单位等一起共商养老大事，一方面让资源供应方了解社区

---

① 王承慧：《美国社区养老模式的探索与启示》，《现代城市研究》2012 年第 8 期。
② 张强、张伟琪：《多中心治理框架下的社区养老服务：美国经验及启示》，《国家行政学院学报》2014 年第 4 期。

需求、解释服务方案，以克服目前老年服务单一、与老年需求不相匹配之问题，另一方面也让包括老年居民及其家人在内的社区居民参与到社区养老的规划、服务和维持中，他们在贡献自身力量的同时，也获得了养老满意。

其实社区养老涉及方方面面，从物质生活照料、医疗护理到心理精神层面的支持关怀，从社区硬件环境的改善到软性文化氛围的营造，都需要持续的资金、人力和场地投入，其间大多项目的展开更是离不开社区居民的支持和参与。比如社区要为老年人改善物资生活环境，如加装电梯或楼梯扶手、设置无台阶通道、增设老年活动场地等，这些活动项目的开展一方面涉及资金费用，另一方面环境改造和施工过程也不可避免地会对社区其他居民造成相应的影响，存在部分居民反对的可能，若此时没有相应的沟通对话机制，那么改造项目多半就会搁置，而协商则为争议开启求同之路。就目前各地开展的社区协商实践而言，围绕养老主题开展的协商相对较少，本节将介绍两个案例以抛砖引玉。其中案例 16 为协商成功案例，主题涉及大多数老旧小区均面临的电梯加装问题，属于为老硬件环境改造范畴；案例 17 为潜在协商可能的案例，以期打开养老协商的思路，主题涉及社区整体养老环境的营造。

案例 16　　　老楼协商装电梯　两年终得宜居地

（一）案例背景

随着银发社会的到来，近年来，为老旧小区加装电梯、解决老年人口上楼难题，成为社会各界关注的焦点。GL 区 GY 社区 MJJ40 号 5 幢共有家庭 70 户，居民主要由 CMU 退休教师组成，其中 75 岁以上老人占比达 70%，属于典型的自然形成的老旧银发小区。小区建设年代久远，配套不完善，随着居民年龄增长和身体状况日益下降，上下楼梯越发成为难事。由于出行不便，老年居民只能尽量减少外出，有的甚至一年出不了几次门，甚少能到户外晒太阳、呼吸新鲜空气。在 N 市政府出台《N 市政府关于既有住宅增设电梯暂行办法》后，该小区为方便老年人和残障人士出行，考虑为小区楼道安装楼道式电梯。为此，五个单元相继推荐居民代表成立增设电梯小组，向政府申请成为增设电梯的试点小区，增设电梯进入社区议事日程。

（二）分析预估

40 号楼住户基本信息主要有以下特征。

1. 住户同质性较高，老龄化严重，受教育程度高，易于沟通理解

MJJ40 号 5 幢共有 5 个单元，70 户家庭中 80 岁以上老人有 20 多位，这些居民都是 CMU 的老教授。

2. 住户安装电梯的需求强烈

上下楼梯给老人出行带来麻烦，特别是对一些居住楼层相对较高的年过八旬的老人而言，上下楼不便更是成为其出行"拦路虎"，如一单元 401 室和 402 室两户的 4 位居民均是 80 岁以上的老人，其中 402 室两位老人体弱多病需经常去医院治疗，每次出行都需面对上下楼的不便，上下楼梯成为他们出行的最大障碍。对这些老人而言，在单元增设电梯是非常利好之事、非常迫切之事。

3. 获得一、二层住户同意是增设电梯的关键

在单元楼里，相对而言，一、二层住户（共 20 户）对电梯需求较小，因此获得他们的支持，是增设电梯成功的关键，因而一、二层住户也成为此次增设电梯的主要协商对象。

（三）实施过程

1. 多方联动，搭建协商平台，建立利益协调机制

《N 市政府关于既有住宅增设电梯暂行办法》以"业主自愿、社区自治、注重安全、优化环境、增进和谐"为基本原则。按照此原则，自 2015 年 7 月 10 日开始，5 个单元楼首先成立了由 Z 街道、GY 社区、CMU 后勤基建处以及每个单元推荐的 2 名居民代表等构成的增设电梯

工作协调小组。由居民代表向 CMU 党办起草了增设电梯的申请，并获校党委书记同意，由学校基建处、离退休办共同和街道社区协作完成该工作。

2. 多角度、多层次收集民意

平台已经搭建，接下来的工作重点是征求住户意见，主要由居民代表向大家征求意见。经过各居民代表多次上门拜访沟通，70 户意见结果为，一楼 10 户基本不同意，二楼 4 户不同意，三楼 1 户不同意，其他 55 户家庭都同意安装电梯。

3. 倾听反对声音，组织协商会议，力图达成共识

经增设电梯领导小组成员了解，住户反对的原因主要有以下几个方面：其一是不用电梯，无电梯需求；其二，安装电梯会影响采光；其三，老旧小区安装电梯对高层住户的房产有增值作用，但对一楼和二楼的住户而言，房产不仅不升值，还有贬值的可能。因为住户意见不统一，无法达到"全部业主在征求意见书上签字"的规定，第一次协商失败。针对利害关系人权益和诉求各异的矛盾，社区倡导以居民协商和社区自治的方式，通过召开协调小组协商会议，结合有针对性地上门沟通，来解决矛盾和分歧。经过近一年的拉锯式协商、沟通，截止到 2016 年 4 月还有 4 户一楼居民持反对意见，其中一位住户表示强烈反对。

该住户反对的原因有：①一楼不需要使用电梯，且担心通风采光受影响和房子会贬值；②几年前家里由于楼上漏水墙体剥落，所有电器线路短路，但楼上邻居没有一家承认，致使邻里关系僵化；③由于一楼潮湿家里多年来深受白蚁之害，造成不少经济损失等。虽然按照相关政策，加装电梯可边建边协商，即便低层居民有不同意见，只要 2/3 业主同意，准备好补偿方案报给街道，街道出具"信访维稳承诺书"，就可申请加装电梯。但社区本着业主自愿、社区自治、增进和谐的原则，不想使用出具"信访维稳承诺书"的方式，而是尽最大的努力来化解这

一分歧。为此，社区专门针对该住户的三个问题召开协商会议，但是第一次协商工作进展不顺利。此后，社区采取了多种方式和该住户进行协商沟通，比如多次组织召开单元议事会、街道办事处主任结合大走访上门入户了解具体情况、请住户的老师等相关人员单独沟通、社区书记多次上门以拉家常的形式进行调解等。好事多磨，经过社区人员不懈的努力，终于于 2017 年 7 月 11 日与该住户达成一致意见，其他 3 户反对居民也经过居民代表们的共同努力全部在征求意见书上签字同意增设电梯。

（四）总结评估

近年来，我国相继颁布了《关于支持整合改造闲置社会资源发展养老服务的通知》《关于推进老年宜居环境建设的指导意见》《关于鼓励民间资本参与养老服务业发展的实施意见》等多个政策文件，建设老年宜居城市、老年宜居社区是未来的趋势。友好的社区环境能够增强老年人的自我效能感，强化老年人的社会交往。但是让老者能乐居的社区不会一蹴而就，需社区各主体共同支持，共同参与营造。自 2015 年 7 月 8 日至 2017 年 7 月 11 日，GY 社区 MJJ40 号 5 幢加装电梯的成功协商耗时整整 2 年，社区与居民一起经历其中的跌宕起伏，共同感受协商和自治的魅力，相当于自学了一堂完整的公民教育课。除社区工作人员的积极努力外，本轮协商的成功也离不开始终充当斡旋者的居民代表，社区应将他们纳入社区理事或常务理事的范畴，为将来电梯运营及社区其他公共事务的协商奠定基础，也让有公德心和公益精神的居民对社区有归属感。

案例 17   社区养老需求大 和合文化助协商

（一）社区背景简介

BD 社区隶属 GL 区 J1 街道，位于繁华的 LJ 片区中心地段，占地面积 0.41 平方公里，环境优美，交通便利。社区住户 3683 户，约 11050

人，其中 1/3 为老年人，老年人口较多，居民整体素质较高。一直以来，围绕老年服务，社区致力于发展"和合文化"。之所以发展该文化，来源于社区所在地的一个典故，象征和谐与合作。

（二）现有发展案例

1. 搭建合餐平台，开展为老活动

经多方商议，依托"和合文化"，社区搭建起了合餐平台。该平台融合了多方力量，包括业委会、物业公司、居民代表等，是社区合系列的组成部分。合餐的宗旨是为社区老人提供和合餐。每年重阳之时，社区内居民就会把自家烹饪的美食带到社区，提供给空巢老人、90 岁以上的老人、残疾老人等。此外，社区还举办了与部队联合的和合餐活动、百岁老人的长寿面活动等。

2. 丰富老年生活，成立合学堂

根据老年人口多、居民素质高等特点，社区商量决定成立合学堂，发挥退休老师等社区各方面精英的特长，让老年人、儿童及其家长都参与到合学堂中。如学堂成立了社区剪纸工作室，教小孩子、老人学习剪纸，既培养了孩子的动手能力，也丰富了老人的娱乐生活。

（三）协商提升社区养老发展

根据联合国的规定，凡 60 岁及以上人口占 10% 或 65 岁以上的老年人占 7% 的国家和地区即为老年型国家或地区。BD 社区 1/3 的老年人口已经大大超出联合国规定的比例，属于名副其实的老年型社区。在这样的社区中，发展出助老养老机制已是当务之急。目前 BD 社区已经就养老助老进行了一些有益的探索尝试，依据高学历老年居民较多的特点，可进一步发展文化养老。围绕文化养老，在娱乐、养生等方面发展出更多、更丰富的内容和形式，如养生、营养餐等内容对文化老人非常具有吸引力，还可借助互联网进行推广，范围扩大到老年人的子女。另外，在构筑文化养老之时亦可加以"智慧"元素，如构建社区老年人的线上信息网，通过为老年人建立档案来收集老年人共性需求的大数据①。老年人线上信息网便于政府、社会组织、社区工作人员及时了解老年人的信息，对老年人的需要给予及时回应。

在为文化养老引进更多新内容新形式时，可通过协商而达成。之所以要通过协商，是因为社区事务繁多，时间、精力以及创新能力毕竟有限，必须借助各方资源形成合力才能推动文化养老的发展，而协商则是调动各方资源的平台。社区可以用协商的技术搭建各种平台，用协商的技术推动各种平台的运作，让包含社区精英在内的社区居民来为打造文化养老献计献策，推动各项老年服务活动的推行和实施。这样也达到了社区减负目的。其实就打造社区文化养老进行协商，也扩宽了协商思路。在实践中，协商的惯性思维是有冲突有矛盾才协商，但其实可进行前瞻性协商。即当社区预感到可能存在的问题时就可提前进行协商，针对这个潜在问题进行分析，商量对策。有预见有规划地定期协商，对社区而言非常必要，而这一良性运作有赖于系统化、正规化的组织。其中关键是要让居民有平台表达自己的意见建议，比如：每月1日至5日可让居民定期到固定平台反映自己的想法，通过这种方式采集居民的需求；6日至30日这个时间段，社区协商理事会针对提案进行排序，并一一进行回复，无论居民反映的事务能否解决都给予及时回应。总而言之，协商不完全是有问题才协商，有些协商是探讨性质的，有些是培育性质的，有些是规划性质的。通过这样的参与、回应、沟通对话，社区才能获得居民的热爱与认同。

---

① 闵学勤：《用大数据打造"三共"社会治理格局》，《新华日报》2018年4月4日，第13版。

第六章
社区协商的技术路径

吉登斯在论述其时空区域化方式时曾举例，随着大功率人工照明成为一种常规方式，互动场景在夜晚的可能性大大扩展了①，而互联网技术尤其是移动互联网的迅猛发展和普及更是让人们的互动在时空上得到极大延伸。戈夫曼（Erving Goffman）的"拟剧论"进一步将人们的日常生活空间分为前台区域和后台区域：前台区域即日常接触或社会交往的场合，人们在此场合表演自我呈现较为被社会接受的形象；后台区域则是私人空间，人们表现较为放松并可能暴露真实的自我②。就社区协商而言，线下面对面的协商可以对应戈夫曼的前台区域，而依托移动互联网技术的"云协商"线上治理模式则更接近后台区域，良好的社会互动需要完整的表现模式，因此二者都十分关键。社区协商要取得关键性突破，打造线下线上共存的协商框架或许是可行的技术路径。

第一节 协商日的约定

现代社区人缺乏相互关怀，各自独立，他们或渴望对同住一栋楼的

---

① 〔英〕安东尼·吉登斯：《社会的构成》，李康等译，生活·读书·新知三联书店，1998，第 207 页。
② 〔英〕安东尼·吉登斯：《社会的构成》，李康等译，生活·读书·新知三联书店，1998，第 211～216 页。

人有所了解，或有心改变社区让自己生活更美好，然而平台支撑的缺乏让这本应具有极大参与活力的人群对邻居保持沉默，对社区保持距离。由此导致的种种社区问题亟须一服良药医治，于是有社区开始尝试居民、社区工作者、各职能部门相约定期会面，共同协商救治妙方。

一 社区认同缺失的现状

社区认同是指居民在一定地域范围内因生活互动而产生的对社区空间、人际、文化及管理模式的喜好、信任和归属感。与国家认同、宗教认同、城市认同不同的是，社区认同不仅是社会认同在微观层面上的重要载体，更是居民提升社区参与、加强社区意识、实现社区治理的内在动力。"我是谁"或者"我们是谁"，类似这样的个人认同或社会认同问题经常困扰着现代人，特别在陌生人聚集的城市社会，城市市民一方面需要在大量异质群体中发现同类，从而找到情感和价值观的认同与归属，另一方面，科层制下市民也希望在社会认同的过程中进行积极区分、比较，以维护自尊并获得组织认同带来的自我激励和更出色表现。社区认同作为城市社会集体认同的主要承载之一，可极大地缓解都市快节奏生活下的疲乏、困惑和迷茫，但就目前社区生活现状中所表现出的社区意识淡薄、社区参与不足、社区自治乏力等现象来看，社区认同缺失已是不争的事实。

社区协商在发展社区民主、维护居民权益、提升社区公共服务水平方面的重要意义表明其能在相当程度上弥补社区认同的缺失，在进一步探讨这一补救的可行性之前，有必要对社区认同缺失的构成因素展开分析。

1. 利益链因素

按照社会理性人的假设：人们为达到一定的目标，在采取社会行动时，越来越趋向于以社会规范、文化习俗、他人行动和自我感知为行动选择域，通过合适的和相应的手段，以获取社会利益最大化①。这里的社会利益既包含经济利益，也包含在政治、文化和情感方面获得的利益。也即个体参加集体行动或公共事务的主要目的是获取利益，只是不局限于经济利益，都市人介入社区生活也不外乎如此。

如果将市民的社会生活分为职业化生活与非职业化生活两大类的话，社区生活几乎占据非职业化生活的绝大部分。表面上人们在职业化生活中获取经济利益以维系和提高生活质量，进入社区生活似乎应满足除经济利益以外的其他需求，但在现代都市人日趋理性化的过程中，人们仍然希望在社区生活中满足利益最大化，即使利益来自文化的或情感的，抑或是间接导向经济的，甚至政治的，如此往复的利益驱动最终导向的认同驱动，才能促使市民更愿意积极主动地参与社区生活。

事实上，目前的社区生活还未完全应和现代都市人的利益需求，梳理一下市民脱离单位社区进入新社区生活的全过程，就可以发现市民的利益链在社区生活中没有得以延续，这既与城市改革有关，也与社区管理体制及城市人的心理变迁有关。在经历单位体制改革和城市房地产市场异军突起之后，相当多的市民还来不及回味市场经济的残酷，就因城市大规模拆迁被迫离开单位社区而选择新社区。他们既存在信息不对称下的盲从，也存在经济实力的限制，同时带着对新社区的理念和对服务能迅速填补疏离感和陌生感的渴望，又遭遇新社区还未摆脱的"街-居"行政管理模式，以至于都市理性人显性或隐性的利益最大化倾向在新社区生活中被无情扼制，由利益认同而导致的社会认同也被暂时搁浅。

2. 共有资源因素

社区的共有资源大多是城市整体资源的缩小版，这种近距离的、徒步可及、伸手可触的归属资源，自然激起社区居民对这些公共资源的享

---

① 闵学勤：《城市人的理性化与现代化——一项关于城市人行为与观念变迁的实证比较研究》，南京大学出版社，2004，第 20 页。

有欲，而多数社会实证表明市民在分享公共资源过程中的偶然相遇、无意点头，进而发展成相互熟识、自愿结对的邻里关系强化了他们对社区的认同感。城市规划专家简·雅各布斯（Jane Jacobs）认为人们心中对社区的理想就是"如果人们能够分享某些东西，那么他们就能分享更多的东西"①。也就是说，不仅人们认为社区应该有许多公共资源供社区生活所需，而且即使现在这些资源已经很丰厚，社区居民仍然会要求更多。更何况著名经济学家萨缪尔森（Paul A. Samuelson）对公共物品需求的一语中的，他认为"随着富裕而来的是人们更看重公有物品而不是私有物品"②。如此不断升级的公共资源需求意愿客观上推动了城市的发展，但不可否认的是如若公共资源稀缺，从任何其他渠道获得的社区认同很快就会失去根基。

就目前社区发展的客观现实而言，大部分城市社区公共资源严重不足。与西方发达国家城市社区建设相差近百年的中国社区建构历程无疑阻碍了这些公共资源的培育、建设，而长期单位制所形成的"政府－单位"公共物品供给体系，在转型时期社区日益增长的多元需求下多少显得有些力不从心，比较理想的由政府部门、社区组织、民间组织、营利企业、居民自身等权利主体互惠合作、自愿主动地供给公共物品的局面仍需较长时间才能形成。不仅如此，2021 年出台的《民法典》物权篇也才第一次以基本法的形式界定了社区内现有公共资源的所有权，更不用说一些更丰富的类似国外离每家每户仅 5 分钟徒步路程的大型公共社区中心的建构，在相当长时间内以较少的公共资源来获取社区居民更多的认同仍是艰巨的任务之一。

3. 差异化因素

异质性城市在进入 21 世纪后表现得越来越明显，城市绝不再是统

---

① 〔加〕简·雅各布斯：《美国大城市的死与生》，金衡山译，译林出版社，2006，第 54 页。
② 〔美〕保罗·萨缪尔森：《经济学（上册）》，高鸿业译，商务印书馆，1979，第 37 页。

一均匀的空间，而是质地明显不同的多种区域的集合，其吸引力具有高度的选择性，每个区域各不相同，既是因为各自的长住居民存在差异，也是因为各处偶尔来访经过的局外人也有差异。各个区域之间的界限有时清楚地划定并得到守卫，但更为经常的是模糊不清或是标识不足①。全方位、多结构差异化对社区认同构成了新的冲击，同一社区内不同背景的居民大量存在，不同的居民有不同的利益需求，而且交往的目的、方式也呈多元状态，在较少的社区互动中形成统一认识，从而达成认同的可能性也势必降低。

差异化的个体面临一成不变的社区管理模式时，也难以获得共鸣。受全球化和市场经济冲击的城市市民几乎每天都在变迁之中，社区如果固守自上而下一贯制的管理机制，其更新的意识和速度与市民不能同步，那么两者的差距只能不断扩展。与此相对应，同样处于市场经济中的企业就比社区有更灵活的机制和适者生存的意识，员工之于企业比居民之于社区就自然有更多认同的可能。

当然差异化因素是社会认同原本就要克服的障碍，认同本身就是将某些共同属性赋予不同的个体，当这些个体有较大差异时仍然共享强烈的认同，那么认同客体的价值也就愈加凸显。问题在于不能纳入市场轨道的社区容纳了差异化不断递增的居民，如何填补其间的鸿沟，社区协商日的约定便是解决方案之一。

二　常态化定期协商促进社区认同

社区协商作为一项制度安排，是通过重塑社区多元主体、规范社区协商内容、提供社区议事平台进而不断提升居民社区认同、改进基层社会治理的技术手段，而客观稳定的协商频次则是这一技术得以发挥积极作用的重要保障与制度建设。建立制度化、规范化、程序化的长效机制

---

① 〔英〕齐格蒙特·鲍曼:《个体化社会》，范祥涛译，上海三联书店，2002，第105页。

是推进社区协商的保障。三者中制度化是最为根本的要求，规范化、程序化不仅是制度化的延伸要求，也是制度化的保证，而常规稳定的协商日不仅是一种制度建设，亦是集社区协商制度化、规范化、程序化三者于一身的必不可少的条件。

固定的协商频次如一个月选一天作为协商日甚至发展到后来居民对协商议事形成依赖后一周一次，对于协商民主的推进十分重要。议事会将专题或综合的会议合并起来，在固定的日期里集中讨论，即使无问题型事务需解决，也可以就社区文化、社区发展规划等进行沟通。社区协商日定期面对面协商处理与居民利益、公共资源建设等相关事宜，久而久之，不仅能推动社区治理，也能在潜移默化中培养起居民的社区认同感。

（一）平台支撑的协商：保证沟通渠道畅通

就基层实践而言，协商理事会是作为街道政府层面搭建的平台，通过职责清晰、分工明确的理事制升级，能有效处理好社区内政府、市场与社会三者之间的关系，是解决社区居民日常生活的各类问题，满足社区居民对政府公共服务、社会公益服务和市场多样化的重要组织。协商理事会模式一方面可以大大提高组织成员的荣誉感，进而提高其积极性；另一方面，理事的组织结构包括理事会、正副理事长，能进行社区基金运作，进而盘活一部分资金、资源。当协商议事会平台发展到一定程度时，就可及时进行注册。理事会在将网格化、协商民主、未来可以运作的社区基金相互融合的同时，也集中起社区的精英，逐步建立和完善理事制的章程。

如果社区居民除了日常工作生活外，通过固定协商日来高频参与协商，并且习得应对协商的公平与效率问题的多种方法，那么社区协商不仅有利于社区问题的解决，对社区文化的建构、居民公民意识的成长等都将有极大的帮助。通过固定协商日，居民可进一步从对这一制度安排参与、运用、评价中萌发出社区认同感。

（二）需求支撑的协商：优化共有资源

社区内进行的社会资源再分配直接关系社区获得公共资源的渠道是否畅通、日常生活是否改善、社会交往和抗风险能力是否增强等重要内容，而这一再分配的可能出路就在于社区以居民需求为支撑进行的有效协商。需求支撑的协商在要求协商的议题必须与多元主体特别是社区居民的利益高度相关的同时，也要求议题所涉及的内容是需要通过民主协商才能有效解决的疑难杂症。因此为有效激发多元主体参与社区协商的热情，在协商前应广泛征集各方面意见，根据议题合理确定社区协商的成员范围。

以需求为支撑的协商要求协商的议题能让居民感受到社区参与的成就感与获得感，社区协商应充分挖掘社区居民需要的公共资源并有针对性地进行有效处理，居民对于相关公共资源的需求在社区内有时显而易见，但更多时候是隐性的，是在不断参与协商、评估协商的过程中暴露出来的，这也就更加体现了固定协商日的重要性。

（三）社区文化支撑的协商：培育社区"共同体"意识

单个社区居民固然差异化明显，社会阶层、知识水平、财富积累的不同也几乎让每个居民都有其独特性，但居民生活在社区中，每天都真切地接触和感受着社区的方方面面，其耳濡目染的是具有鲜明特色的社区文化，因此社区文化对居民的影响是最直接、最有效的。尽管居民对丰富的社区文化感受各异，其在自己社区独有的文化氛围中品味出的让自己心旷神怡的那一份愉悦感受却是一致的。社区文化是社会文化的重要组成部分，在具有社会文化共性的同时，受到地理条件、传统精神、风俗习惯、居住人口、社区组织等具体因素的影响，又不可避免地被打上该地区的烙印，这让居民社区文化共同体意识的培育有了现实依据。

以社区文化为支撑的民主协商包含了居民对于公共资源不满足的内容，全体社区成员在实践活动中不断创造着社区文化，常规稳定的社区协商更为丰富的公共资源、社区成员共享的社区文化营造提供了制度保证。通过持续固定的协商，各有价值的居民不断发挥其主观能动性，将自身特长应用于社区建设，居民的差异性反而丰富了社区文化的内容，在长期的协商互动中加强社区居民交流、凝聚社区人心，培育对社区的深厚感情，提升社区共同体意识。

案例 18　　　　　持续固定协商日　长久幸福桃花源

（一）社区概况，案例背景

R 街道 XT 社区位于 R 东侧，社区地域面积约 0.5 平方公里，办公面积 400 多平方米，有楼幢 32 座，住户 1400 户，总人口约 4100 人。其中 60 岁以上老人 727 人，社区退休党员 146 人，社区成立了党总支，下设 3 个二级支部、楼栋单元党小组 26 个，社区志愿者 60 人。

"去行政化"后，社区自治也成为多数社区创新工作方式的重点。XT 社区开始尝试"有一说一居民说事制度"。在 XT 社区，院子里的大小事都由各楼楼长、居民代表、党员代表协商审议，特别是在如何使用"为民办实事专项经费"的问题上，广泛征求居民意见。据悉，从 2015 年起，N 市配套每个社区 20 万元的"为民办实事专项经费"，这笔经费怎么花，都由居民说了算。XT 社区陈主任介绍说，自 2018 年以来，社区通过"有一说一"工作室和居民代表大会，先后将经费用于社区 20 多处环境整治，开展了十多项文体活动，引进并扶持了一家社区居家养老机构。2019 年，该社区"为民办实事专项经费"增长至 30 万元，社区实事项目有了更多选择。

（二）协商推动，制度建立

"有一说一居民说事制度"产生于一具体社区协商案例：当时 R31 号，一楼是商户，楼上是居民。该楼栋背后过道被一楼商户占用，卫生环境很差，引发居民不满。一直以来，居民通过其他渠道反映没能得到解决，后来该事反映到"有一说一"工作室，居民的诉求是在过道建车棚。"有一说一"工作室每天都有值班主任，主任向调委会反映此事后，调委会觉得有必要进行协商，此事被提上议事日程。具体做法是围绕北面过道能否建设车棚开展居民议事会。当时邀请了商户代表、居民代表、民警、城管科工作人员等，各方充分表达了意见，如城管主要就环境整治问题表达看法、民警从社区安全的角度出发提出观点、商户就自身安全和空间利用问题表达意见、居民则是从安全和出行方面表达诉求。通过协商，大家决定把过道清理，同意做车棚。由于是三级议事，协商现场并没有当场决定怎么做，而是把它列入了当年为民办实事的计划中，然后正式进入居民议事程序。

（三）固定协商，规范程序

"有一说一"主要采取"一室一会一日"的模式，一个专门的工作室、一个调委会（主要由辖区单位党组织负责人、党员和居民代表，一共9人组成）、每月11日是议事日。比较重要的事情，相关主体都会在11日进行协商。具体的说事流程：开放说事，分类理事，民主议事，合力办事，公平行事。"有一说一"在分类理事下分了三个等级，即小事、复杂问题和难事。程序是首先进行讨论，然后由居民代表大会进行表决。

"有一说一"整个的议事流程包括开放说事听民声、分类理事察民情（让群众感受到诚意）、民主协商集民智（让群众能够参与进来）、合力办事解民忧（让群众成为受益者）及公开行事安民心五个做法。其采取的形式：一是工作室接待，包括意见箱、工作电话及说事网络，由楼栋长负责，发挥楼栋长作用；二是登门听事，融合目前在社区推行的网格化服务，每位社区社工负责300户居民，需经常上门入户了解情况，尤其是那些行动不便的居民。"有一说一"按照事件的轻重缓急不同而采取差异化解决方案。首先，对于日常小事，如邻里矛盾、楼上居民漏水之类的问题，予以及时处理，第一时间现场查看，能协调的就当场协调。其次，对于一些比较重大的问题，一般由调委会来协调，固定在每月11日会把议事各方召集起来。当日协商什么事情，需请哪些部门参与，哪些事情要进入居民代表大会来表决等，均会提前制定初步方案。最后，遇到一些超出居民议事范围的难事，工作室会及时上报，由街道层面来进行协商。

（四）"有一说一"，落地实践

1. 多主体协商解决商户扰民问题

该小区内某商户在一楼经营，给楼上居民造成不良影响。居民反映后，"有一说一"工作室先进行了初步调节，比如劝说商户迁址等。其后在协商日当天调委会邀请食品、药品、环保、城管等多部门介入进行协商讨论，拟订解决方案及落实具体事项，最后交给社区居委会进行居民代表的表决，到居民代表大会审议，协商的结果是商户迁址，该问题得到圆满解决。值得注意的是，当地基层政府已经意识到很多事情不能由居委会代居民做决定了，即便是为民办事也要尊重民意，协商有了方案以后还要请居民进行表决。

2. 修缮扰人的树

一棵长在该小区86号院的树影响了64号院居民的日常生活，接到相关反映后，社区相关负责人表示修树没问题，但因树下面有平房，修树很可能会对房子产生影响。当时也联系了绿化公司，给出的意见是，修树可以，钱由地方出，房屋如果受损，不赔偿，需要居民签保证书。针对这一问题，"有一说一"工作室上门搜集民意，居民表示树不属于自己，要维护，但不愿承担损失，此事一直悬而未决。后来调委会决定就此事进行协商，协商会邀请了两个院落的产权单位、二汽公司、环卫所、城管部门以及居民代表等各方主体。会上各方表达看法，最后各部门支持为居民办实事，效益欠佳的单位表示损失在5000元以内的它们解决，环卫所表示损失在1万元以内的它们承担，街道层面也承诺若损失太大，可予一定支持。会上也请绿化公司详细解释了施工方案，包括工期、断电情况、如提前撤离贵重物品处置注意事项，等等。最终决策落地，小区一共修缮3天，损失较小，房顶略微损坏，经费开销4000元左右。

（五）多方联动，成效显著

"有一说一"工作室的工作并不是被动解决问题与满足需求。为了更好地为民办实事，工作室制定了专门的宣传栏和计划表，每一期所做的项目都有前期、中期、后期的具体对比，并将对比的结果以张贴公告的形式展现给居民。不仅如此，工作室每年固定的工作评议还会充分发动楼栋长的力量，评议会上的相关内容由楼栋长传达给相关的居民，广大居民不仅对社区协商有了更为具体的了解，对社区也有了更为积极的态度。此外，在建立"有一说一"这一平台之后，居民反映需求的情形也有了很大的改变：以前居民到社区反映情况，若社区主任或书记不在，事情几乎无法得到解决；自有了"有一说一"工作室，建立轮值主任值班制度后，居民不仅能找到"说事"之地，也能找到"说事"之人。由于协商渠道相对畅通，居民遇到大部分问题不再需要打"12345"热线，而是首先由工作室来解决。

"有一说一"工作室尽管也存在协商未果的情况，但在各方共同努力下还是解决了社区内平常如鲠在喉的难题。其实包括社区发展在内的协商，均需多方主体共同支持。社区内的各方主体正在逐步共建友好协商机制。居民提出某些服务需求后，工作室能及时邀请相关单位负责人到社区进行协商，并根据实际情况列出"任务"清单请相关单位认领，促成需求满足。比如：居民想要学习摄影开设摄影班，国税局提供了相应的赞助；电脑班一直找不到合适的老师，旁边一个社区信息部提供了老师，每周上一次课；居民想要小饭桌解决养老吃饭问题，工作室和业委会协商，业委会便提供了一间办公房作为活动空间；居民想要在社区里健身，工作室便依据现在提倡的10分钟健身圈，与相关单位协商之后，解决了社区里健身设施短缺的问题。可以看出，在不断协商解决社区基本需求问题的同时，"有一说一"工作室也通过协商结交了各部门单位，整合了各方面的有效资源，使社区功能得到进一步挖掘和提升。

在参与主体方面，前文提到的工作室轮值主任由社区内 5 名党员骨干组成，在普通居民方面，工作室也尽量让楼栋长发挥更多作用，比如各个会议记录让相关楼栋长承担。尽管当前调节的矛盾纠纷以环境卫生和邻里纠纷之类的微观事宜为主，但议事会让居民遇到的问题在社区层面就能得到及时解决，而不用诉诸投诉热线等渠道。即便是一些比较尖锐难以处理的事件，也能在社区进行协商，而免于居民走上上访道路，让事件演变成群访事件。

（六）总结评估

"有一说一"工作室协商制最关键的是将协商常态化，即做到了每月有固定协商日，工作室日日有轮值主任，相当于为居民的各种需求开辟了绿色通道，或者说有了一个出气的"安全阀"。一旦协商制度常态化，就有满足居民诉求之地，居民的社区归属感也会随之而来。值得注意的是，三级议事尽管程序相对合理，但最后仍需居民代表大会审议，如果居民支持人数不到一半，还是会有后患。例如，碰到居民中的不服者，或是有严重不同意见的社区精英，他们想要以人数未过半为由来推翻协商成果并非难事。而协商这种方式在合法性上目前没有太多保障，所以需在协商程序上尽量保持完整。此外，当经过一段时间，协商成为普遍模式，居民素质进一步提升，尤其是年轻居民参与到协商时，就会有人来挑战社区的协商。如很可能出现这样的情况：有些居民刚出差回来，并没有收到相关协商的信息，就会指责社区仅仅找熟悉的居民投票，而自己却完全不知情，进而质疑协商结果。XT 社区开启了"有一说一"这个平台，并且已经在坚持一年的基础上沉淀了自己的方法和思路，接下来便是进一步完善平台。

"有一说一"制度若要再上一个台阶的话，可以有以下几点思路。

1. 建立微信平台，不管 QQ、微博运行状况如何，建立微信公众平台仍然十分必要

一方面，微信更新快速，其公众平台设计的合理性决定了微信平台今后在社区工作中的作用会超过微博与 QQ。建立起微信平台后，可以尝试三个平台同时运行，这样可以最大限度地卷入年轻群体，他们的活跃度将远远超过老年人。虽然没必要每个社区建一个微信公众号，但至少需有一个微信群，纳入积极分子，形成老年线下、年轻人线上的良好局面。当社区将年轻群体梳理好后，渐渐会体会到这一群体带给协商不一样的积极力量。一旦缺少对年轻群体的梳理，社区工作人员会惊讶于其强烈的维权意识与日益生长的公民意识，尽管从学者的角度来看，年轻一代的批判性与民主观念与日俱增是正常现象。独特的自我意识与时间观念让年轻群体与社区工作人员面对面交流沟通的可能性愈加变小，微信平台便是解决这一窘境的有效渠道，如此居民的整体满意度也会得到提升。

2. 从"小协商"走向"大协商"

小协商就是街道社区书记主任一肩挑，像本案例中轮值主任才 5人，规模相对太小。大协商对一个社区而言要 100 人参与，至少 20 人可以承担主任级角色。仅有 5 位成员的小协商，面对未来越来越多的积攒事件，再大的热情也会显得力不从心。升级为有 20 个人轮值的大协商，社区书记主任可以担任总负责的角色，人员构成显然更为合理。具体做法可以是，按人口比例，在现有的老年积极分子中挑选 20%，剩下 80% 必须想办法扶植年轻人。年轻人或许因上班等太忙，在空间上并不能做到面对面协商，但未来的协商不必也不可能事事都坐下来，而可以借助网络平台实现。之所以强调按照人口比例选择轮值主任，是因为一旦服务不能和人口比例对应的话，总会发生疏漏，且往往漏掉的是年轻人。通过微信平台在线接受申请、在线轮值主任将是适合他们的方式。协商不能事事依赖一两位主任书记来回复，而是要授权轮值主任，

让轮值主任将解决方案反馈给居民。这样，在将来面对海量协商议题时，工作人员和居民都能得以应对。最后，应让居民以社区议员的方式加入网络平台，单纯命名志愿者不容易把人"笼络"住，需通过更尊重、更有价值、更高层次的称呼团结更多人深入参与，而不仅仅是参加社区的文化活动。

3. 加强协商模式的模板化、规范化

"有一说一"模式既然已经在某种程度上领先了，就该朝着更加专业化的方向发展。未来很多事情都需通过议事，XT的协商模式已经程序合法并取得一定成效。程序合法了就能获得议题，挑选议题，构成提案，进入协商环节，多次协商后居民也已经感受到协商的价值。将来除了要在程序合法中保障诸多细节，也要探讨决策的合法性。街道社区应当有意识地将议事升级为真正的协商民主。"议事民主"中的"事"，一定程度上降低了协商的更广泛涵。一些大规模的协商，参与人数众多，格局平台都可以，很需要街道社区改变表述、提升层次。相对于议事，协商民主层次更高。在未来行政模式中，居民意见会越来越重要，而协商就是倾听民意，政府需放下姿态来倾听民意。XT的"有一说一"模式已经在倾听民意上有所领先，下一步需理念升级，提升层次。其实，对居民而言，身边的事情都是大事，即使是移一棵树。

4. 在模式推广中不断完善

"有一说一"协商模式取得了种种成效，理论上已可以在其他街道社区进行推广。街道内的协商模式、协商品牌以统一为宜，不需每一个社区都自创一个品牌。XT有一年多的协商经验，可以向其他社区进行介绍，而且如果各个街道社区都形成"有一说一"，反而有气势，可以形成一个大品牌。尽管很多街道也在一定程度上形成了自己的独特经验，但要重建一个新的协商品牌也并非容易之举。在"XT模式"推广的过程中，必然会发现新问题，因为传授经验和自己经历的过程始终有所区别，但在既有经验支持下，被推广的街道社区往往不需再大动干戈，只需在 XT 的基础上进行小微调、小创新，就可形成另一个有特色的模式。按这种思路，像 XT "有一说一" 这种特别接地气的称谓，也可推广至街道，如此，作为原创社区的 XT 也较有成就感。

5. 固定协商的原则不能变

缺乏约定日的协商永远都只能算是属于社区工作者的而不是居民的。社区在发展，居民在进步，协商日的固定在这种情形下显得尤为难能可贵。即使居民过了很久才发现有这样一个议事园，固定的协商频次也很容易让他们形成积极参与社区协商的文化习惯。就 "有一说一" 制度而言，只有不断坚持固定协商，慢慢培养协商意识，居民才会有恒心有信心去积极参与。其实，社区协商能够固定下来的，不仅仅是协商日期，也可包括百人协商名单、协商地点、品牌等硬件资源，这些在不违背原则的前提下都应当稳固下来。社区固定在某个地点某个时间集中协商，就是为了让居民知道有事就可以在相应的时间去相应的地方反映，为了让居民和社区一道完成协商的约定。

案例 19　　　　四步协商走程序　固化路径迎生机

（一）背景分析

隶属 XT 社区的 JJY102 号居民楼，建于 20 世纪 80 年代，共有住户124 户。居民楼一楼是门面房，以经营餐饮为主，与相邻的凯鸿隽府小区间有条隐蔽的长巷，一楼的餐饮店多数违规私开后门，把巷子占作后场，搭起披棚，摆起杂物，甚至生起炉子，严重影响小区居民的生活环境。另外，部分社区居民也会时常往下乱扔垃圾，久而久之，巷子垃圾遍地，蚊蝇乱飞，油污横流，原本干净的公共区域竟变成了卫生黑角，备受居民非议。

为了维护社区居民的合法权益，改善居住环境，提升居民的生活幸福感，在社区的指导下，JJY102 号楼居民成立了业主委员会，随即由业委会出面与商户交涉环境黑角问题，但多次交涉后收效甚微，长巷中居民与商户的大小矛盾冲突不断，甚至有愈演愈烈的态势。

为了化解双方的矛盾，社区借助街道力量组织人员集中清理，但突击式的清理无法解决眼前的根本矛盾，往往是前脚刚清理完毕，随后即恢复到脏、乱、差的情况，居民对此怨声载道。面对此种顽疾，居民不甚满意，商家内心怨愤、社区左右为难，三方焦灼不下，问题再次被提上日程。

（二）协商过程

1. 分析评估：协商工作室接"案"，听取居民代表意见

为尽快能破解公共区域被占难题，化解居民与商户间的矛盾，还社区以和谐，协商工作室理事会组织专题研究，邀请业主委员会成员全方位征求居民意见。居民代表认为 JJY102 号居民楼公共区域资源本就十分有限，但是商户的行为不仅占据原属于居民的公共区域影响出行，还存在显著的消防安全隐患，必须严加处理。对此，居民代表提出两点利益诉求：一是封堵商户后门，将空地彻底整治干净；二是利用空地建一个公共车棚，解决居民自行车、电动车的停放问题。此外，居民代表还严词表示如果社区协商工作室此次不能彻底解决脏、乱、差问题，就会组织居民到一楼商户门口堵门，强迫他们停业。

2. 调研走访：走访沿街商户，调研方案可行性

带着初步意向，协商工作室的工作人员分别走访了各家商户，征求意见。部分商户听说要封门建车棚，坚决反对。商户们表示后门属于安全通道，可防止意外，坚决不能堵！他们认为既然在一楼，公共区域应该也有商户的一部分，如果他们拒绝接受建车棚的意见，车棚就不能建立起来！其中一家商户甚为极端，认为建车棚堵后门，无异于断了自己的生路，竟然以命要挟。

3. 多轮商事：双方僵持，组织多方协商

利用空地建车棚本是惠民利民的好事，但在实际推行中却困难重重，举步维艰。一方面是社区居民迫切的利益诉求，另一方面是商户的切身利益，左右为难，事情进入焦灼期。此情此景之下，由协商工作室

牵头，将业主委员会成员、占领公共领域的8家商户店主、街道城管科科长、"两站一中心"办公室主任、综治办负责人、社区民警多次组织起来，就修建公共车棚一事进行专题协商。协商会上，各主体方各抒己见，社区居民充分表达利益诉求，商户表明自己所担忧的安全问题，街道城管科从拆除违章建筑、整治环境问题的角度表达意见，综治办、社区民警从治安、消防安全视角提出可行性意见，协商工作室成员综合各方陈述理由，客观公正地同各相关人员陈清利害关系，积极引导双方求同存异。经过多轮协商，梳理各方意见建议，社区居民和商户最终达成和解意见：一是商户同意拆除违章建筑物，支持居民修建车棚；二是从消防安全考虑，居民不再坚持围堵商户后门，商户对此也表示此后绝不再占用后场；三是环境卫生问题商户和居民共同维护，楼上居民乱扔垃圾的问题由小区业主委员会负责与对应居民沟通；四是社区将修建公共车棚列入本年度"为民办实事"计划。

4. 求同存异：挨家挨户征求意见，居民代表大会表决

公共区域建车棚涉及全体业主共同利益，为了将好事办好、办实，协商工作室建议小区业主委员会召开临时业主大会，广泛征求居民意见。业主委员会采取带着意见征求表上门的办法，尽可能让每一位业主都发表意见。最后，在超过2/3业主同意修建车棚的基础上，社区召开居民代表大会，就JJY102号修建公共车棚"为民办实事"项目进行表决并顺利通过。

（三）取得效果

通过多方主体四步协商，废弃空地由卫生黑角转变成为民利民的公共车棚，居民的生活环境得到大幅度改善，居民与商户之间的矛盾得以化解，居民参与社区事务决策的意识深入民心，社区氛围更为稳定和谐。在车棚顺利完工后，社区将管理权移交小区业主委员会，自此，车棚使用正常，居民车辆停放有序。根据协商说事达成的共识，后续小区业主委员将会自己想办法，主动为车棚安装监控，将小区停车变得更为

（四）总结评估

协商就是听取多元意见、动员多方参与的过程。社区协商工作室发动各主体方积极参与协商，充分听取群众意见和建议，为社区矛盾的解决找到适当的方案，引导社区人以"和谐"为目标来处理大家共同面对的小区生活议题，也为社区科学决策、民主决策、依法自治创造有利条件，从而改善小区居民的生活环境，提升居民的小区认同感和生活满意度，并且在居民之间、居民与社区之间建立了紧密的社会联系。

协商是一个细水长流的过程，问题出现后，并非一蹴而就就能解决，从意识到问题到彻底解决问题是一个曲折前进的过程，在这个过程中，问题可能在一次协商之后的短时内得以解决，也有可能由于错综复杂的原因暂时停滞，但是不能就此长久搁置问题，需要在尊重民意的基础上一步一步推动问题的化解，最终实现问题的解决，让居民满意。以"修建车棚"为议题进行四步协商，实现了居民由结果知晓到过程参与、从过程参与再到决策参与的递进式转变。让居民从反映问题等待结果的诉求者转变为分析问题、解决问题的实施者，从服务的接受者变为服务的提供者，进而成为社区治理的重要参与者。居民在一轮又一轮的协商中寻求共识，共同行动，共同治理，建立起社区生活新秩序，构建出新型的社区治理生态系统。

第二节 "云协商"何以可能

20世纪90年代后期以来，互联网及紧随其后的移动互联网催生了不少社会治理新名词，例如电子治理（E-Governance）、电子政府（E-Government）、电子民主（E-Democracy）、数字治理（Digital Governance）、数字政府（Digital Government）、移动政府（M-Government）、在线治理（Online Governance）和在线协商（Online Consultation）等。近年来，云计算（Cloud Computing）、大数据（Big Data）等名词又掀起"云治理"浪潮，不断走向未来、走向技术化的社区协商也迎来了自己新的发展契机，"云协商"应声而起。

一 何为"云协商"

"云""协商"两个语义词共同构成了"云协商"这一新的基层治理技术，其中"云"是技术手段，"协商"是核心内容。

乔·韦曼（Joe Weinman）在其《云端时代》中声称云有五个显著特点：第一，云是公共的，它在空间和时间上使用动态的资源池和共享的基础设施；第二，云的位置是独立的，在地理上是分散的，不论用户和客户的位置在哪里都可以访问云服务；第三，云是在线的，没有网络就没有云，网络也必须具备安全性与可用性，并有能力支撑终端和云端互动并由于这种互动产生价值；第四，云是有效用的，可以创造价值并按使用量收费；第五，云是按照需求提供适量的资源①。当急需现代化技术支撑的社区协商遇上"云"，"云协商"就在某种程度上拥有着"云"的相关特征。

（一）"云协商"是公共的协商

"云协商"较之以往的线下协商平台有巨大的优势，一旦合法化的协商议题在线上公开发布，就会涉及广泛人群，不限制时间，不限制地点，公众随时都能关注并参与。例如近几年关注的公共议题，"除夕是否要放假"、"是否要延长退休年龄"和"如何共同治理雾霾"等在社交媒体上激起一波又一波的热议，使用社交媒体的公众由于长时间收到同类议题的信息，其参与协商的可能性和专业性明显增强。当然社交媒

---

① 〔美〕乔·韦曼：《云端时代》，赛迪研究院专家组译，人民邮电出版社，2015，第37页。

体正因为其宽泛的公开特征，信息真实性和独立性的监管仍是难点，目前只能确保人人有权参与，但还未形成人人有责监管的自治场景。

（二）"云协商"是在线的，没有网络便没有云协商

当下移动互联网席卷全球，其在深度影响社会各阶层生活方式的同时，也成为基层政府进行基层治理的重要技术策略。

事实上伴随移动互联网而生的 SoLoMo 理念（Social、Local 和 Mobile）为基层治理的在地性提供了机遇，例如基于 LBS 的位置服务（Location - based Selling，通过手机提供的位置信息为公众提供相应服务）这一商用模式如果嫁接到社区治理中，可以将以往通过街道行政中心办理的各项业务实施电子化、在地化。当公众进入社区，随时能接受基层政府提供的各类信息和服务，公众也可通过参与互动向基层政府传递自己的需求和意见建议。借助移动互联网的 LBS 平台，不仅基层政府的治理跃升一个平台，公众也可亲身感受与政府共成长的快乐，增加科技认同、文化认同的同时更增加政治认同。

网络社会通过持续撬动技术创新，已经在全球范围内带来新的经济、社会和文化生态文明，特别是近几年来社交媒体的广泛应用，从最终的交往互动平台，逐渐成为一个超大言说空间，这一空间冲破地域、职业、性别、年龄，甚至国家和种族藩篱，时时更新，日日在线，无须面对面，但几乎直击每一个终端的日常生活。可以说从农业文明、工业文明，以及现代和后现代文明一路走来，先哲从未预见这一场景：上亿级的超大群体同时对话、交流，可能出于对同一公共议题的兴趣，可能只是表达自己的见解，也可能仅仅是围观，但至少社交媒体建构的公共对话空间在结构、过程和结果方面，已开启了公共协商之窗，并正与理想的公共协商图景逐渐接近。

（三）"云协商"具有创造价值的效用

"云协商"极具创造价值的潜能，尤其在公共政策方面，通过政策

制定来形成对协商参与者的改变是衡量高质量协商的关键指标。其他好的协商结果还包括对他人观点的宽容、对新政策更多的理解，或对现有政策提升满意度，或激发参与者更多的政治参与以及提升他们的政治效能感与社会信任度等。在社交媒体上通过公共协商最终影响公共决策并不鲜见，例如西方就业政策、医保政策的修订，国内休假条例、交通法规的更新，以及反腐揭弊的持续开展等都经历了在社交媒体上的反复商讨。其实只要通过社交媒体进行的公共协商其内容符合公众期待，过程合理合法，获得良性的结果就可预期，因为无论是否表达意见，哪怕仅仅充当观众，拥有大量受众的线上协商这件事本身，在增进对议题的了解、提升对议题的认识方面就已经有足够广泛的影响力。

二 为何"云协商"

"云协商"作为一种在线协商治理技术，既可仰仗中央政府、地方政府对4G、5G技术及Wifi铺设的集中推广，也可依赖已经构建和正在开发的大量终端应用平台，包括微博、微信等互动平台，同时可链接和激活各类相关社会组织，为基层治理营建一个时时在线、天天回应、月月创新的线上线下互通的生态圈。而公众通过对零碎时间的充分调用参与基层治理也正契合了英国思想家卡尔·波普尔（Karl Popper）提出的"零碎社会工程"概念，如果公众各自的零碎参与汇聚成具有共同目标的良性集体行动，将最终推动城市基层治理的真正突围。事实上，"云协商"将社区多元主体凝聚到线上，辐射到线下，相比单一的线下社区权力分隔有更多互动、互助和共商、共赢的机会，基层治理的版图也随之扩大，而这一趋势正引导基层社会治理向三个方向演化：从网络问政向"在线助政"演化、从单边行政管理向多方协商治理演化和从基层在线治理向电子政府演化。

（一）从网络问政向"在线助政"演化

以PC机为终端的互联网起步阶段，政府通过官方网站或微博向百姓打开了网络问政的通道，但这一阶段百姓只能有事上网咨询、有问题在线呈报，并不能形成即时互动，更不要说"云协商"。移动互联网时代，包括政府和民众在内的多方治理主体同时在一个社区微信群里，从家长里短到公共事务，只要愿意均可共话协商，长此以往政府面朝民众倾听诉求、有问必应，居民从小事问政，到习得与政府共商大事的能力，而且这样的双向沟通几乎每天都在发生，即便偶尔有误会、有冲突，但各自的成长相比以往任何时期都要显性和快速。这样的政民共处越频繁、越深刻，政府越趋开放和亲民，而民众的在线助政也愈加可期。

（二）从单边行政管理向多方协商治理演化

在复杂的经济、社会发展格局下，其实政府本身也并不希望自上而下的单边行政管理，也希望借力共商，但若要多方加入、多元发声，如何共治？以社区为主体的基层在线协商模式在一定程度上展示了多方协商共治的场景，看似每天的共在共处没有剧本，也不会提前设计好剧情，但政府或民众轮流切换主演，面对各类公共事务，只要有人动议即会纷纷在线表达发声，即便不会立即有结果，但其体现的程序正义、平等互助和互为回应的一幕幕都烙在各自的心中，相比地域范畴内的小社区，"云协商"所展演的恰好是多方协商治理的大戏。

（三）从基层在线治理向电子政府演化

基层类似在线协商治理模式一样的探索能否导向更宽泛、更具变革意涵的电子政府？电子政府并不仅仅意味着政府对移动互联网技术的应用，或者所谓"互联网＋政府"，而是在技术支撑下，政府与民众时时形成良性便捷的在线互动，由政府引领的治理从服务、供给到吸纳、改进，形成自如的线上线下循环，无论是在线咨询，还是在线协商，都成为政民互动的惯习。这样的电子政府不是政府独自可以达成的，它需要全社会共同参与实验和探索实践。

三 "云协商"有何困境

移动互联网凭借其实时性、及时性与通过移动终端互动的便捷性成为"云协商"得以有效进行的重要载体，而社交媒体又是移动互联网与"云协商"互相配合的中间桥梁。社交媒体自诞生的十多年来，其在全球的蔓延之势及对公众生活的侵入已不可阻挡，美国的 Facebook 用户已突破 25 亿，国内微信用户已达 10 亿[①]，且各社交媒体日活跃人数及用户逗留时间也在逐年猛增。据《数字 2021：全球概览报告》报道，2020 年全球网民平均上网时间已达每天 7 小时[②]。社交媒体延续互联网基因，通过搭建超级互动在线平台，让人们撰写、分享、评价、讨论、相互沟通，公众高频度卷入的同时，不仅其日常生活和社交方式发生变迁，对于一个又一个热门话题、关键事件，公众有机会参与讨论，并展开"云协商"这一图景，这即使在 20 世纪末都不可想象。

通常认为社交媒体颠覆传统媒体的重要属性是互动性和即时性，但经过近几年的爆发式增长，社交媒体正超越一般性媒体（包括其他数字媒体），它的大众参与属性、公共协商意义正在被不断激发，并有愈演愈烈的趋势。虽然公共协商在增进共识，提升公民美德、治理美德和认知美德等方面的作用已经凸显[③]，但即使在西方的治理环境下，公共协商仍在探索和实验阶段。关于多少协商是合理的、如何控制协商的成本、什么时间公民合适去协商、什么是理想的协商等仍需要更多的经验事实来确认，而利用社交媒体进行公共协商，也即"云协商"在全球

---

① 《微信靠边站：Whats App 用户数量突破 20 亿 两年增加 5 亿》，新浪科技，https：//tech. sina. com. cn/roll/2020 – 02 – 13/doc – iimxxstf0985984. shtml，2021 年 8 月 5 日。

② 《外媒：全球网民达 46. 6 亿人，全球网民平均上网时间 7 小时》，百家号，https：//baijiahao. baidu. com/s? id = 1690136970097826013&wfr = spider&for = pc，2021 年 8 月 5 日。

③ Luigi Pellizzoni, "The Myth of the Best Argument：Power, Deliberation and Reason", *The British Journal of Sociology*, Vol. 52, No. 1, March, 2001.

仍属新兴，除了与线下协商一样必须具备包容、理性和对话的特质外，"云协商"还可能存在诸多困境。

（一）集体沉默困境

沉默的大多数一直是困扰社会治理的难题之一，人们一方面对了解复杂的公共问题缺乏动力，另一方面在多元参与的前提下，不需付出参与成本，沉默的大多数便可随手获得搭便车之利。而在社交媒体上的公共"云协商"可能面临同样的，甚至有过之无不及的集体沉默困境。在技术上，社交媒体无限支持在线围观，不发声即知天下事，"面对面"协商所需的共同在场如果被沉默的共同在线所取代，那么即使终端有超级大众，真正参与协商的只是少数人，在线公共协商有可能沦为"虚拟"协商。打破集体沉默僵局并不是社交媒体平台的职责，社交媒体运营商理论上也没有义务为公共协商提供技术支持，它仍是协商制度建构、协商议题设计及公民协商惯习培育的问题，一旦社交媒体的公共协商图景被更多的经验事实所证明，与公共协商相关的政府、组织及公众需通过制度化的卷入，才能最大限度地利用社交媒体，打破集体沉默困境。如何应对超级大众共同的在线协商目前还是全球难题。

（二）公共理性困境

个体理性能否导致公共理性，长久以来都是政治学、经济学和社会学等领域的经典话题。公共协商的公共性特征强调最终的协商结果应符合大多数人的利益，而协商本身却意味着要吸纳不多的声音，且"云协商"能否吸引到更多公众参与，其议题必须尽可能与参与个体的切身利益相关，不仅如此，罗尔斯（John Bordley Rawl）在《正义论》（*A Theory of Justice*）中谈论公共理性时还提到"非公共理性"[1]，指那些介于

---

[1] 〔美〕约翰·罗尔斯、万俊人编《罗尔斯读本》，中央编译出版社，2006，第254页。

第六章　社区协商的技术路径

个体理性与公共理性之间、来自社会组织的理性，显然这不仅仅是两难的问题。在社交媒体上经常看到关于一个公共议题的争执，甚至明显有派别之分，看似各自带着自己的价值观和理性，在一个短时间的协商场域内，很难达成共识。其实公共协商有搁置争议的权利，"云协商"由于其成本低廉，个体也多利用碎片时间参与协商，从中断到重启，哪怕循环往复，"云协商"比面对面协商有更多的周旋余地。当然最终摆脱公共理性困境，还有赖于社会本身包裹更多的良善、正义和秩序。

（三）团体极化困境

团体极化是指一个协商团体中的成员必然会在协商之前倾向于在所暗示方向的指引下走向一个更为极端的观点。公共协商最可能受诟病的即是团体极化困境，如果陷入其中，不仅不可能带给多数人福祉，还有可能将社会引向新的冲突和纷争。"云协商"相比线下被操控、被误导的概率确实要大很多，线下协商容易被所谓精英们通过控制协商过程和环境来行使特权，也因此可能产生话语霸权，而社交媒体平台上的协商由于其匿名性，一个终端不知另一个终端是谁（或代表谁）、在哪里，或者说协商在"自由"争论中背离所有人的初衷滑向一个不确定的方向却极有可能。克服团体极化困境，网络实名制下还需增设参与协商者的筛选机制，他（她）除了拥有基本的德性、能够代表不同的声音外，还需拥有基本的协商能力，懂得自我治理和包容他者，并具备一定言说和妥协的技巧等。

四 "云协商"何以可能

近五年来，社会治理已成为横跨政界和学界、被高频使用的词语之一，它所释放的参与、合作、回应和高效的理念不仅对高度市场化的西方国家有积极意义，对正在同步进行经济和社会转型的中国更有实质性的变革价值。一方面，已跃升为第二大经济体的中国，无论是经济还是社会运行均已自觉不自觉地被纳入全球轨道，政府急需通过简政放权引入社会各主体来共同参与大国治理；另一方面，经济腾飞的间接效用也即社会的成长正在逐渐显现，超80%拥有物权的社会个体也在萌发各种参与社会治理的欲望和行动。

与此同时，社会治理嵌入中国，特别是来到基层还同时遇到协商转向和移动互联网的叠加：集协商民主和社会治理理念于一体的协商治理，为社会治理的操作化路径及合法化通道带来了先机，在回应如何在多主体并存下进行社会治理这一关键性问题时，运用多轮协商的模式成为首选，这也使得有十多年议事经验的中国基层更愿尝试协商治理；线下协商还未运用娴熟，移动互联网的井喷又不期而遇，许多有意愿、有能力的社会主体在频繁参与在线购物和社交活动之后，自然而然地嵌入在线社会参与，关键在于拥有超8亿手机网民的庞大主体只要有一小部分群体被激活，其放大速度和功效几乎不可想象。作为一种崭新的基层治理理念和路径，"云协商"为在线协商治理撬动的不仅是基层政府，更主要的是为中国社会迎来了孕育和壮大的良机。

一直以首善之区著称的 N 市 GL 区，2015 年荣获第三批民政部认定的"社区治理与服务创新"实验区称号，在全区 13 个街道 118 个社区初尝从议事会向社区协商转型的滋味，其间社区主任及社工刚刚习得从协商提案的征集、协商主体的确认、协商进程的把控、协商议题的回应到协商决策的执行等各种实践要领，发现线下协商所裹挟的居民比较有限，若如以往的议事会模式，那么参与主体以社区老年人和党员积极分子为主，商议的内容极其有限。协商从参与主体到协商内容、从过程到结果都有全方位的提升，原本的社区内群体①成员已不能轻松应对，许多中青年居民即便对社区公共事务存在一定的兴趣，但疲于工作压力和生活重负，实在无暇顾及社区事务的协商，而这些中青年居民在社区环

---

① 闵学勤：《社区自治主体的二元区隔及其演化》，《社会学研究》2009 年第 1 期。

境问题、停车问题、安保问题、违建问题、小区出新问题和为老为小问题等方面均掌握着话语权，若协商无法囊括他们的声音与意见，协商过程必定是不充分的，协商结果也难以执行。于是 2016 年 7 月笔者带着课题组在 GL 区培育了一年社区协商后，开始进行在线协商治理的创新尝试。"云协商"治理模式建立在以微信为代表的移动互联技术基础之上，它带来的在线优势为 GL 区的社区协商注入了新的活力。通过移动互联终端，社区与居民突破了时空的距离，协商参与主体一下子扩展到了社区全年龄层，来自不同阶层的声音汇聚于一个平台展开对话，协商的代表性以及合法性在一定程度上有了保证。特别是在线协商释放了中青年居民参与社区公共事务的意愿，他们无论身处工作时段还是周末，均可以利用碎片时间关心自己的切身利益，也可以针对社区方方面面的问题在线提出需要改进的诉求，关键是居民与社区、物业、驻区单位和社区组织等共在一个场域，这种共同"在场"，既敦促相关主体能及时回应和解决问题，又共享了各类社区信息，并打通了邻里之间的隔膜，为共同线上线下同步协商社区公共事务打下了基础。

而位于 N 市新城区，以坐拥名胜古迹 QX 山而闻名的 QX 区，虽处城郊接合部，但依赖城中产业的外移、大学城的建设及城市化的后发优势等，其发展速度超出想象，并且由于其社区工作人员有一部分是研究生毕业的村官，所以社区治理的活跃度、创新度都不可小觑。QX 区自2016 年下半年起，直接依托微信群、微信公众号等移动互联网平台，开启了"掌上社区"在线治理社区事务，并与线下网格融合，共同应对社区各类公共问题。起初"掌上社区"由于群主——社区居委会负责人网罗了居民、物业、驻区单位与相关社会组织进入一个群，人数不断增多，居民越聚越多。群主针对物业问题、停车问题、出行问题和狗患问题等在群里试探性地提出建议，无论是社区社工还是同在一个群的物业其回应的时效性、处理的有效性都出乎意料，于是各类升级版的问题被一一呈上，例如楼栋能否装电梯、门口的公交线路能否优化、能否在小区附近建个菜场、小区的空地能否建成公共活动空间等，不一而足，"掌上社区"里涉及的公共事务牵扯面越来越广，复杂性也越来越不可控，仅凭线上的简单回应已不能满足居民们的诉求，而提出诉求的多半是有想法、有生活品质追求的中青年上班族。移动互联网技术使得前所未有、不分年龄层的居民携带庞大的资源和信息汇聚到群里，这其实是一个社区"善治"的契机，但与此同时，繁杂的信息也对社区的治理能力提出了巨大的挑战，需要借力、需要共同围炉商议，于是，以日常即时互动回应为主的"掌上社区"运营模式也逐步向深度协商、多点协商的在线协商模式转型。"掌上社区"有巨大的平台优势，使得利益相关方能够共同"在场"面对社区事务，而借助"掌上社区"平台进行在线协商能够最广泛地吸纳各阶层社区居民代表、能够最大限度挖掘出社区内蕴藏的协商潜力。线上的居民通过运用在线协商倡导的提案与公示法则、商议与辩论法则、回应与反馈法则、决策与执行法则、监督与评估法则等探索实现最高效的社区协商治理。

无论是 GL 区的线下单一群体议事向线上多阶层深度协商转型，还是 QX 区的"掌上社区"平台被赋予更多的协商内容及功能，"云协商"治理模式一旦启动就像打开的魔盒，各方参与者发现需要在线协商的问题几乎无处不在，顾不上谁先发起便开始了"云协商"旅程。

(一) 社区委主导的"云协商"

社区居委会作为社区线上平台的群主①，在顺利度过初建群时的"拉粉"、互相打招呼、在线日常往来以及上传下达基层政府的最新政策之后，想要持续良性地运营社区微信群，最易主导并能吸引广泛关注

---

① 编者注：由于微信群使用越来越频繁，以业主自主建立或物业主导建立的社区群也非常普遍，因此社区居委会并不一定能理所当然地成为社区群群主，N 市 GL 区通过建立"社区云协商群"、QX 区通过建立"掌上社区"微信群，社区居委会才得以以群主身份主导社区群的日常运营。

的就是在线协商社区公共事务了，当然前提是社区居委会原本有一定的声望或建群后大部分言行获得认同。GL 区 XM 社区的社区委则两者兼具，经常引导居民线上线下互动协商。例如 2017 年 3 月 22 日，JD 社区主任在"JD 掌上社区"里通知次日晚在社区召开居民漫谈会，第二天不仅下雨，还遭遇世界杯 12 强赛的"中韩战"，仍然有近 50 名居民来到社区办公楼参加漫谈，并同时与在线的近 300 位居民就小区晾晒问题、物业管理事宜、公交线路调整和小区活动场所打造等一系列民生问题展开线上线下的联合协商，探讨解决途径和改进方法，其实此时的协商相比以往同质群体间的线下议事更富全景意味和大数据意味。两个多小时的协商会后朱书记仍非常感慨，在 QX 区包括区长、职能部门、街道和社区负责人在内的 400 多人"全景掌上社区"群内回味、体悟着协商带来的民意。

（二）居民主导的"云协商"

有了在线协商平台，居民经历最初的潜水、向社区或物业咨询问题以及分享各类信息之后，互相有了一定程度的了解和熟知度，有些居民会不自觉地就小区的公共事务提出意见或建议，通常这样的在线言论，很快会引发群内居民的热议，因为一般而言群内的居民多少都会与此事相关，只是苦于以前没有机会主导协商。例如 GL 区 CB 社区内有一片小平房按整治要求如期拆除后空出来，如何打造成为居民关心的问题。在线讨论之初，从实用性考虑，有居民代表提出希望此处清空划出几个车位来停放机动车，也有居民提出种些花草美化环境。这些提议都没有得到大多数居民的赞成。小区里两位文化人戴博士和薛委员表示，这个公共区域的打造应该体现社区的特色文化，不能简单处置，在两位的提议和主导下，通过协商、设计和施工，最终这片空地被打造成有国学文化内涵的居民休闲广场，线上线下的居民都非常满意。

（三）突发情形下的"云协商"

社区遭遇突发事件时，以往居民的信息几乎不对称，而社区微信群在应急情形下承载了在线实时公布事件进展、寻找事发原因、协商应对策略和后续安排等大部分功能。GL区的AL社区在2017年的大年三十晚上，社区微信群出现了多幅社区大门被居民围堵、交通混乱、居民之间争吵斗殴的照片，起因是社区浴室近千吨重的运水车将小区主干道碾压损坏，造成小区内的车辆人群进出困难，路堵严重。群里开始再提取缔浴室，但是有部分老年居民提出反对，一时间群里的春节气氛被双方不断升级的争吵淹没，社区委看到信息当晚召集相关部门赶到现场处置，并允诺协调各方意见进行协商，最终达成统一认识由浴室出资修复路面。

尽管"云协商"取得相当的成绩，但就目前而言，首先，在线公共协商更多是散漫的或无序的，甚至是不经意而为之，有时不了了之，有时不欢而散。这其中涉及理想公共协商的最重要元素，也即是否意识到公共协商的内在价值，并将公共协商作为在线终端的共同事业，只有以此为基础达成共识，才能真正开启"云协商"之旅。其次，协商议题的设计及内容解读关乎每个在线个体是否愿意参与，进而愿意投入多大的成本参与，公共事务内容繁杂，只有推出大多数公众最急需的且解决条件相对成熟的议题才有可能激起更多更高的回应声浪。再次，协商时段的把控、多点主持的选择、分组分圈的设计、协商进程的推进和协商冲突的调和等，既有技术层面的支持，也有制度或政策层面的引导，全程都应提前组织设计，包括预演等，才能最大程度有效掌控在线协商过程。最后，关于协商的结果，成熟理性的预期协商不一定能达成一致，如果能吸引到众多在线终端的良性参与，即使对于议题没有形成最终的决策性意见，其过程历练也有极大的公共意义。

案例 20 　　　公共事务云协商　12 巷内外换新颜

（一）社区背景，案例缘起

HL 社区隶属于 N 市 GL 区 Z 街道，占地面积约 0.75 平方公里，拥有居民 3801 户，约 11520 人，56 幢居民楼，其中有青少年 1223 人，社区老人 2032 人，党员 331 人。

HL 路 12 巷 1、2 两栋楼房建造于 20 世纪 80 年代初期，呈东西走向排列，坐落于古城墙遗址南侧，与城墙相距不足 10 米。12 巷 62 号 1 至 4 栋整体状况与前者基本相似。该小区为开放式小区，一直处于居民自我管理的状态，由于年久失修加之楼道无防盗门，楼内墙面涂料剥落严重，楼梯台阶多有损毁，楼阁内贴满小广告，历来为社区整治卫生环境的重点区域，居住在此的居民也对自己的生活环境极为不满，破败的墙面急需重整。

（二）依托网络，搭建平台

多年来，HL 社区致力于利用互联网技术结合社区工作服务居民群众。微信、QQ 兴起以后，社区工作人员认识到利用互联网开展民主协商工作具有及时性、互动性、便利性等优势，及时新建了社区 QQ 群、微信群，结合 HL "网格家务会" 多次完成协商工作。考虑到社区居民微信使用率更高，社区工作人员决定在微信群中进行多方协商。

（三）广征民意，及时反馈

作为为民办实事专项服务工作，整改 12 巷的工作从微信群开始发酵，社区通过两个微信群按照步骤征集意见。第一个微信群是 "HL - 微协商理事"，由社区积极分子、党员代表核心成员组成，他们常年致力于辅助社区开展各项工作，是实现居民自我管理、自我服务的一条有效途径。社区领导在经内部讨论决定对 12 巷部分区域进行改造后，立即在微协商理事群发出通告，征求组员意见，同时希望组员在日后入户征求意见、召开网格家务会讨论时给予辅助和参与。与此对应，另外一个微信群则是"HL－微网格－微协商",由辖内三级网格的网格员、部分居民、商家组成,社区、网格会议制定的方案往往由群内成员组织宣传、落实。微协商理事经过线下讨论并制定初步的征求方案后,立即在该群公告,一方面呼吁组员宣传暂定方案,另一方面继续征求补充意见。经过多轮协商,可行性与民意共存的落地方案最终出台,居民与社区工作人员一起见证了12巷的面貌焕然一新。

（四）总结评估

HL社区利用两个社区微信群进行网格、网络"双网"合一、"双网"融合的"云协商"治理,激活了老旧小区的社区参与,也搭建了社区多元主体之间的沟通平台。围绕小区改造出新的协商,商议出各方认同的方案还是第一步,改造过程的全程晾晒跟进、方案修订完善等均可通过线上平台进行展示和再协商,让居民感受到社区的恒定及恒常,未来再有相关的协商也可获得更多的支持。

当前互联网已经成为继报纸、广播、电视之后的第四大媒体。人们工作学习都离不开网络,新媒体的普及可以改变社区协商的参与途径和方式。基层协商民主是中国特色社会主义民主的重要组成部分,是社会和谐的关键一环。通过新技术构建和谐社会、建设和谐社区已成为社会各界和媒体所议论的热门话题,社区是社会的一个基本单元,也是整个社会的组成部分,因此在法治框架下,构建和谐社区从基层在线协商入手有着十分重要的意义,而和谐社区的建设既是构建和谐社会的实际需要,也是社会发展对我们提出的一个重要课题。一个社区服务完善、邻里守望相助、人际关系融洽、健康快乐向上、文娱活动丰富、治安状况良好、生活安定有序、生态环境优美的新型社区,再加上新技术的嵌入,既为社区所有成员共同期盼和认可,更是构建和谐社会的题中应有之义。

案例 21　　　　微格管理齐协商　线上线下共和谐

（一）案例背景

TZ 社区位于 N 市 GL 区 Z 街道北部 XW 湖畔，面积 0.5 平方公里，有居民 3879 户 10850 人，其中常住户 2690 户，常住人口 6310 人。辖区有社区办公用房 150 平方米、活动用房 330 平方米。社区有 9 名工作人员，其中包括党委书记 1 名、工作站站长 1 名，社区党委下设 14 个党支部，社区有 63 名楼幢小组长，社区企业退休人员自管组织 27 个。

2016 年 3 月 6 日深夜 12 点多，TZ 社区居民在"TZ 居民汇"微信群里发帖，投诉 XFX33 号新开的一家"L 烧烤店"油烟扰民，坚决要求取缔烧烤店。单元其他住户也在微信群中积极响应，强烈要求尽快解决这个问题，还大家一个正常的生活环境。3 月 7 日，经过社区调查，发现烧烤店老板私自将排烟管改道，接至一楼污水管，导致烧烤油烟直接排向楼上住户，造成楼上住户家中卫生间烟雾腾腾，房间内充满了浓浓的烧烤味和呛鼻的煤炭味，尤其二楼、三楼住户受害极其严重。由于楼上住户大多是上班族，白天没人在家，给社区协商工作带来一定难度。

（二）线上线下，同步协调

面对汹涌而至的民意，社区工作人员想到了在微信群进行线上协商。首先在群内跟反映情况的居民商量，并保证社区一定会尽力协调此事，积极督促烧烤店老板进行有效整改。与此同时，社区相关人员也在线下与烧烤店老板展开沟通，告知居民反映情况，让其一定要整改到居民满意，老板也表示当天就整改。3 月 7 日、8 日烧烤店老板虽已进行两次整改，但结果都不尽如人意。8 日夜里，烧烤店楼上住户又在群里不断发帖且情绪激动，指责社区不作为并于 9 日针对这一情况投诉到区环保局。最终，鼓楼区环保局于 3 月 10 日派人到现场。

（三）多方在线，共建和谐

在前一阶段协调未果的情况下，社区把烧烤店老板、区环保局工作人员邀请进微信群，和居民一起展开多方协商沟通。在线上对话沟通过程中，店老板表示已经找环保局专业人士现场勘查，共制定两套方案，很快会按环保要求进行整改；环保局工作人员也表示确实已经到现场勘察过，并就拟订的两套整改方案进行了说明，一是从地下挖坑将排烟管放入隔油池，但时间长容易引起堵塞，二是在电烤箱上装一个空气净化器，把排烟管单独接出来，从二楼平台排放，以符合环保要求。最后在各方共同努力下，烧烤店完成整改工作，居民纷纷在群里为社区人员点赞。

（四）总结评估

此次协商形成了政府部门、社区、辖区商户、居民线上、线下的协商形式。通过这种尝试，社区在最短的时间内解决了最大的问题，居民点赞，社区减负。通过这个案例，社区工作人员深感社区协商不是简单的社区与居民的互动，要想协商规范高效，有效链接各方资源、提供便捷协商平台及居民积极参与缺一不可。

TZ社区XFX33号烧烤油烟问题的协商成功，有两大取胜法宝：一是果断采用在线"云协商""微协商"，既然民怨来自线上，社区知难而上，积极寻找线上应对方案；二是及时在线拉入油烟制造方的当事人及提供专业支持的区环保局，将问题焦点进行转移的同时，社区也成功地将自己放入第三方的中间位置，与以往社区嵌入太深又不一定具备专业性相比，这样的线上小而精的协商将是常态。

第三节　漫谈式协商

随着城市化的不断加快，越来越多的"单位人"转变为"社区人"，居民对美好社区、美好生活也有了更多期待。在通向美好生活的途中，社区协商是必由之路，固定日协商、云协商和漫谈式协商则是其三大支柱。与前两条技术路线不同的是，漫谈式协商的应用范围更为广泛，既用以解决社区当下存在的显性问题，也重视化解社区未曾表现的隐性问题，在不限制协商主题中探索推动居民生活更幸福、社区更美好之道。

"漫谈式协商"是指在遵循社区协商基本法则、充分了解民意的前提下，按照既定流程定期开展承载一定内容的协商会议。其中，"漫谈式协商"主要强调三大要素：一是必须充分了解民意，在尊重社区居民意愿的基础上展开会议。认真听取居民意见，深入了解居民需求，在充分考虑社区多元主体的利益诉求和价值理念的前提下制定方案，着力提升居民的生活满意度。二是必须承载相关内容，社区协商不是为了协商而协商，一定要落到实处，讨论与居民切身利益、与社区长远发展息息相关的议题，但不强制目标或提出解决方案，同时要与时俱进，协商内容与居民日益增长的美好生活需要相匹配。三是必须遵循一定流程，重视协商过程的合法性、合理性，实现协商的动态化，在相互对话、讨论、聆听、辩论、反馈的过程中不断修正预期目标，使目标能够符合社区最大多数居民的最广大利益。协商流程并没有严格的标准，各社区因地因时制宜，一般包含塑造社区协商主体、开放协商内容、搭建协商平台、规范协商流程、回应/落实协商结果等合法合理合情的协商过程；同时也要理性认识到协商中的具体问题不一定能得到切实解决，但一定可以提升居民的生活满意度，进而推动更多的居民参与到协商中来，在协商中实现社区自治。

"漫谈式协商"作为协商的三大法宝之一，其所扮演的是"桥梁"角色，在居民与居民、居民与社区、居民与第三组织之间搭建一个常规性、稳定性、发展性的沟通渠道，致力于促使不同身份、不同职业的社区居民参与到社区协商中来，让不同参与主体尽可能地充分表达自己的观点和想法，共同商讨造福社区居民、推进社区发展的方案。"漫谈式协商"应对社区协商主题一时不够清晰、无法明确或者无"大事"需协商的情景，是一种基于日常、有远见的柔性协商方式。随着漫谈式协商的深入发展，其将引导常住居民成为推动社区发展的积极力量、主要力量，为社区居民实现美好生活远景、为社区绘制美好蓝图而助力。

本节接下来将从漫谈式协商的三大要素着手，结合相应案例，详析漫谈式协商何以推进。

案例22　　公共事务"漫"协商　家园文化共创建

（一）社区背景

素有"N市小重庆"之称的GL区Y街道DS社区坐落于古城墙下，社区被学校、旅游景区所围绕。辖区面积约0.4平方公里，居民3015户，人口10531人，被纳入社会化管理的退休人员有1715人，其中80岁以上老人241人，90岁以上老人22人，百岁老人2人，已经进入老龄社区。

社区文化是构建和谐社区、推动社区精神文明发展的基本要素，是社区建设的灵魂和核心。近年来，随着社区意识不断深入民心，社区居民对所在社区各方面的发展期待愈加提高，社区建设如何更好地满足人们更高层次的精神文化需求成为DS社区的重要议题。随着一系列丰富多彩文化活动的开展，社区内各类文艺娱乐、体育健身等社团组织不断萌芽。但是，如何让这些组织能够更好地发展，具备自身造血功能，如何扩大影响力，成为具有辨识度的文化活动品牌，让社区的多元主体参与其中，走出家门、走向社区？社区文化建设似乎走进了瓶颈期。此时，DS社区希望在改善硬件条件、完善社区服务的同时，汇集居民的智慧，满足居民的需求，积极探索打造富有特色的DS社区文化，实现社区更和谐更美好的生活。

（二）建设过程

1. 漫谈协商，征集意见

采用线上、线下同步推进的形式，听取并汇总居民意见建议。通过宣传橱窗、微信群、QQ 群、社区网站等多种形式进行宣传动员、征集意见。居民也积极响应，主动参与到社区组织的一次又一次的协商座谈会中畅所欲言。居民的意见主要集中在两个方面：一是社区原有的文化活动，诸如讲座、报告等，形式单一，乏善可陈，参与感和收获感不强，在提升居民幸福感方面的作用微乎其微；二是社区内影视人文资源十分丰富：既有百姓奥斯卡影帝，也有不少资深居民演员，既有在 N市甚至全国颇有影响的老电影机、拷贝收藏者，还有众多的电影爱好者，既有从事几十年电影放映工作的老放映员，还有一定数量的电影售票员，甚至有一小部分居民自愿献出与电影有关的藏品来支持打造特色社区文化。

2. 多元探讨，协商路径

因为事关社区文化甚至是社区未来几年的工作重点，社区党委多次组织居民参与协商会议，对搜集而来的意见逐条分析，探讨文化方案，由开始的"无主题"协商到后来的专题协商，由思想碰撞到辩论再到说服折中。在协商探讨中，社区特色文化建设的工作路径初步确定。参与其中的多元主体认为打造社区影视文化方向具有极大的可行性和塑造性，尤其是根据当时已有的影视资源而言，建立电影文化馆最顺民意。电影文化馆能够大范围地组织社区居民参与到社区活动中，也直接加强了彼此精神与情感的交流，满足广大居民不同层次的精神需求，同时社区文化中所倡导的积极的人生观、价值观和行为方式也能在电影观赏中潜移默化地深入社区居民心中。同时，对于提出良言善策的居民给予一定的物质奖励。

3. 文化协商，方案初成

在多元协商探讨的基础上，社区确定了打造特色电影文化馆的具体项目方案，明确其活动形式、文化定位、目标效果，共同确立了未来电影文化馆建设的三个重点：一是整合资源，上衔街道下连居民，内接志愿者外联社会组织；二是树立品牌，打造特色的 DS 电影文化；三是造福于民，促进社区文化健康发展，做居民满意的电影文化馆。

4. 召开社区协商扩大会议，修正电影文化馆建设方案

在初步方案形成之后，社区邀请区委党办地方志办等相关部门专家、社区影视文化爱好者等社区居民代表、文化馆设计企业的代表等共同商讨 DS 影视文化的内涵和意义，完善电影文化营造方案。各主体方从专业角度出发，表达意见或诉求，对已有的初步方案逐条分析修正，并一致认为在接下来落实方案过程中，各项文化活动的开展都离不开社区居民的参与和支持，社区应一如既往地组织居民开展漫谈式协商，从"无主题"开始，各抒己见，积极参与到社区文化建设中去。同时在参与的过程中，不同身份的居民由陌生到逐渐熟识，彼此之间的理解与认同加强，关怀与帮助增多，也逐渐形成了对大家共同生活的 DS 社区的认同感与归属感。居民的社区认同感和归属感增强，"社区是我家，幸福靠大家"的理念逐渐在居民心中留下烙印。居民进而自觉主动地关心社区事务，为社区发展出计策，为个人幸福谋权益，积极参与社区开展的各项活动，改善社区人文环境，增强社区的凝聚力。

5. 线上线下公布方案，广泛宣传

在协商扩大会后，社区将建设电影文化馆的方案在线上线下同时公布，广泛宣传，进一步提高居民知晓率和参与率，同时也持续广纳贤言，精益求精。社区上下，全民参与，希望通过电影文化馆平台，引领社区居民追求健康向上的精神生活，营造社区居民满意的文化氛围，打造文明和谐的幸福家园。

（三）协商成效

最终，历经一年的打磨和修改，2011 年 6 月 DS 社区电影文化馆正式建成。以此为平台，DS 社区数十次开展以红色电影文化为主题的各类专场放映、主题展览、学术讲座、影迷交流，以及"电影片断表演""电影人物模仿秀""电影评论竞赛"活动。此外，馆内还专门设计了一个"电影广场"，两根竹竿一块白布，各式各样的小板凳，为居民找

回了围在树下、聚在一起看露天电影的记忆，增强居民的社区归属感和凝聚力。同时，社区还将红色电影文化的内涵进行衍生，成立了微电影协会，已陆续组织协会成员拍摄了"志愿奉献""文明和谐""诚信友善"等主题微电影，实现了社区居民逐影人生的影视梦，促进了核心价值观日常化、具体化、形象化、生活化。另外，还紧扣"发现精彩·DS 故事"主题，以 DS 人、DS 事为题材，拍摄具有 DS 社区特色的原创短片。自成立以来，电影文化馆不断推动 DS 社区向社区自治和居民幸福生活的目标前进。居民在社区的活跃度大幅度提升，参与社区事务协商的积极性日益提高，居民"闲来无事"主动争相为社区长远发展建言献策的频率也日益增加。

（四）后续影响

DS 社区居民在成立电影文化馆中尝到了协商的甜头，切身感受了"无主题"协商到"有主题"协商的乐趣，并一发不可收拾，社区参与意识一再提升。此后，DS 社区通过 QQ 群、线下座谈会等方式推广"漫谈式"协商技术，不限制商讨思路，深入了解居民需求，广泛征求居民意见，打造了一系列深得民心的文化活动。

2013 年创办了深受居民喜爱的《DS 社区报》，订阅用户覆盖全社区，内容涵盖社区要闻、活动荟萃、生活资讯、信息超市等几大功能板块。社区报的主创人员中社区居民占绝大多数，派送工作也是由社区志愿者主动承担。这为《DS 社区报》稳健发展提供了源源不断的生命力，使之成为社区和居民之间交流沟通的桥梁和纽带。五年多的时间里，DS 社区通过《DS 社区报》积极引导社区舆情，针对居民关注的热点、重点话题，主动开展正面宣传，及时做好解疑释惑、化解矛盾工作。同时，社区还因人制宜，针对社区不同兴趣、不同年龄段的居民，鼓励其主动参与组建各类文化社团组织，至 2019 年已成立文艺娱乐、体育健身、文化学习等社团 30 多家，极大丰富了居民的文化生活，取得较好的成效，也得到广大居民的一致认可。

（五）总结评估

"漫谈式协商"是一个大包容的广泛概念，是未来社区协商的必然路径和常规路径。DS 社区的工作人员很早就有这种协商理念，首次引导居民成功参与社区影视文化建设并取得良好成效，形成优秀的示范效应。此后，社区继续以"漫谈式协商"为手段，动员居民"奇思妙想"，回应居民诉求，不仅在社区文化建设方面屡结硕果，而且在解决社区实际问题方面作用明显。在日复一日的实践中，推动社区协商规范化，提升居民幸福感，步步走向社区自治。

漫谈式协商旨在培养社区居民一种"时时有协商，处处有协商；有事可协商，无事也协商"的协商意识，在居民与居民、居民与社区之间进行友好的、建设性的协商互动、协商回应，形成良性的常规性协商效应。社区也可通过漫谈式协商引导居民密切关注社区变化和潜在发展契机，促使居民从自身出发，"我的社区我做主"，积极为建造美好社区主动建言献策。

案例 23　　　社区协商智库化　漫谈有约共发展

随着"社区人"的不断增加，社区的发展、居民的幸福感提升不仅对政府提出更高的要求，也对社区居民自身提出了新要求。社区基层大小事务增多，在面临"人少事多"的困境下，站在社区协商的长远角度，社区应积极发展社区智囊团，从社区中寻找到一些想干事、能干事、干实事的高知识、高学历、高水平的人组成专门的队伍。一方面智囊团成员多在社区内有一定威信和居民基础，在居民参与社区协商、社区治理工作上能够起到带头作用，影响巨大；另一方面，成立社区智囊团也能使社区居委会适度放权于团，减轻居委会工作压力。

社区智囊团的成立具有重大意义。第一，社区智囊团整合了社区人才资源，其在表达居民诉求、解决居民困难、推进社区建设、推动社区发展等方面积极探讨，提出各类意见建议、规划思路、实施举措。他们既是社区居民利益的代表，也是居委会各项决策的参谋。在为民服务的同时，社区智囊团能最大限度地发挥"滚雪球"效应，促使越来越多的居民参与到社区协商中来，做社区的主人。第二，作为团结、服务和规范广大社区优势资源的社会团体，社区智囊团对社区建设、社区发展具有广泛影响力，在加快社会组织建设和发展进程、促进社区和谐方面发挥举足轻重的作用。第三，社区智囊团不仅是一个学习、交流、互动的平台，也是一个社区工作前沿理论的研究阵地，社区建智囊团作为一个"枢纽型"团体，能够"集百家之智慧，取万家之能量"，成为一个联系政府和地区居民之间的桥梁，促进政府、社会工作机构、驻地单位和地区居民之间的良性互动。

（一）社区背景

HX 社区隶属 S 市 YH 区 YH 街道，有居民 2500 多户，是一个建成时间早、产权单位多、人口密度大的老社区。在发展过程中，社区党支部、居委会逐步建立起了党支部、居委会、业委会、物业公司四方共商社区事务的"联席会议"制度，小区的大事小情都拿到联席会上研究解决，得到居民的认可。但居委会也逐渐感觉到，党支部、居委会只有 5 名干部，居民却过万人，即使"触角"再长，也有探访不到的角落、搜集不到的民情民意、体察不到的居民困难。基于此，社区居委会产生了一个大胆而前卫的想法："为什么不借助居民的力量更好地为大家服务呢？"于是社区智囊团应运而生。

（二）创建过程

1. 宣传智囊团，广纳智谋人

在综合考虑社区情况之后，社区居委会将一张张预备成立社区"智囊团"的通知贴在了社区每个出入口的串串橱窗处，高调"招贤纳士"——广招足智多谋的居民。通知发出不久，社区居委会就接到 50 多名热心居民的报名电话。本着阅历深、威信高、脑子活、身体好、爱奉献、高素质的标准，社区居委会从中选出了 8 名成员，其中既有退休老干部，也有市妇联、YH 区的在职干部，还有在职研究生和普通居民。很快，一个由退休老干部、在职干部、高学历居民所组成的"智囊团"成立了。

2. 树立新标准，为民动智慧

"无规矩不成方圆"，社区智囊团刚成立，就初步形成了一套议事方案流程和订立相关工作准则。智囊团成员深入居民群体中，了解居民正在面临或潜在面临的问题，或是记录居民关于社区建设的"金玉良言"，或是利用自己的专业知识主动为居民答疑解惑等。社区智囊团开会时间没有严格要求，在知晓民意后，团员提议召开会议，每次会议提议人总会提出一个点子，然后大家一起讨论，最后形成方案，加以实施。

3. 智囊团出动，为民解难题

"忧民之所忧"是社区智囊团的核心思想。HX 社区门口附近的路口是个"人"字形路段，交通状况复杂，而公交车站牌恰恰设得较远，居民乘车需要来回穿越路口。长期以来，道路安全成为每个居民最为担心的问题。尤其是在 HX 小学上学的孩子们，很多都是附近村子的，30 路公交车是他们的主要交通工具，每天穿梭"人"字路段最让家长们担心。"智囊团"开第一次议事会时，就把这个问题提到了桌面上。经过商议，团员决定一起向公交部门提出更改公交站点设置的建议。他们精心写了一封信，信中详细阐述了更改公交站点的原因和新设站点的建议，这个建议引起了公交部门的重视，不久，30 路公交车站牌就设到了 HX 社区的门口，居民一出门就能坐上车。社区智囊团这一举动赢得了广大居民的尊重和赞赏。

"想民之所想"，社区智囊团利用自身敏锐的洞察力，准确了解居民的想法。HX 社区 60 岁以上的老年人有 1000 多名，"智囊团"成员注意到了这一点，他们向居委会提议建立"老年聊吧"，为老年人提供一个互诉烦恼的漫谈平台，得到了居委会的采纳。居委会专门腾出一间房作为"老年聊吧"室。现在，每到周二和周五，社区内的老年人都聚集到这个屋子中，大家都把自己的烦心事说一说，无论是老两口怄气，还是和儿女们生气，抑或是和邻居们闹矛盾，只要到聊吧一说，大家就互相规劝，私下里互相做工作，暗中解决了不少明面或潜在的问题。老人们还不定期在"老年聊吧"举行文娱活动，悦己悦人，老人们表示"有了聊吧，我们的烦心事不多了，现在我们没事就唱歌，心情一天比一天好"。

（三）取得成效

HX 社区智囊团成立以来，先后为社区提出建立"HX 社区议事堂""老年聊吧"，成立"社区心理咨询室""法律咨询服务室"，以及组建一支"老年志愿者服务队"等，其中很多建议都是首次开创。社区智囊团不仅切实解决了不少困扰居民的难事、焦点事，给居民生活带来了新的生机和活力，而且带动居民参与社区事务的积极性，社区居民在社区大小事务协商中的身影越来越频繁地出现。

（四）总结评估

HX 社区在社区协商中所创建的社区智囊团走在国内前沿，在社区中形成良好的"智库效应"。"概念未成，行动先行"，随着智囊团的发育、成长和壮大，社区居民的发言、想法的影响力更为突出，社区参与的广度和深度也不断延展。社区智囊团涵盖社区利益相关的多元主体，能够助推社区协商不断创新，多出亮点。社区智囊团能够最快最早地聚焦社区热点、难点问题，既能够充当居民利益的代表，又成为社区各项决策的参谋，在居民和社区之间切实发挥桥梁纽带作用。在面临不同利益冲突时，社区智囊团能够有效发挥搭建议事新平台的功能，使多方主体和平商讨、换位思考，促进问题的解决。居民也从中感受到社区对自身的重视，愿意参与社区事务，由"被治"逐步转向"自治"，促使居民公众意识得以觉醒。未来，社区还可以考虑实行"淘汰制"选拔社区智库/智囊团成员和针对居民开展专业咨询（收费与否视情况而定）。

漫谈式协商作为一种新兴的协商路径，目前正处于探索期，并不成熟，其形式也是多种多样的，不拘泥于一种表现方式，既可以是在固定协商日探讨近期居民关心的小事情，也可以是在座谈会上阔谈社区未来图景，还可以由社区智囊团张罗协商……无论是何种形式，有无主题，漫谈式协商都可以随需开展。在漫谈式协商推进过程中，居民和社区工作者有机会率先应对、引领协商，通过一次又一次的实践探索，向包括居民在内的多元主体宣传、传授漫谈式协商的理念、操作手段和途径，促使居民转向主动参与社区自治。

在社区利益主体日益多元、利益诉求愈加多样的"互联网＋协商"的新形势下，固定协商日、线上"云协商"和漫谈式协商的技术路径都为社区协商提供了新思路，从多维度促进居民的社区参与由少到多、由点及面，由浅入深地不断推进，让社区居民乐于协商，乐于治理，并从中获得应有的权益。

03
CHAPTER

第三编

协商共同体的建构

第七章
协商的困境

在所有讨论协商的民主理论中，几乎没有人告诉我们协商实际上是什么。太多的协商鼓吹者满足于简单地描述一些非常一般化的程序性条件和规则。人们常常认为，只要表明通过协商机会和获利公民数量最大化的方式满足政治平等的要求就够了，如科恩（Joshua Cohen）在《协商与民主合法性》（*Negotiation and Democratic Legitimacy*）① 一文中所指出的，协商民主这一概念植根于民主交往之中，交往的条件是否合理，通过平等公平的公共辩论和批判来决定。公民共同承诺通过公开商讨来解决集体事务，并且肯定那些建构了公民间自由公开讨论框架的机制是合法的。对于偏好多元的公民来说，平等的自由协商程序正是政治秩序合法性的来源。所谓合法性，往往蕴含于诸如"一切权力属于人民，人民是国家的主人"之类的词句中，因为它们表达了一种有关权力来源的基本原则，即只有真正自下而上授予的权力才具有合法性。合法性意味着，权力是以一种正当的、可辩护（证明为合理）的、可接受的方式行使，往往被看作一个稳固的政府的基础，并且与一个政权获得其公民

---

① 〔美〕乔舒亚·科恩：《协商与民主合法性》，载〔美〕詹姆斯·博曼、〔美〕威廉·雷吉主编《协商民主：论理性与政治》，陈家刚等译，中央编译出版社，2006，第50～67页。

的忠诚和支持的能力联系在一起①。协商则是实现此目标的重要途径，从 20 世纪 80 年代起民主理论构建决策合法性的这些努力，确实化解了代议制民主决策模式所面临的部分合法性危机。但关于什么使协商具有公共性、协商实际上能获得什么，以及什么时候它才实际上是成功的，却讨论得甚少。尤其从法律的支持与保障上来讲，我国目前民主法制建设仍存在以下差距：社会协商机制尚未法制化，没有形成一个有机统一的法律体系；各种协商机制无统一的标准及程序保障，各协商机制的法律法规缺乏整合性及统一性，随机性较强，无法充分保障民主协商功能的发挥。② 具体与基层治理实践相联结，在缺少常态化协商机制的大背景下，要勾勒出一幅社区协商的完整图景还为时过早。即使是在协商的理性功能、教化功能，以及它内在的正义价值导向都已被大多数人认同之时，全球范围内对协商的合法化、操作化和平台化运作仍处于试验阶段，而且在中国语境下面对基层治理的现状和问题，在社区全面推行协商制仍有一些瓶颈需要突破，仍有一些障碍需要逾越。③ 当下也有越来越多的哲学家和社会科学家批评民主的协商观念只是一个理想版图，不真实不可行，对协商的合法性基础——平等性、对话性、参与性仍持怀疑态度。

第一节　协商的不平等性

协商民主理论通过对参与主体平等性的设计，努力排除诸如身份、地位等各种外在因素对决策的影响。质疑协商民主者首先指出协商民主面临现实可行性问题，认为协商内在地存在偏见，加之社会和经济生活

---

① 〔英〕安德鲁·海伍德：《政治理论教程》，李智译，中国人民大学出版社，2009，第 137 页。

② 孙建、洪英、卜开明等：《社会协商机制的法律体系建构研究》，《中国司法》2011 年第 12 期。

③ 闵学勤：《社区协商：让基层治理运转起来》，《南京社会科学》2015 年第 6 期。

中存在广泛的不平等，协商的观点是不能实现的。社会选择理论家运用阿罗不可能定理阐述了这一观点：阿罗不可能定理的假设前提为公民参与中的个人偏好、效用及目标不能随着社会互动、政治参与的变化而改变，因此社会选择理论坚称协商民主最终做出一致选择仍然需要借助于投票或集体机制而无法摆脱不被操纵的危险。因为现实中的不平等客观存在，操纵无法避免。在公共协商中，协商条件的不平等主要包括三种类型，即"机会不平等、资源不平等和能力不平等"，从而导致了权力不对称（影响进入公共领域的途径）、交流不平等（影响参与能力及机会的有效使用）以及"政治贫困"或公共能力的缺乏（它使得政治上贫困的公民更加不可能全然参与到公共领域之中）①。

权力不对称在制度上可表现为：一是官僚结构的不平等，在任何大规模的社会组织中，权威和责任的等级结构是不可避免的，这也是确保组织规则得以遵守的条件；二是信息的不平等，即任何社会组织中个体与个体之间、群体与群体之间的信息获得是有差异的，这必然导致权力方面的不平等；三是由于组织成员不同的组织经历而导致的"暂时性不平等"，即在任何一个组织中，一些成员资历较深，而有些是短期或临时性成员，组织成员对组织的感情、获取组织的信息以及与组织的利益关系等方面都存在较大差异。权力并不是简单地通过保证强者胜弱者败而发挥作用，它通过损害对话中的支撑公共协商的各种交流机制而起作用②。

考虑到持续性不平等同民主协商的不相容性，就可以把协商中的政治平等作为一个判断民主合法性的批判性标准。政治贫困包括公民团体在参与民主过程中的无能力及在决策结果上的脆弱性。政治贫困的后果

---

① 〔美〕詹姆斯·博曼：《公共协商：多元主义、复杂性与民主》，黄相怀译，中央编译出版社，2006，第94页。
② 〔美〕詹姆斯·博曼：《公共协商：多元主义、复杂性与民主》，黄相怀译，中央编译出版社，2006，第101页。

就是公共排除和政治纳入。一方面，政治贫困团体不能避免公共排除，当且仅当他们能够发起公共协商时才能避免。另一方面，这些团体不能避免政治纳入，因为他们是协商共识的合法性听众，虽然实际上他们对结果并无任何实质性的影响或表达。因为他们不能发起协商，他们的沉默就被强势协商者转化为同意。通过向处境不好的人们转嫁相当多的有争议的政治负担，而这些人又缺少一定的资源、能力和社会认知，这种非对称性纳入就能持续地发生作用。①

作为一个实践性的观念，证明协商民主的可行性和清楚地理解其局限性，最终将使协商民主对真正的改革和创新具有更多而不是更少的诉求基础。围绕以上对协商不平等性的争论，不少学者也正面予以回应。乔舒亚·科恩和罗伯特·达尔（Robert Alan Dahl）详细地列出了政治平等必需的程序条件。达尔列举的程序条件围绕的是决策过程：平等投票（在决定结果的关键阶段），同等有效的参与（在决策过程中），发现和论证理性的同等机会，公民对议程的最终控制以及包容。科恩列举的程序条件直接与协商过程相关：协商应当采取争论的形式，即在可获致信息的基础上交换理性，并且将来可以修正。这些条件都是有程序保障的：通过选票平均分配、机会平等，等等。② 米勒则认为弱势群体以及那些处于弱势的少数民族，他们与主流民众相比，有着更少的资源和机会，几乎没有什么政治影响力。③ "对于处在这种地位的团体，协商民主似乎提供了最好的机会来利用政治权力抵消社会弊端。但即使在这里，他们唯一真正的资源只是唤起其同伴公民正义感的能力，并使用它赢得有利于他们的政策。"④ 民主协商不只是让大多数协商参与者同意

---

① 〔美〕詹姆斯·博曼：《公共协商：多元主义、复杂性与民主》，黄相怀译，中央编译出版社，2006，第 106~108 页。

② 〔美〕詹姆斯·博曼：《公共协商：多元主义、复杂性与民主》，黄相怀译，中央编译出版社，2006，第 29 页。

③ 陈家刚：《协商民主的价值、挑战与前景》，《中共天津市委党校学报》2008 年第 3 期。

④ 〔南非〕毛里西奥·帕瑟林·登特里维斯主编《作为公共协商的民主：新的视角》，王英津等译，中央编译出版社，2006，第 140~158 页。

自己的观点，协商过程旨在发现最能赢得广泛支持的政策结果。协商不是要求每个人提出共同体内所有人都赞赏的理由和观点，而是要在尊重竞争对手及其信仰的基础上寻求解决方案。

回到基层社区协商，平等协商、公平协商不可能一蹴而就，它依赖社区各方长期真诚的互动。协商无论线上还是线下、圆桌还是长桌，对话各方的社会阶层都会嵌入其中，防止在协商中出现话语霸权和话语暴力既是协商的公平公正所在，也是社会治理倡导多方参与的核心所在①。社区内群体讨论和相互交流本应带来理想的结果，但是由于团体极化现象的存在，群体中的单个成员不愿意提出与群体总体观点相左的意见或建议，于是真正有用的信息被"多数人暴政"所压制，协商群体出现了无限权力，而个人的话语权被无形中削弱甚至剥夺。同时社区协商过程还很难避免声音太多，或各执己见无法形成一致意见，最终形成搁置、停顿或让协商陷入僵局，严重时甚至引发协商危机，各方在多大程度上让步、有没有组织从中斡旋、如何学习搁置争议重辟蹊径，等等，从这一层面上看协商既是技术的，也是艺术的，更是文化的。

第二节 协商的团体困境

协商自然有其优势，但也有其困境。"实际上，就像现实中不存在理想的完全市场一样，世界上也永远不会有理想的完善民主。"② 协商就本质上而言是一种集体行动，即为了某种共同的目标而组织在一起的人们过一种群体生活，自然而然，协商很难避免团体困境。

一 沉默困境

沉默在协商中很常见。德国学者诺伊曼（Elisabeth Noelle – Neu-

---

① 闵学勤：《社区协商：让基层治理运转起来》，《南京社会科学》2015 年第 6 期。
② 马德普：《协商民主是选举民主的补充吗》，《政治学研究》2014 年第 4 期。

mann）曾提出"沉默螺旋效应"，即如果一个人感觉到他的意见是少数的，那么他更可能不会表达出来，因为害怕被多数的一方报复或孤立。"枪打出头鸟"的意识长久存在人们心中，于是对于一个有争议的话题，大多数人都会判断自己的意见是否属于"多数"或"优势"。如果发觉自己的意见属于"多数"或"优势"的时候，会更容易表达出自己的观点；反之，如果发现自己的意见属于"少数"或"劣势"的时候，他们越来越趋向于保持沉默。在协商过程中，如果人们发现自己的意见或建议与大多数不符甚至相反时，就会因为害怕被鄙视和报复的心理而选择沉默。"在这种协商民主的环境中，所谓的'共识'存在部分的'无奈'，公众的'思维'和'利益'遭到绑架。协商不一定民主，故所制定的公共政策的目标取向、领域范围在'被操纵'的情况下可以说是无效的。"①

如果说"沉默螺旋效应"导致了这种被动性沉默的话，那么人们的自利心理则导致了一种主动性的沉默。社会学家科尔曼（James Cole-man）以"理性人"为出发点建立一组假设，即对于行动者而言，不同的行动有不同的效益，而行动者的行动原则可以表述为最大限度地获取效益，行动者是依据这一原则在不同的行动或事物之间进行有目的的选择。如今市场经济体制下，居民可以被假设为"理性人"，他们通过理性的考虑或计算来决定自己的行动。在这一前提下，由于"从社区外获取资源、收益、地位、身份、福利等的居民仅仅将社区当作工作之后的休息地，因而精于计算的居民因有一种'一损俱损、一荣俱荣'的心态而认为参加与不参加社区活动并不影响自身利益"②。古希腊哲人亚里士多德在《政治学》一书中曾经断言："凡是属于最多数人的公共事

① 刘丽娜、刘心雨：《协商民主下公共政策制定五大困境》，《合作经济与科技》2017年第8期。
② 黄建宏：《参与视角下的社区协商民主》，《重庆理工大学学报》（社会科学版）2016年第7期。

务常常是最少受人照顾的事务，人们关怀着自己的所有，而忽视公共的事务；对于公共的一切，他至少只留心到其中对他个人多少有些相关的事务。"[1] 在群体生活中，涉及公共物品或者公共性的合作时，往往由于自利倾向——希望别人付出而自己免费享受集体提供的公共物品，而出现一些人缄默不语、冷眼旁观的现象，即一种"搭便车"现象。也就是说，一些居民基于成本，特别是时间成本的考虑，会选择冷漠或沉默态度，希望不付出任何代价却能得到个人利益的增加。例如，那些忙于生计的中青年人比那些有很多时间的离退休人员更不愿参与社区协商。

网络技术支撑下协商平台的设计，特别在移动互联网终端搭建的社区协商平台能够缓解时间成本问题，是那些有参与意愿、缺少参与时间居民们的主要协商入口。然而线上参与看似大大节约了时间，提高了协商的效率，但沉默困境还是不能完全解决。在线协商特别容易出现陷入观而不语、集体沉默的困境，有时并不是大家不愿发声，很可能是人们对了解复杂的公共问题缺乏动力，更何况无须面对面的线上协商，无须付出参与成本，多数人沉默便可随手获得搭便车之利。只有在协商的议题设计、程序设计、关键参与者的引导等环节上做足文章，才能不让在线协商沦为真正的虚拟协商。[2]

此外，缓解这种集体困境也需要借助社会资本。帕特南（Robert D. Putnam）在《使民主运转起来》中认为，社会资本作为一种蕴藏于社会网络关系和社会组织中的无形资产，可以带来有形的社会收益，从而走出集体行动的困境。他所说的社会资本是指"社会组织的特征，例如信任、规范、网络，它们能够推动协调的行动来提高社会的效率，并指出信任是社会资本的重要组成部分"[3]。协商民主在社区推行可能因

---

① 〔古希腊〕亚里士多德：《政治学》，吴寿彭译，商务印书馆，1965，第48页。
② 闵学勤：《社区协商：让基层治理运转起来》，《南京社会科学》2015年第6期。
③ 〔美〕罗伯特·D.帕特南：《使民主运转起来》，王列、赖海蓉译，江西人民出版社，2001，第195页。

为人们的自利心态而面临诸多挑战，其中一条化解的路径便是培育社区社会资本。"社会资本可以将个人从缺乏社会良心和社会责任感、自利的和自我中心的算计者，转变成具有共同利益的、对社会关系有共同假设和共同利益感的共同体的一员，并由此成为将社会聚合在一起的黏合剂，在这个意义上，根植于信任与合作的社会资本就是公民社会文化的核心要素。"① 社会资本的培育需要在社区内建立社区与居民之间良好的信任关系，并增强居民的社区意识、社区认同感和归属感。"一般地，认同感较低者在行动决策中更注重个人利益的计算，而认同感较高者则能克服民主中个人成本的障碍。"②

另一条缓解集体困境的路径是培养成熟的公民社会。学界热衷探讨但屡遭瓶颈的公民社会问题，正从社区这一国家、市场、社会多方角力的试验场中蕴含突破。如果公民社会理念倡导生活方式、利益追求与社会文化的多样性发展，强调公众的社会参与及机会的均等，倡导社会组织、公民团体的地位平等，强调公民社会与政府合作，共同致力于经济社会的发展③，那么正在走向多中心的中国城市社区所展现的差异化场景为此提供了足够的机会：社区各正式和非正式组织因其分别代表政府（社区工作站和居委会）、业主（业委会）、雇员（物业公司）、弱势群体（社区民间组织）的利益，他们通过多样化的社区服务供给方式，获取不同社区群体的参与，以各自的路径寻求组织的权力和地位，社区成员面对各种机会必须有所选择，而惯习的不参与也可获利的搭便车行为在社区多元纷争中已沦为下策，沉淀太长时间的公民与他人、与组织、与政府的交换、协商与合作也会成为社区并不鲜见的集体行为。

---

① 庞金友：《当代公民社会与民主化：一种可能性的分析》，《北京科技大学学报》（社会科学版）2006 年第 3 期。

② 黄建宏：《参与视角下的社区协商民主》，《重庆理工大学学报》（社会科学版）2016 年第 7 期。

③ 〔英〕布赖恩·特纳：《公民身份与社会理论》，郭忠华、蒋红军译，吉林出版集团有限责任公司，2007，第 9 页。

二 多元文化背景下的共识困境

现实主义理论家认为，协商民主理论的决策设计与现实的民主制度之间存在巨大的鸿沟，有两个因素影响着协商民主的决策模式在实践中的可行性。一是协商的决策过程能否达成共识，这涉及如何处理差异与共识的关系问题。协商民主强调在协商过程中通过理性的运用和公开讨论来消除差异，达成共识，并把共识作为决策的重要依据。但在多元文化背景下，公民之间存在认知和道德的不可通约性，从而使得共识难以达成。协商过程要求参与者在陈述自己观点时给出让别人信服的理由，这暗含着参与者的认知和道德结构存在某种程度的相似性。但在多元化的社会中，某些种族和文化团体之间的伦理价值与原则的冲突可能非常大，尤其是涉及宗教信仰时，几乎不可调和。所有这些多元和差异都会削弱协商达成一致的可能性。这一点与多元主义对协商民主的决策合法性构建功能的批评是一致的。一旦协商无法达成共识，最后还得通过投票程序做出决策，这又回到代议制决策的老路。二是社会的复杂性问题。现代国家的公共事务是如此的复杂，如果决策时间有限，要想通过众多的公民协商讨论来做出决策显然是不现实的，决策的参与者只能非常有限。而且现代民族国家的规模如此之大，要就某一议题在国家层面征求民众的意见，这种大规模协商讨论的难度就可想而知了。

另外，为了增加代表性，协商参与者可能来自不同的阶层，他们受教育背景不同，分属于不同团体、文化和行业。"在现实政治生活中，'高效率'制定政策也许由于主体多元化无法实现。"① 由于社区协商的参与主体在受教育程度、年龄结构、经济状况以及文化和政治素养等方

---

① 刘丽娜、刘心雨：《协商民主下公共政策制定五大困境》，《合作经济与科技》2017年第8期。

面存在较大的差异，社区公共政策的协商与制定反而可能存在低效率制定困境，那么如何通过协商达到多元一致也是我们必须思考的问题。且多元主体也存在利益方面的对立。著名学者曼瑟尔·奥尔森（Mancur Olson）在《集体行动的逻辑》（*The Logic of Collective Action*）一书中驳斥了传统的集体行动观，即由具有相同利益的个人所形成的集体是要为他们的共同利益而行动的，"除非一个群体中人数相当少，或者除非存在着强制或其他某种特别手段，促使个人为他们的共同利益行动，否则理性的、寻求自身利益的个人将不会为了实现他们共同的或群体的利益而采取行动。"① 协商中也是如此，利益冲突使得协商主体难以妥协，每个主体都不愿看到自己利益受损，但协商的结果又不可能令每个主体都满意，这是协商的一个重大难题。

如何解决呢？这就需要我们认识到协商表决的必要性。例如，遇到城市治理中的重大公共议题，各方意见争执不下时，协商到最后有必要通过表决来达成一致。这其实是民主和集中的问题，也有学者称之为"决策性公民协商"，此类协商有直接民主性质，而且协商所形成的决定往往具有直接的社会效应。当然通常要在各方已多轮熟议、均同意表决的前提下再进行投票，并应有公正机构和媒体在场来确保表决的公正公开。

三 压制差异的批评

协商民主理论关于决策中能够达成共识的观点受到了差异民主理论的指责，具体表现为协商民主的话语体系建构了个体认同，一味追求共识导致对差异的压制并强化了现有政治等级。差异民主理论以单独个体之间的差异为前提，延续了结构主义对主体话语体系怀疑的传统，指出协商民主在决策过程中所谓"共识"是现代"治理术"之下政治体制

---

① 〔美〕曼瑟尔·奥尔森：《集体行动的逻辑》，陈郁、郭宇峰、李崇新译，上海三联书店，2008，第 2 页。

驯化的结果，协商民主正是通过构建这种共识而在决策中发挥其约束作用。一方面，协商过程会促进压制性的自我控制。巴里·辛德斯（Barry Hindess）指出，人民实际参与政治协商时，"经常需要相当程度的自制力、隐藏个人意见的能力和意愿，以及平和地处理周期性的厌倦感和强烈的挫败感的能力。"[1] 另一方面，协商提出的"理性交往模式"可能导致"内部排斥"。差异民主论者林恩·桑德斯（Lynn Sanders）和艾里斯·扬（Iris Marion Young）指出，协商代表着一种不带感情的、理由充分的、合乎逻辑的特定类型交往，然而理性对话在用语方面的特性会妨碍某些意见的表达及相互的理解。协商民主强调尽可能多的广泛个体参与协商进程，却忽略了因强调协商而带来的后果。因为有些人可能善于制造争论从而能更容易让别人听到自己的声音，而另一些人则不擅长此道。"协商民主还为某些类型的演说提供了特权，使女性和少数群体的演说文化处于不利的地位"，桑德斯则指出："能够被所有人接受或者至少理解的、强化利益的政治理由会在实践中使财富和权力的影响普遍化，同时抹去贫穷的、没有能力的少数群体的特殊经历和利益"。[2] 这种类似于政治贫困所导致的协商后果，艾里斯·扬称之为"内部排斥"。

对于民主差异理论所提出的社会复杂性挑战，博曼借助于"协商多数统治"的概念来强调，经协商而产生的多数不是简单的投票多数或通过其他方式形成的多数，任何决策机制中形成多数的方式至关重要。在博曼看来，制度及公众之间的互动对协商民主的意义，就在于不但使创新和民主变革成为可能，而且使制度更具回应性、更有效力[3]。协商形式的民主之成功，有赖于可以培育公开利用理性的社会条件和制度安排

---

[1] 〔澳大利亚〕约翰·S. 德雷泽克：《协商民主及其超越：自由与批判的视角》，丁开杰等译，中央编译出版社，2006，第55～56页。
[2] 〔澳大利亚〕约翰·S. 德雷泽克：《协商民主及其超越：自由与批判的视角》，丁开杰等译，中央编译出版社，2006，第54～58页。
[3] 〔美〕詹姆斯·博曼：《公共协商：多元主义、复杂性与民主》，黄相怀译，中央编译出版社，2006，第198～199页。

的创造。

如果将理论讨论具体下沉至社区协商实践，则需要更为具体的制度设计。若要在社区全面推行协商制，基层政府可协调社区各组织围绕协商的议题、时间、程序和参与者进行一系列的程序设计，并广泛征求社区业主的意见。特别是关于由谁来参加协商的问题，除了邀约制外，还可采取简单随机抽样法，确保每一位业主都有被选中参与协商的机会。协商的议程既要有多方陈述意见的环节，也可设计辩论环节，让各方充分表达，并且随时考虑第三方或非社区利益方在场，能够中和意见、调停冲突以及活跃协商的气氛。社区协商的合法化需通过常态机制下各方长期实践才有可能达成，想通过一次协商成功就能长期解决社区治理问题显然不切实际。

第三节　协商的规模困境

一　协商的效率问题

即使协商是件好事，但很多学者质疑，它到底有多少好处呢？或者像经济学家所说的那样，证明协商有效的所有努力、时间成本或者决策成本是不是太大了？多少协商才够用？协商是否能物有所值呢？不可回避的是通常协商都不可能一蹴而就，费时劳力耗财是常态，因此协商往往被批评为高成本、低效率，因为其耗费了更多的时间和人力，且不一定能产生我们想要的结果。

首先是时间问题。有研究者研究了协商所需的时间，提出组织规模较小的协商需 1~3 个月的时间，而组织协商民意测验和协商大会一般需要 6 个月，显然耗费时间较长[1]；另外，也有研究者提出"决策参与

---

① 李猛：《协商民主面临的挑战：涵义、制度与中国化》，中国社会科学院研究生院硕士学位论文，2010，第 10 页。

的人数越少花费的时间越少，决策出台耗费的时间越长，那么协商成本也就越高，协商效率也就较低，因此这种正比例关系也就意味着时间与成本成正比，与效率成反比"①。我们可以看到，如果减少协商主体的人数，便可以减少时间成本，但协商民主需要赋予大众广泛的参与权，因此协商总是不可避免地面临时间成本过高的问题，在从议案的提出、制定、选择，到集体决策中的利益协商、谈判博弈等过程中都要耗费大量时间。那么时间成本是可控的吗？"一则政治过程不可避免地需要耗费时间，二则需要意识到假设在政治过程中可以控制好其他影响效率的因素，那么时间自然而然地会缩短，从而控制时间成本。"②

其次是人数问题。"面对面社会"，即小规模的团体在决策前进行讨论的形式，能否应用于大规模民族国家呢？即使是在同一地域，当参与者超出一定的数量（在 20 人以下），协商很有可能无疾而终，因为演讲将替代对话，修辞的吸引力将替代理由充分的论辩。规模难题意味着，直接的协商参与者毕竟是少数，多数人并不能直接参与协商论坛，因此有学者宣称协商民主的合法性是不能实现的。协商民主中协商、讨论和对话往往受到协商主体人数上的限制。当主体人数太多时，公共协商将耗损大量的人力、物力、财力和时间成本，且主体多元化使得沟通平台作用低下，继而效率也无法提高。"要实现多元主体共同价值的公共政策会存在沟通平台作用低下的低效率制定困境。正因为如此，在民众和政府协商之间往往会忽略部分民众转求高效率制定与执行政策，但这种'高效'在某些范围内仍是一种'低效'的表现。"③ 所以说多元主体的决策可能会导致低效率倾向。奥斯特罗姆（Elinor Ostrom）认为

① 刘晓飞：《关于协商民主过程中的效率问题研究》，硕士学位论文，中共山东省委党校，2016，第 17 页。
② 刘晓飞：《关于协商民主过程中的效率问题研究》，硕士学位论文，中共山东省委党校，2016，第 20 页。
③ 刘丽娜、刘心雨：《协商民主下公共政策制定五大困境》，《合作经济与科技》2017 年第 8 期。

决策的行动减少到一人，有助于快速行动。然而一人决策的规则也给唯一决策者以战略性的机会，采取先发制人的策略，这阻碍了集体选择所固有的机会成本方面的适当考虑。[①] 另外，福克斯（Charles Fox）和米勒（Hugh Miller）也曾经提出过"多数人的对话"，他们认为"多数人对话的模式基本上是随机的用词和不确定的闲谈，并没有特定的情景来引导话语。没有意向性的对象，没有'下一步该做什么'这样的问题，用于进行政策思考和有效行动，没有情境为对话提供语境。参与到闲聊之中，尽管不具有强制性，却破坏了形成集体意愿的前景，阻止了一致的公共意见的形成。多数人的对话没有能汇集形成意愿的谋划。多数人对话的目的被手段吞噬了，对话本身就是目的"[②]。当协商主体人过多时，人们之间进行的可能并不是正式的、严肃的讨论，而是无目的的漫谈。从这个角度来说，人数越多所付出的决策成本越高，效率越低，但我们也应该知道，不仅仅是参与者的数量，参与人的素养也是影响协商成本的关键。"既然人数与成本成反比，那么协商过程就应该在扩大决策团体的问题上谨慎而为之，在民主真实性和广泛性与民主的效率之间做出权衡。"[③]

二 全员参与可能性

社区协商最关键的就是协商参与者，参与协商的人一要有代表性，要有解决问题的方法和资本，不能单纯找表面积极的居民，而需找社区各群体中的代表者，需找有社会资本的居民。理论上无论是日常的还是应急的社区协商都无须全员参与，否则既低效也会造成人声嘈杂，意见

---

① 〔美〕埃莉诺·奥斯特罗姆：《公共事物的治理之道》，余逊达、陈旭东译，上海译文出版社，2014，第 36 页。

② 〔美〕查尔斯·J. 福克斯、〔美〕休·T. 米勒：《后现代公共行政——话语指向》，楚艳红、曹沁颖、吴巧林译，中国人民大学出版社，2002，第 134 页。

③ 刘晓飞：《关于协商民主过程中的效率问题研究》，中共山东省委党校硕士学位论文，2016，第 17 页。

无法统一。但就年度而言，如果制度设计中包括一条"社区每户必须一年至少参加一次有关本社区治理议题的协商会"，并尽力推广之，它很可能真正撬动社区运行，让基层治理有效运转起来。

在实际社区实践中，全员参与协商的可能性非常之低，主要是由于居民的参与意识淡薄以及参与能力有限。一方面，现代民主和公共精神的缺乏导致居民参与社区协商的动力不足。在社区协商中，面对公共事务，公民第一反应是沿着传统思维定式而采取避而远之的态度，即社区居民普遍缺乏参与公共生活的公民意识。在协商民主实践的过程中，社区居民总有一种"事不关己，高高挂起"的心态，即使是参与协商，也可能是在居委会强制下"心不甘、情不愿"地参与。另一方面，参与能力与居民有效有序地参与社区讨论和协商密切相关。正如前所述，居民个体参与能力强弱直接影响着居民参与的实效以及个体利益的实现。

但其实全员参与协商的机制并不在乎每户是否能真正到场或在线发声，在乎的是人人有义务、有权利、有机会卷入公共事务，从身边的与自己相关的社区事务开始，逐步扩大到更大范围的、看似与自己无关的公共事务。有代表性的协商、程序合法的协商、共同表决的协商在行进过程中已充分吸纳了民意，汇聚了公众的智慧，为协商决议的执行开辟了绿色通道。当然协商本身是否充分展示了公共理性，是否最大限度地满足和提升了公众福祉才是协商圆满走完全过程的重要评判依据。这样不仅可以让基层治理获得创新，而且可能从弱参与的小社会中突围，迎来中国协商民主的春天。

提高社区协商的参与率要通过建构公民性、培养居民的公共精神来实现。"民主制度如同一部机器一样，无论其设计得多么精巧，终究是要靠人来操作的，否则民主制度只能生存在制度条文里，民主制度最为合格的操作者就是具有公共精神的现代居民。"① 早期有关公民性孕育

---

① 吴猛：《社区协商民主：理论阐释与路径选择》，《社会主义研究》2011 年第 2 期。

的路径被认为依赖于教育、城邦和人口规模。柏拉图早就断定公民与教育高度相关①，好公民不是天生的，而是受教育影响的。他的学生亚里士多德认为除了教育之外，城邦是培育公民的理想场所，他曾宣称："人天生是一个旨在生活于城邦的动物。"② 因为他认为公民必须具备的良善与美德，恰好是适合于特定城邦制度的社会、政治行为。不论在哪个城邦，都存在一种基本的道德水准：好公民必须全心全意地、充满效率地通过其思想和行动来奉献于共同的福祉。通过这样一种生活方式，公民不仅使自己受益，而且使国家受益，公民也因此成为一个道德上更加成熟的个体。同时亚里士多德认为人口规模是极为重要的因素，全体公民应当紧密地凝聚在一起以便使他们能够知道彼此的性格，只有通过这种亲密关系，才能养成共同体结合所需要的真正兄弟般的公民性③。按此推演，以社会生活共同体来界定的现代城市社区在公民性的养成方面具有得天独厚的优势：社区具有一定的人口规模、居民拥有相对同质的阶层地位、街坊邻里应有一定的知晓度和亲密关系等。

同时，公民性的建构还依赖由权利和义务交织而成的网络，通过这一网络，容易使公民产生特定的期待，形成自己的生活。在这种方式下，相互合作与冲突形塑了社会成员的生活，迫使他们认识到，自己行动的可能性部分以他人帮助形成的网络为基础，同时，他们也依赖于这种网络④。这种网络，小到社团和社区，大到城市和国家，甚至全球，并且包括建构这些网络的人际关系、法律制度和共同信念等，现代公民一方面需要在社会网中寻求个人的自由和权利，另一方面也必须合作、团结和参与，因为只有具备公共精神，才能在不断社会化的过程中获取

---

① Li Jun, "Fostering Citizenship in China's Move from Elite to Mass Higher Education", *International Journal of Educational Development*, 2009, p. 29.

② Aristotle, *Politics*, Oxford: Clarendon Press, 1948, p. 1238.

③ 〔英〕德里克·希特：《何谓公民身份》，郭忠华译，吉林出版集团有限责任公司，2007，第 45 页。

④ Parry, G., *The Frontiers of Citizenship*, Basingstoke: Macmillan, 1991, p. 29.

他人的认同及帮助，以达成目标。例如，有学者在分析了中国当代城市社区类型后，认为目前社区形成了四种网络机制，包括命令型、授权型、内生型和外入型，其中后三种类型都有利于公民性的养成[1]。显然，后三种类型所展示的社会网络是一种多元组织架构，组织间的合作与冲突提供了公民成长的土壤。

民主是真正的"未竟的现代性工程"。协商民主理念的实现，还需要我们去矫正、改变某些社会状况。有些因素是与协商民主不相容的，但是，它们的存在并非协商民主的障碍。在某种程度上，多元主义、复杂性等或许能在充满活力的世界性公共领域中促进自由、平等和理性的协商。因此，协商民主需要更多的实践，需要更多的制度设计。事实上，正是通过公共协商我们才能最好地保存一个合作的、宽容的、民主的多元主义。[2] "协商民主论者从未宣称协商是灵丹妙药，可以将不好的结果变成好的，而只是比其他替代性方案更佳。"尽管协商存在失败的可能性，但这并不是我们放弃协商和反对改进协商的借口。对于公民协商来说，对公民能力的质疑本身是可疑的，公民并不总是知之甚少、冷漠、不关心公共事务和对专家的意见俯首帖耳或作无谓的争执，如给予他们适当的机会和制度安排，公民是能够协商的，并且他们的协商对于民主制度的运转也极为重要。[3]

---

① 朱健刚：《社区组织化参与中的公民性养成——以上海一个社区为个案》，《思想战线》2010 年第 2 期。
② 〔美〕詹姆斯·博曼：《公共协商：多元主义、复杂性与民主》，黄相怀译，中央编译出版社，2006，第 2 页。
③ 李强彬、黄健荣：《国外协商民主研究 30 年：协商民主何以须为何以可为》，《四川大学学报》（哲学社会科学版）2012 年第 3 期。

第八章
联合协商的图景

第一节　联合协商：城市基层治理的范式变革

一　从管理到治理，未竟的范式变革

城市从管理范式走向治理范式，不仅嵌入了国家与社会关系的变化、政府与社会组织之间的互动，以及城市居民的能动性参与，同时也给城市基层提供了极富想象力的自我更新、自我创新平台，基层的各种治理试验和民主实践都有机会登台亮相，以快速回应民生民情，并积极面对城市化后期不可回避的经济和社会问题。

但是城市基层治理转型之快还是始料未及的，基层政府刚刚习得管理与治理的概念之别，各种基层治理模式便层出不穷：运动式治理和制度性治理、技术性治理和包容性治理、项目式治理和承包式治理、应急治理和常态治理、分散性治理和整体性治理，等等，这几组治理模式的前者基本都是从局部或在某一时点上展开，利用治理理念和技术应对当时当地之需，后者则考虑了常态化、多方位和长效性治理，但是如果真正从社会科学的范式角度切入，这些还仅仅只能称为模式，而不是范式。20 世纪 60 年代美国著名科学哲学家托马斯·库恩（Thomas Kuhn）在《科学革命的结构》（*The Structure of Scientific Revolutions*）中首次提

出"范式"的理念和系统，他认为范式是指一个共同体成员所共享的信仰、价值、技术等的集合，指常规科学所赖以运作的理论基础和实践规范，是从事某一科学的研究者群体所共同遵从的世界观和行为方式。① 如果基于这一范式定位，上述分类模式更多注重治理的执行手段或行为方式，远未植入平等、参与、沟通、协商、回应及合作等治理的核心理念和价值观，而这恰恰是城市基层治理区别于管理的关键点，也是转型的难点或者说是一种范式变革。

细细体味当下方兴未艾的社会治理创新，在城市宏观层面，其间虽有议事协商等新元素出现，让政府更显亲民，对提升行政效率有所助益，但从各大城市具体实践来看，大体上依旧是基于旧体制逻辑，"政府部门和管理者在寻求解决方法时，还是回到了传统的治理经验"②。在理念未跟进下，治理技术的精进也只是强化了原有行政主导的社会管理逻辑，让科层制发育不断完善。具体而言，借助高度技术化的制度建设，"行政的纵向秩序整合系统在财力支持、机构设置、政策保障乃至工作思维等方面形成了一套自我强化机制"③，由此带来的结果是，为保证日益庞大的行政机构的效率，需消耗极大的社会成本；而且"由于各级行政体系的规模不断扩大，行政机器过于繁杂，易于将行政权力过度覆盖到社会生活的各个领域，压缩社会空间得以健康发育的余地，丧失对社会自主表达利益能力的敏感"④。特别是当下面对利益主体和利益诉求日趋多元、社会流动性增强、全球风险社会特征凸显、社会成员主体意识增强，以及伴随城市化进程而来的人口过密、城市空间重组、资源紧张等问题的一系列综合挑战，单依赖于行政力量，依靠行政效率

---

① 〔美〕托马斯·库恩：《科学革命的结构》，金吾伦、胡新和译，北京大学出版社，2003，第175页。

② 李友梅等：《城市社会治理》，社会科学文献出版社，2014，第3页。

③ 李友梅等：《城市社会治理》，社会科学文献出版社，2014，第3~4页。

④ 渠敬东等：《从总体支配到技术治理——基于中国30年改革经验的社会学分析》，《中国社会科学》2009年第6期。

的提升，只会使行政支出和治理成本不断上升，且可能会钝化对具体社会问题和社会需求的感受力和回应力①。关于这一点，西方福利国家的解体，以及近年来国内发生的公共安全事件均已表明。当下城市治理需要真正范式变革的迫切性不言而喻。

在城市治理中基层治理是基础、是关键。回到基层社区这一微观层面，不可否认，实践上培育社区自治和加强基层政权建设两者之间一直存在张力。理论上，对于近年来社区治理中出现的新现象、新模式，到底是社区的社会得以发育还是国家威权得以再造延续，学界也一直争论不休②。究其原因，一方面是各学者观察这一现象的视角棱镜不同，如以社区合法化的自治载体——居委会的组织变革为切入点，观察者多半会认为虽然不断有诸如社区工作站、便民服务中心、社区议事会、社区代表大会等新社区组织加入，但居委会或者陷于行政化困境，其变革呈现一种"内卷化"趋势③，或面临边缘化危机，导向的结果均为其始终难以发挥自治功能；而另一些学者从政府向社区让权、还权、授权的角度看，则会认为政府是社区自治的"第一推动力"④。另一方面是社区的发展确实呈现一种复杂不明的格局，导致人们横看成岭侧成峰，很难一言以蔽之。那么为何会呈现这一现象？其部分原因还在于目前的社区治理发展路径不明确，即没有形成一种真正的范式，没有一条理念和操作技术均到位的变革路径。

二 社区共同体的追求和缺失

城市社会从管理走向治理，既是背景又构成转型的社会发展新动

---

① 渠敬东等：《从总体支配到技术治理——基于中国 30 年改革经验的社会学分析》，《中国社会科学》2009 年第 6 期。

② 肖林：《"'社区'研究"与"社区研究"——近年来我国城市社区研究述评》，《社会学研究》2011 年第 4 期。

③ 何艳玲、蔡禾：《中国城市基层自治组织的"内卷化"及其成因》，《中山大学学报》（社会科学版）2005 年第 5 期。

④ 王颖：《社区与公民社会》，转引自肖林《"'社区'研究"与"社区研究"——近年来我国城市社区研究述评》，《社会学研究》2011 年第 4 期。

向，这些趋向包括多元、分化、风险、流动、巨型、转型等。但显然，还没有明确指出的一点是：这是一个经济上相互依赖、物资丰裕的时代，也是人们精神上不安宁、人人关注道德确定性的时代，是一个寻求共同体的时代①。如此强调是为了提醒，当我们关注社区矛盾、冲突、公共物品提供不足，关注制度建设、制度安排时，也需关注到人们的归属需求、认同需求。当下我们提社区建设，谈社区治理，应是为了人们的美好生活，而精神上体验到安宁、情感上体验到归属和认同是好生活的重要维度。其实，人们在精神上体验到的道德疏离，确定感遗失，怀疑、不信任滋生，意义感丧失等，也在很大程度上引致了当代生活中那些日益增加的危机。今天，我们谈集体行动中的合作困境、囚徒困境，其实与共同体的失落不无关系。正如社群主义者所认为的，所谓"囚徒困境"只适用于那些把个人利益放在优先地位的"理性个人"（rational individual），而不适用于具有公共美德的个人。② 而个人美德并不是与生俱来，是在共同体中，人们逐渐习得尊重他人和自我尊重、学会服务他人、逐渐培养起公共精神。

那么我们如何重建共同体？其实从滕尼斯（Ferdinand Tönnies）、涂尔干（Émile Durkheim）、齐美尔（Georg Simmel）到帕克（Robert Ezra Park），从桑德尔（Michael Sandel）、麦金太尔（Alasdair MacIntyre）等社群主义者到巴伯（Benjamin Barber）等参与民主论者都诉诸地方性社区。社区在原本意义上就含有共同体意味，只不过在现代国家和市场入侵下，共同体意义上的社区逐渐式微。③ 也正是在这个意义上，20 世纪后半叶，西方国家开始重提"社区复兴"。重新回到社区，其实颇有回

---

① 〔美〕罗伯特·比特尼斯：《寻求共同体：秩序与自由之伦理学的研究》，载〔美〕唐·E. 艾伯利主编《市民社会基础读本——美国市民社会讨论经典文选》，林猛等译，商务印书馆，2012，第 44 页。
② 俞可平：《当代西方社群主义及其公益政治学评析》，《中国社会科学》1998 年第 3 期。
③ 关于传统社区在现代社会中是失落、继存还是解放的讨论参见夏建中《现代西方城市社区研究的主要理论与方法》，《燕山大学学报》（哲学社会科学版）2000 年第 2 期；单菁菁《社区情感与社区建设》，社会科学文献出版社，2005；等等。

到问题产生之地的意味。因为在众多理论家眼中，今天之病症恰如杜威（John Dewey）在《公众及其问题》（*The Public and its Problems*）一书中对现代性的核心问题的见解："此刻我们希望指出，巨型社会得以形成的机器时代是如何侵入了从前的小规模社群并使之部分解体，与此同时相应的巨型社群却没有产生。"① 也就是说，旧有社团衰落，新社群未起，中介性社群的式微让个体变成散落的原子式个体，需直面庞大的国家和市场，个人价值和目标与宏观社会的价值和目标失去结合点。而地方社区衰落之原因虽然多维，但关键一点是社区功能的衰落。具体而言，原本人们生活依赖于社区共同体的相互依赖合作，但现代伊始，国家或市场携带新的资源介入地方，引发管理权转移，传统社区从经济和政治领域的重大目的和决策中日益剥离，其功能与社会宏观的经济和政治决策相脱离②。与之相伴的是，人们无论在公共生活中还是私人生活中，所扮演的角色日渐走向服务享用者、被动消费者。在这个意义上，重建社区共同体其实意味着归还社区自主空间，让社区公众承担起社区责任，让社区居民选择和决定社区的愿景。在地方性社区中的公共参与，让人们感受到相互依赖，体味到邻里责任，收获归属和认同。社区而外，在更广阔的社会领域，也会激发更负责任的行为，进而公共美德得到繁衍。

但是如何让社区居民愿意承担责任，进行参与呢？特别是当下中国社区生活现状中所表现出的社区意识淡薄、社区参与不足、社区自治乏力等现象，社区认同缺失、社区共同体建构困难等已是不争的事实。首先需要明确的一点是，参与到公共事务管理中对社区成员而言具有内在

---

① 〔美〕罗伯特·贝拉：《好社会：我们通过制度而生活》，载〔美〕唐·E. 艾伯利主编《市民社会基础读本——美国市民社会讨论经典文选》，林猛等译，商务印书馆，2012，第89页。

② 〔美〕罗伯特·比特尼斯：《寻求共同体：秩序与自由之伦理学的研究》，载〔美〕唐·E. 艾伯利主编《市民社会基础读本——美国市民社会讨论经典文选》，林猛等译，商务印书馆，2012，第49页。

吸引力。正如社群主义者所指出，"社群对其成员具有内在的吸引力，这种吸引力的主要来源之一便是它对成员提供仅凭成员的个人行为无法实现的权益，所以，在实现个人权利方面……与通过单独行动所实现的权利相比，个人在与政府合作中所实现的权利的意义也要大得多。"① 具有了内在动力之后，接下来就需要有益的外在推力。对此，通过理性、宽容、平等的对话协商，在扩大参与主体心胸的同时，增进相互理解，或可期待建构起社区协商共同体。至此，关键是协商如何在中国城市社区真正落地，让社区回归居民自我服务、自我管理的生活共同体。

三　从单向度协商到联合协商

其实面对承载越来越多工作内涵、民生期待和创新需求的城市基层，学界和政界已开始提出参与式治理和协商式治理，这些更贴合治理价值观的范式，用以应对基层的分权困惑、社区自治不足的压力、社会组织协同乏力的阻滞等。但是单向度的参与和协商还不足以解决社会资源调用不足以及治理合法性缺失等问题，因此本文提出联合协商，也即多向度、跨时空的立体协商作为城市基层治理范式变革的驱动和路径，以期打破基层治理还停留在理念辨识阶段，缺乏可操作性和可复制的困局。

联合式协商需要突破常规协商在观念上的桎梏、人数上的束缚、时间上的跨度、技术上的壁垒和决策上的狭隘，从结构层面进行全方位联合，通过创建一个协商系统来高效达成协商目标。首先是协商理念的变革，在多元且冲突的利益群体中能否实现罗尔斯曾提出的"重叠共识"。用科恩的话来说，每个人诉诸的都是"真理，但并非全部真理"②，也即在适度压缩个人理性的情形下，或者用中国古语中的"求

---

① 俞可平：《当代西方社群主义及其公益政治学评析》，《中国社会科学》1998 年第 3 期。
② 〔美〕詹姆斯·博曼、陈志刚：《公共协商和文化多元主义》，《马克思主义与现实》2006 年第 3 期。

同存异"来寻求大范围、冲突利益下的协商共识,这既是协商理念和价值观的共鸣,也是需要长期培育多方实践才可能实现的多元公共理性。其次是协商技术的变革,20人左右的小规模协商无论意见有多冲突,其实并无太多技术可言,因各方能充分表达意见,不能统一那仅是人的问题而非技术。但联合协商要求短时间、超人数、多声音下的合作,多样化的社团、多平台的网络和多组织间的交互作用,一种多层叠加的立体式"公共对话"将会产生,这对协商组织者的协调技术、参与者的对话技术、移动互联网的直播技术和决策表决技术等都提出了新的挑战。最后就是联合式协商能否常态化的问题。如果运用联合式协商提升了协商理念、提高了协商效率,那因此调用更多资源是否可能导致成本增加,难以持续?其实联合式协商通过填补"结构洞",约请更多层面、更具广泛代表性的利益相关者或专家团队、媒体成员参加,利用移动互联网的诸多免费平台,在信息化时代有足够的低成本操作空间,且因更多汲取多元意见,可以呈现更多合法性证据,反而减少了未来协商决策不能落地的困惑。

那么联合协商和现有的参与式治理或协商治理有何关联或区别呢?所谓参与式治理是指"与政策有利害关系的公民个人、组织和政府一起参与公共决策、分配资源、合作治理的过程"[①]。比如在城市社区层面即以公共参与推进社区自治,从而使社区融入整个国家社会生活,达至社会管理创新的目标。那么何谓协商式治理呢?协商式治理从实践而发,有学者根据既有实践把协商治理概括为"在公共事务的管理中,公民经特定的协商程序,通过自由平等的对话、讨论、辩论以及听取相关的背景知识等话语交往方式进行更具理性的公民参与,进而在公共决策中发挥重要作用的治理方式"[②]。在社区层面即社区居民通过一定的协

---

① 陈剩勇、赵光勇:《"参与式治理"研究述评》,《教学与研究》2009年第8期。

② 张敏:《协商治理:一个成长中的新公共治理范式》,《江海学刊》2012年第5期。

商程序，通过理性审慎的讨论、协商、听取意见、回应提问等方式，参与到公共事务管理、决策和执行中。按照前文协商民主和参与民主的关系理解，把协商视为一种更具理性的参与方式而言，那么协商治理是参与式治理的一种，可以认为是参与式治理路径的具体化。其实，不管协商式治理也好，参与式治理也好，其被提出的缘由部分在于"治理的核心概念内涵松弛，在传达出宏大的理论意图的同时，不免于其多重理论关怀下失却恰当的行动主体指向与多元主体社会行动格局的精确陈述"①。就此而言，联合协商是在参与式治理和协商式治理基础上进一步推进治理路径具体化的治理模式。其实三种模式都强调自下而上的参与，都认为社区多元主体的实质性参与是维系社区共同体存在的基石，是社区"善治"的要素，是达到"好的社区治理"的基础性条件。但正是在面对多元主体如何参与，协商的合法性困境、规模等问题上，联合协商更往前了一步。经由联合协商，在多元现实下，让多方合作成为可能，通过协商对话达成共同体建构的可能。

第二节　联合协商何以落地基层治理

基于中国 30 多年城市化迅猛发展的基层治理，在协商层面不能说是空白，但目前基本处于碎片式和就事论事的局部商议形态，从理念到操作远未进入系统化、规范化和常态化的格局，那么在单体协商还不够完善的情形下，联合协商何以落地城市基层治理？

一　"碎片化"的基层社会

"碎片化"，顾名思义，指原本完整的状态或实体分割成诸多零块。在政治学领域，"碎片化"用来描述"由于政府职权的划分和政

---

① 陈剩勇、赵光勇：《"参与式治理"研究述评》，《教学与研究》2009 年第 8 期。

府管辖权限与边界的增殖而产生的复杂状况"①。按照美国学者对大都市化进程中美国地方政府的观察，政府"碎片化"不仅表现在数量特征上的大量碎片，也体现在地域和功能上的交叉重叠，面对共同问题时各自为政，缺乏相互协调、沟通和合作，致使政策目标无法达成。②在对城市社会研究中，学者们也借用"碎片化"概念来描述城市社区分化造成的城市社会空间分异，以及由此引发的城市不安全感外溢、城市空间碎片化、城市社会分化与城市公共政策失败等外部负面效应。③在一定程度上，"碎片化"其实是城市化进程下，学界对城市社会在空间结构、权力结构、利益结构等诸方面的诊断。

回到当下中国城市社区治理，同样可用"碎片化"来描述其目前状态。这种状态分为内、外两个方面：就外部而言，表现为城市基层政府的碎片化或曰条块分割；就内部而言，表现为社区内资源、利益主体的分化和碎化。对于中国政府组织的碎片化学界多有论述，如西方学者李侃如（Kenneth Lieberthal）、兰普顿（David Lampton）等用"碎片化"来描述有关中国的决策体制，强调政府各部门的官僚会根据其所在部门的利益进行政策制定或影响政策制定过程，由此，不同层级的纵横政府间通过在项目谈判中的争论、妥协、讨价还价，才能制定出公共政策。④就基层政府而言，其"碎片化"首先表现在纵向上权力层级过多，行政链条过长，导致行政效率低下。在中国"自上而下"的垂直

---

① 转引自罗思东《美国地方政府体制的"碎片化"评析》，《经济社会体制比较》2005年第4期。

② 相关论述见罗思东《美国地方政府体制的"碎片化"评析》，《经济社会体制比较》2005年第4期；唐兴盛《政府"碎片化"：问题、根源与治理路径》，《北京行政学院学报》2014年第5期。

③ 何艳玲、汪广龙、高红红：《从破碎城市到重整城市：隔离社区、社会分化与城市治理转型》，《公共行政评论》2011年第1期。

④ 唐兴盛：《政府"碎片化"：问题、根源与治理路径》，《北京行政学院学报》2014年第5期。

行政体系中，层级授权和任务下压是其特点，两级政府下作为派出机构的街道办又把行政事务下沉给无实际执法权的居委会或社区工作站（便民服务中心）。与之相伴随的是，横向权力分散，众多的部门分支机构设置，在职能上存在交叉，虽可维持政治制衡，但也带来了行政绩效的降低。在社区内部，不仅有国家行政权力的介入，而且社区各主体也存在分化，社区业已成为各方主体进行角力的场域。具体而言，以街道办事处领衔的社区工作站及社区居民委员会携带政府资源继续扮演着政府行政管理的终端角色，但社区居民委员会自身面临"行政困境"和"边缘化危机"；迅速崛起的代表城市住房阶层的业主委员会正日益完善其法人资格，并在与物业公司的抗争过程中悄然觊觎社区治理的核心权力，但也面临成立、运作、监管难题；以市场化自居的物业公司仰仗其独特的经济资本在一定程度上掌控着居民社区生活的幸福度，但也面临物业费和物业服务的"囚徒困境"；而从一开始就被边缘化的社区民间组织不仅未从这场空前的社区权力角逐格局中退去，相反正借助政府伸出的有形之手不断成长壮大。此外，在有些单位家属住宅、企业职工宿舍等片区，由于单位或企业的组织能力较强，单位制仍然发挥着很大的作用，这些片区独立性很强，街道、居委会也往往采取"分片管理"的方式。[1]

由于存在这种碎片化状态，参与实际社区事务决策和管理的机构和主体多元并立，基层任何一件事的商议，都有可能涉及分管领导、相关部门、相关企事业、社会组织和基层群众等，很难有两方或三方坐下就能协商成功。例如，以"社区协商"为主题、已被列入民政部第三批全国社区治理创新实验区的 N 市 GL 区，其辖区大部分位于 N 市主城区，小区内外"停车难"问题几乎是每个老旧小区的通病，调研中发

---

① 李强、葛天任：《社区的碎片化——Y 市社区建设与城市社会治理的实证研究》，《学术界》2013 年第 12 期。

现像 CB 社区和 SB 社区都召开过为期半年以上的多轮"停车难、大家谈"的联合协商会，除了事前通过发放百人以上问卷征求意见外，每轮协商时线上微信群与线下 30 人以上成员现场协商同步进行，参与协商者除了居民代表，牵涉部门和人员还包括社区居委会、业委会、物业公司、交管局、物价局、派出所、街道、驻区企事业单位代表、高校专家、媒体记者等，不一而足。因此 20 人以下的小规模、面对面、少轮次的单体协商，在目前多头管理的行政格局下，如果不尽早让联合协商成为常态、让基层社群尽早掌握联合协商技术，要想解决基层疑难杂症几乎不可能。而领先一步、无意中摸索出联合协商门道的社区精英们在尝到甜头的同时，还需随时获得重启功能和复制功能，让联合协商走上系统化、规模化之路。如果把多元主体存在看作一种潜在资源的话，联合协商就是整合、调动多方资源，让他们形成合力共建社区。其意义也在于让原本分割性、碎片化的社区恢复其本身系统的综合性、不可分割性。

二 社会组织的有限协力

联合协商嵌入城市基层治理的另一重要原因是基层社会组织的脚步还没有跟上来。所谓社会组织，国际上通常称为"志愿者组织"或者"非营利组织"（NPO），主要是指以促进国家经济和社会发展为己任，不以营利为目的、具有正式的组织形式，且属于非政府体系的组织。相类似的概念还有"第三部门""非政府组织"等①。

回顾社会组织在西方主要国家的发展历程，其自 20 世纪 70 年代复兴以来，目前已成为政府处理社会问题的伙伴、公平分配资源的手段、公民民主参与的形式，并提供了大量就业机会，在社会生活中发挥着十

---

① 夏建中、张菊枝：《我国社会组织的现状与未来发展方向》，《湖南师范大学社会科学学报》2014 年第 1 期。

分重要的作用。① 美国约翰斯·霍普金斯大学市民社会研究中心与七家社会组织联合调查显示，73% 社会组织有政策倡导行为，59% 开展过游说和协商活动。无论各方对于这种现象做何评价，不得不承认一个事实：在西方，社会组织已经成为政府决策、协商治理过程中不可或缺的角色，而且这一角色的分量还在与日俱增②。南佛罗里达州的一个大城镇迈阿密戴德地区，人口不到 250 万人，它的政府约有 200 个公民委员会，均为方便市民在许多非常重要的公共政策领域提出公众意见，并设法游说协商解决而创建。这些公民委员会一般有 10~25 人，委员会中许多人长期致力于公共事务并取得了显著效果③。有学者认为在美国，社会志愿团体对于缔造一个强大社会所起的推动作用，非社会秩序中的其他任何部门可比拟，它是美国的社会行动和道德复兴机制。同样，德国民间社会组织被视为现代德国民主制度的五大支柱之一，在中央和地方层面参与协商决策。如在地方层面，在社会服务的日常市属政策上，社会组织的代表作为与地方议会相连的地方委员会的成员，参与设计公共服务供应的类型和层次。④ 致力于非营利组织研究的美国阿斯平研究所归纳了社会组织参与社区建设、公共政策协商等公共管理过程的六个方面好处：一是使公众的注意力集中到关键社会问题及其解决办法上；二是增进形成健全、革新的政策所需的知识基础；三是为新的、未曾听到过的声音开放通道；四是培育政府对公民的负责意识；五是促进诸如言论自由、多元主义等民主价值；六是给予公民政治效能感，并增进其隶

---

① 李培林、徐崇温、李林：《当代西方社会的非营利组织——美国、加拿大非营利组织考察报告》，《河北学刊》2006 年第 2 期。

② 齐久恒：《近代西方公民社会组织的历史嬗变——基于四个阶段实践特征的镜像透视》，《湖南农业大学学报》（社会科学版）2014 年第 2 期。

③ 〔美〕艾伦·罗森鲍姆、许玉镇：《分权与地方治理：美洲经验的启示》，《吉林大学社会科学学报》2014 年第 4 期。

④ 李友梅等：《城市社会治理》，社会科学文献出版社，2014，第 41 页。

属于社会的感觉。①

反观国内的社会组织，虽然数量已今非昔比，在各级民政部门登记注册的社会组织数量从 2000 年的 15 万家、2010 年的 44 万家②，到 2020 年各类基金会、社会团体和民办非企业单位逾 89 万家③，这一数字已远远超过 2014 年英国的社会组织数 27.5 万个。但仅有数量规模还不够，中国社会组织目前在运作机制、人才素养、吸纳政府项目的能力、参与公共事务协商和决策的机会等方面，与走过至少两个世纪的西方社会组织相比差距甚远。一般而言，社区内的自组织主要有非营利性、公益性、自治性、志愿性、民间性等特征，这些特性为其介入社区治理、参与协商提供了基础。按照这五个标准观察国内社会组织，其在自治性、公益性、志愿性和民间性上均存在不足。在民间性和自治性上，目前社会组织显示出强政府主导，从组织成立到后续运作经费来源等均由政府推动和支持；在志愿和公益性上，服务于工商企业的偏多，而服务于普通民众的公益性、志愿性的社会组织偏少。④ 而且由于自身运作规范性不足，社会组织也缺乏社会公信力，缺乏整合资源能力和组织能力。

如此条件下，基层的协商治理只能依靠原有的街道或社区行政力量，他们虽有政府公信力这一得天独厚的条件，但他们并不是专职协商或决策组织，日常自上而下的行政指派任务已占据了他们大部分时间精力，即便工作内容与公共事务协商事项可能有一定程度的交集，一旦遇到影响民生民情的关键性问题、影响社会稳定的冲突性问题、迟迟得不

---

① 李培林、徐崇温、李林：《当代西方社会的非营利组织——美国、加拿大非营利组织考察报告》，《河北学刊》2006 年第 2 期。
② 参见《中国统计年鉴（2011）》，国家统计局官网，http：//www.stats.gov.cn/tjsj/ndsj/2011/indexch.htm，2021 年 7 月 5 日。
③ 《我国社会组织登记总数已突破 90 万家》，公益时报网，http：//www.gongyishibao.com/html/yanjiubaogao/2021/01/16660.html，2021 年 7 月 5 日。
④ 夏建中、张菊枝：《我国社会组织的现状与未来发展方向》，《湖南师范大学社会科学学报》2014 年第 1 期。

到解决的政策性问题，他们只能临时调集资源进行联合协商，能借到的社会组织之力非常有限，基层官员会随时充当协商官，上至分管领导，下至基层百姓，还有各条块相关部门，都需由他们来组织、协调，主持磋商，所以复杂的行政体系和社会组织的渗透不足，使得基层组织的联合协商能力成为标配。

三　移动互联网的嵌入契机

联合协商落地城市基层治理还迎来移动互联网发展的契机。自2009 年第三代移动通信技术（3G）在中国全面启动，以及智能手机、平板电脑、终端应用逐步推广，移动通信网络和互联网的融合日益深入，移动互联网成为现在以及未来个体生活和社会运行共同的标志性背景。中国互联网络信息中心（CNNIC）发布的第 41 次《中国互联网络发展状况统计报告》显示，截至 2017 年 12 月，我国网民规模达 7.72亿人，互联网普及率为 55.8%，超全球平均水平（51.7%）4.1 个百分点，其中使用手机上网人群的占比由 2016 年的 95.1% 提升至 97.5%，移动互联网接入比例继续攀升。在移动互联网接入人口持续增长的同时，移动互联网流量也持续高速增长，2017 年 1 ~ 11 月，流量消费达212.1 亿 G，比上年同期累计增长 158.2%。在网民构成中，虽然中青年仍占主流，但近几年持续向高龄人群渗透。[①] 持续深入发展的移动互联网不但在城市日常生活消费上创造了诸多服务场景，也已开始助推城市治理智能化、精准化和科学化，催生出诸如电子治理（E‑Governance）、电子民主（E‑Democracy）、数字治理（Digital Governance）、在线治理（Online Governance）和在线协商（Online Consultation）等新名词、新实践。根据 CNNIC 发布的数据，截至 2017 年底，我国各类在线政

---

① 中国互联网络信息中心（CNNIC）：第 41 次《中国互联网络发展状况统计报告》，2018 年 1 月 31 日，http：//www.cnnic.net.cn/hlwfzyj/hlwxzbg//hlwtjbg/201803/P020180305409870339136.pdf，2021 年 7 月 6 日。

务服务已覆盖一半以上网民，规模达 4.85 亿人。在社区治理端，"电子社区""数字化社区""社区信息化"等概念被相继提出，并进入实践层面。

其实，移动互联网进入社区治理，首要一点是从技术层面为破解信息沟通困境带来可能。在以往，无论是政府及其相关机构想要对外传递信息，倾听民众声音，还是社区居民有意要了解相关信息，表达个体意见，均非易事。从客观现实到理念，社区各治理主体之间都存在一道难以跨越的信息壁垒，而这道壁垒在很大程度上引发了相互之间的不信任、不合作。但是通过移动互联网终端，原本物理空间的时空限制被打破，信息的收发方式、传播方式均有了质的变化。移动互联网的"3A"特征，即 Anytime（任何时间）、Anywhere（任何地点）、Anybody（任何人）①，让无论是公开的一对多还是私密的一对一信息互动都更为快速便捷，不但变革了私人领域的人际交往，也为公民、政府间的互动带来了新的可能。政府可以利用微博、微信等平台，为大范围公众提供及时有用的信息；公众也能通过随时随地的在线浏览、评论，接收信息，发表看法；甚至两者可以共同"在场"，会聚同一平台进行互动、对话。而且，在频繁参与在线购物和社交活动之后，许多有意愿、有能力的社会主体自然而然地嵌入在线社会参与②，一定程度上通过网络参与讨论公共事务的惯习已培养起来。即便是在讨论公共事务时还缺乏理性沟通、发言，相互说服的技巧，但至少人们已不陌生线上的公共参与。正如近几年来学者的研究所发现的，移动互联网为公众提供了大量更为开放、平等和自由的公共空间，可以将分散的、有潜能的、愿意发声的公众激活，他们在各个层面上不断参与和反馈，将有利于社会治理。

可以认为，移动互联网以其个体性、即时性、交互性和在地性提供

---

① 孔凡敏、杨乃：《移动互联网时代政府公共信息服务方式展望》，《中国地质大学学报》（社会科学版）2013 年第 S1 期。

② 闵学勤、王友俊：《移动互联网时代的在线协商治理——以社区微信群为例》，《江苏行政学院学报》2017 年第 5 期。

了空前的机会，目前中国超过一半的人口每天在使用微信、微博、QQ
等移动终端平台①。如此，联合协商对线上线下同步推进的技术要求得
到了移动互联网全方位免费支持，在公众的接受度上也已做好铺垫，但
这并不能立刻促成理想中的联合协商顺利实现，新的问题来了：如何让
协商组织者同步采信线下和线上的观点？毕竟在场的声音很有可能盖过
线上的"无声"，而线上声音的芜杂也会导致场面的无序，协商同样面
临团体极化和公共理性困境。联合协商与单体协商在观点采信方面有个
重要的差异就是，联合协商由于声音众多，小组观点可能在相当程度上
要取代个人观点，并且将更有利于协商达到预期目的。心理学家通过大
量实验证明，当讨论不同观点时，小组的推理、论证均超过个人的，利
用小组的论点而不是个人的是协商成功的要点②。也就是说在进入联合
协商阶段时，其实已完成了多个小组协商，无论是在线还是现场，无论
是协商的前期、中期还是后期，可以便捷地依赖移动互联网落地基层治
理的联合协商都需以诸多成功的小组协商为基础。

第三节　基层治理中的联合协商之道

协商民主理论并没有为我们提供一条通往协商的简单路径，而且通
常不确定和争论一直伴随③。不过协商民主论者对于在给定条件下应当
怎样组织协商这一问题却显示出了惊人的一致，他们都认为，任何民主
的做事方式，都应该具有包容、理性判断和对话的性质。结合中国城市
基层治理的现状，在考虑到社区的居住特征、人口结构和社区文化等多

---

① Lars Fuglsang, "IT and Senior Citizens: Using the Internet for Empowering Active Citizenship", *Science*, *Technology*, *& Human Values*, Vol. 30, No. 4, 2005, pp. 468 –495.

② Hugo Mercier, Hélène Landemore, "Reasoning is for Arguing: Understanding the Successes and Failures of Deliberation", *Political Psychology*, Vol. 33, No. 2, 2012, pp. 243 –258.

③ Susan Dorr Goold, et al., "What is Good Public Deliberation?", *The Hastings Center Report*, Vol. 42, No. 2, 2012, pp. 24 –26.

种变量后，作为撬动其范式变革的联合协商，在推进时仍然有一些行之有效的协商模式可供选择，包括滚雪球模式、精英模式、理事模式、全员模式、云协商模式和全景模式，每一种模式都要具备一定的技术含量。前三种模式基本是个体导向，由事件的利益方，或社区的日常精英，或有提案权的社区理事等来引发社区公共事务协商；后三种模式基本是机制导向，全员模式建立在社区已有常规的全员参与惯习的基础之上，云协商倡导在线协商机制，而全景模式描绘了360度线上线下的协商图景①。

一　滚雪球模式

"滚雪球"顾名思义，小雪球在借助外力推动后，雪球就会越滚越大，优势会越来越明显。只要有足够的力气和兴趣，这个雪球会滚成足够惊人的体积，在协商中表现为某个问题一开始只是由某个人或者某几个人提出来，然后根据滚雪球效应扩展到更大范围。所以滚雪球模式也可称为链接模式，它的联合特征主要表现在雪球滚动过程中，协商成员和协商资源不断被整合、协商形式和协商程序变得更多元化。

在基层，协商往往源于一些因事而起的小商小量，可能是因为社区环境或治安，也可能是因为拆违或花园变菜园，或许是物业和业委会矛盾导致物业费收不上来等，起初有三五人在一起商议，问题显然不能马上解决，然后开始卷入更多的人参与协商，每一次协商向前推进一步，每加入一些代表性的人物或组织，协商的规模及合法性就被放大，形成由点到面、由少到多、由个体到群体的"滚雪球"效应，最终整合各类协商成员的需求和协商资源，来解决问题。

笔者在 N 市 GL 区调研时就发现，一社区院落——CY 花园，存在

---

① 闵学勤：《社会实验：嵌入协商治理的可能及可为——以南京市鼓楼区社区协商实验为例》，《人文杂志》2017 年第 3 期。

一个独特的"景观",小区大门口同时出现两家物业公司的保安站岗,业委会内也分为两派,一派认为应当沿用老物业公司,另一派认为应当聘任新物业,于是出现两家物业同时工作的情况。为了解决这一物业问题,协商从几位积极的、敢于站出来的居民开始,经过不断卷入新成员的30余次滚雪球协商会,最终社区整合各方力量,在取得广泛共识的基础上,召开大型联合协商,通过居民投票的方式,解决了物业问题。

滚雪球模式最大的优势就是过程的合理合法,联合协商就是考验参与者协商的程序能力,公共理性也包含理性的程序,而且因为不断吸引更多的相关人员和组织介入,所以协商的过程也是持续理性启蒙、民主教育、自治教育的过程。同时滚雪球模式也体现了参与者的社会关系网,一个人的社会关系网越强大,就越能号召更多的人参与到协商过程中。但这一模式最大的劣势就是协商周期可能耗时过长,也有可能因为周期长、成本高,如果没有强有力的精英或组织推动,中途会不了了之。

二 精英模式

精英模式是指在具体联合协商实践过程中,需要一个发挥主导作用的力量,这个力量在社区就来自社区精英,精英们或轮值协商议事会,或成立工作室,或通过注册社会组织,提升基层协商的水平,提高居民的向心力和凝聚力,同时也有助于基层协商的效率。

这一模式与"社区精英论"一脉相承,早在20世纪50年代,亨特(Floyed Hunter)就通过对亚特兰大市的调研发现社区公共事务的决策都被社区精英们掌握,并设计了"声望法"来识别这些社区精英[1]。精英的感召力、资源调动能力和解决问题的能力在基层协商中往往起到决定性作用,效仿亨特的"声望法",即通过与居民、社区干部交谈和其

---

[1] 夏建中:《国外社会学关于城市社区权力的界定》,《江海学刊》2011年第5期。

他相关调查，列出被认为是当地社区中有实际影响的所有人，首先锁定大约 100 名社区精英的大名单，然后通过增删，缩减到 30～40 人，并对他们进行集中或个别访谈，请他们指出该社区中最有领袖地位的人，最后可缩减到 10 人左右的社区精英核心层。

在当前社区民主参与的实践尚不丰富的背景下，如果有社区精英在联合协商中发挥重要领导作用，有助于形成一种有序的协商过程。社区精英在社会宏观结构影响中不仅是被动者，也是不断进行组织创新和制度创新的能动者，他们不但拥有强大的政治、经济、文化、社会等资本，也有着强烈的社区责任意识和突出的行动能力，是促进公共参与和进行联合协商的重要力量。

精英模式看似是个体导向，但其实精英只是协商前的倡议者和组织者、协商中的协调者和决策者、协商后的执行者和推进者，真正的协商主体仍然是精英们召集来的相关成员和组织，相比群龙无首的状态，精英的存在，能使协商尽快进入规模化、立体式的联合协商阶段，切实提高协商效率。特别是近年来基层不断加强的党建工作，为精英模式提供了切实可行的落实方向，利用社区或居民中的党员精英，在联合其他力量加入协商时更富号召力。笔者在 N 市 GL 区调研中也发现不少社区都有类似的精英协商平台，如 XM1 社区以 2009 年 "中国好人" 老姜名义成立的 "老姜工作室"、XT 社区 5 个主任轮值的 "有一说一工作室" 等都在社区中起到了精英领衔协商的作用。

在联合协商中，多元社区主体的积极参与是非常重要的。社区居民多大程度上能够积极参与协商，一方面取决于某个公共服务需求所涉及的利益程度和范围，另一方面也取决于社区精英的协商推动能力，前者是客观存在的，后者却因社区精英资源的丰富度、精英个人能力差异而不同。因此，社区精英协商能力的高低，影响着基层社区联合协商的水平和绩效。所以精英模式在基层治理中推广的最大难点就是社区里有没有被信服的社区精英，他们是否愿意承担更多的社区公共事务责任，他们的持续性又如何。

三　理事模式

理事模式是指将有资格、时常代表居民参与协商的精英推选为理事，模仿民非、社会团体和基金会等社会组织运行的理事制，也可根据各自参与公共事务的可能时间，分常任理事和执行理事等不同称谓，实行基层协商的一种模式。所以理事模式是比精英模式更往前推进一步的联合协商模式。

新加坡在城市治理中采取了多种促进公民参与的方法，如在市镇理事会中吸纳了很多普通居民，市镇理事会每两个月召开一次理事会会议，理事与居民共同商讨城市管理中的具体问题[①]。在中国社区，理事会模式并非横空植入，而是有其传统议事基础——社区议事会制度。正如前所述，朴素的议事会实践已在基层推行数十年。中国城市治理中有许多议事会形式，如党员议事会等，但往往不能持续地进行协商，一年中有时协商不了几件事，其中有个很重要的因素就是这样的议事会没有良性运作机制，其成员并没有明确的称呼，当然更没有相应的荣誉感，也就容易失去持续的协商动力。而理事模式正是通过植入良性运作机制，对社区议事会进行升级。在理事模式中，每个理事会成员拥有理事之称呼，他们与基层可通过年度签约形式进入基层协商团队，有聘书，有固定任期。在任期内，理事们或递交提案参与协商，也可应邀针对基层出现的问题参与协商，或定期召开理事会对基层公共事务进行协商。理事会不仅要针对社区内的重大事件、突发事件进行协商，也要将日常公共事务或者社区发展规划等原本不需要社区居民介入的工作纳入协商

---

① 张诗雨：《发达国家城市治理的标准与模式——国外城市治理经验研究之一》，《中国发展观察》2015 年第 2 期。

范畴内。

采取理事模式的基层协商民主举措，着力发挥时常代表社区居民参与协商的精英们在基层协商民主中的效能作用。社区理事会以社区居民自主应对和协商解决社区公共事务为主旨，如能持续遵循提案与公示、商议与辩论、回应与反馈、决策与执行以及监督与评估等五大协商法则，由此形成的社区协商文明将推动基层治理的不断创新，让居民自己发声、自己参与治理，自己寻找社区的公共意识和归属感，这是社区理事会最根本的宗旨所在①。

理事模式的优势是确保了协商的常态化、有序化运作，有相对成熟的理事制供参考实施。理事模式的联合协商特色在于理事们丰富的职业背景、受教育背景等使得基层协商团队从一开始就是一艘联合舰队，遇到任何棘手的问题、错综复杂的问题都有相应的或相关联的理事能够使其进入专业化协商。不过与精英模式相类似，理事模式在相对规范化的组织架构和运行模式下，协商效能依赖参与协商理事们的责任心、工作投入的积极性、沟通协调和整合利用资源的能力，所以如何遴选出合格理事，如何激励他们持续地参与基层公共事务的协商，也是理事模式的困扰。

四　全员模式

全员模式指牵涉基层问题的所有单位和个人都会参与联合协商。这一模式沿袭 20 世纪 50 年代，作为社区唯一权力中心的居委会常用的户外现场议事风格，看似现代城市基层很难效仿，但在单位社区或老旧小区中，若有一位深受居民信赖的社区委主任，这样的全员模式仍是非常珍贵，并在联合协商的合法性和权威性方面都是独一无二的。

GL 区的调研中就有这样的经典案例，在 WT1 社区工作已有 10 年

---

① 闵学勤：《社区理事制：从社区管理到协商治理》，《江苏行政学院学报》2016 年第 3 期。

的张主任至今仍依靠这样的全员现场模式来应对社区公共事务:"我们社区有一个很好的习惯就是一旦举行居民会议,每家每户都会派出一个代表参加会议,我们会事先在公告栏进行公示,通知大家时间、地点、内容等。大家现场发言、举手或签字表决。我们曾经开过的、最大规模的会议有100多人参加。一年下来大规模的会议有10次左右,我们也会请来街道、城管、公安、辖区单位、电力等相关部门人员。表决的时候会把事情的解决方案、预估的困难等列清楚,最终举手或签字表决,少数服从多数。"在此案例中我们可以看出,全员模式代表了全民参与协商,同时,在基层治理中,公共政策的合法性和可接受性建立在社区居民的广泛参与和同意之基础上,因此全员模式也就代表了协商民主。社区包含着多种利益群体和阶层,居民也都持有不同的价值观念,全员模式的发展就各方所关心的方面和问题进行协商,为表达多元化的利益诉求提供渠道。

全员模式的优势是参与人员广泛,能够较为全面地反映社区居民的所需所求,也能有效增进社区居民对社区各方面的了解,使他们体味到自己与社区之间的相互依存关系,继而增强他们在社区中的主体意识以及作为社区成员的自豪感与荣誉感。当然,在参与中也会培养起参与意识和能力,培育起公共美德,从而化消极社区公民为积极能动的社区公民。不过全员模式的脆弱性也显而易见,它依赖长期扎根的基层领导、相对同质性的居民和相对稳定不变的基层文化,只要其中任何一方发生变化或者不稳定,全员模式就很难发挥出它本身该有的功能和作用。在现代化的城市基层,若发动到位,也可以采用线上全员模式,当然如何在线上确保人人在场、发声和参与表决是一大难题。

五 云协商模式

云协商模式是指随着互联网对日常生活的全面渗透,在互联网时代依托在线平台协商社区公共事务的一种模式。作为一种新型协商模式,特别是针对公共事务认真地协商，而不仅仅是闲聊沟通，其在全球范围内都还处于实验阶段，有学者进行多组实验后发现"害羞的人更容易选择在线交流，他们非常喜欢在家的参与便利；电脑对电脑的形式缓解了需要立即响应的感觉；但参会者错过了面对面交流时那些细微的差别"①。

正如前文所述，随着移动互联网的不断普及，有关微信、微博、QQ 等免费沟通平台在技术层面已很强大，完全可以承载跨时空、超大规模的同步联合协商。对基层治理而言，云协商可以突破长期困扰的公众参与不足，尤其是中青年群体缺位基层公共事务的问题。所以云协商的优势在于促使基层政府随时连接公民、服务公民，并随时倾听公民需求，能够涉及多个阶层、更易信息对称，而且在线也能够进行实时互动，在一定程度上节约了治理成本。但是面对这一社会的中间层，即使很方便就能调用移动互联网的技术资源，仍需线上终端强大的协商组织者、策划者，并能熟练运用协商技巧，否则线上沉默大多数的场景仍不可避免。

六　全景模式

全景联合协商模式属于超大型、多视角、多平台下的同时在场、在线商议，用以解决涉及面广、长期困扰的基层问题，建立微信群，线上、线下实时互动、及时交流反馈的协商模式。对城市基层治理的方方面面都构成挑战，也是联合协商模式中最浓缩精华的一种。

全景协商是一个从线下转到线上，再将线上融合线下，线上线下无缝对接实时互动的过程，其间要让线上、线下与会人员均能充分听取意见、表达观点。当然这就非常考验社区整体的协商能力，协商的主持人要有较高的协商技巧和现场协调能力，协商的工作人员、服务人员必须

---

① Jason A. Delborne, et al., "Virtual Deliberation? Prospects and Challenges for Integrating the Internet in Consensus Conferences", *Public Understanding of Science*, Vol. 20, No. 3, 2011, pp. 367 – 384.

要有较强的文字提炼能力和快速操作手机、电脑的技能，因为这样才能确保信息在上传下达交互过程中的及时性和准确性。

全景模式可能同时运用上述五种模式中的两种或多种技术，表面上可以短平快地调用大量资源现场解决矛盾或冲突，但其实仍需有多个小组商议做前奏，并且可能因参与成员众多、发声渠道庞杂、协商观点差异较大而难以统一决策，不过单就调用全员参与的功效方面，其他模式不可与之比拟。联合协商与一般性议事的最大差异在于并非单纯就事论事，它有真实、公平、正义的价值担当，也有公众教化和宣导功能，只有吸引大部分公众甚至全员介入，协商式治理的多元整合意义才有可能达成。全景协商是促进社区治理的新探索，是网络时代社区治理的一种创新模式，可促使居民更加积极地参与到社区事务的协商处理中来，反过来也促进了社区治理水平的不断提高。

第四节　基于范式变革的协商时代来临

按照库恩对于范式是"人们共同遵从的世界观和行为方式"的解读，集六种甚至更多可操作模式于一体的联合协商，在城市基层治理的推进过程中，无论从治理的理念创新还是治理手段、技术的转型，都承担着范式变革的使命。

中国城市基层治理对自上而下单中心权力结构的突围正处于瓶颈期。一方面，快速习得治理理念的少部分基层已寻找多种整合、优化途径来进行治理试验和实践；而另一方面，大部分仍在传统管理格局中思想还未解放的基层亟须一种新的范式去适应、去挑战，帮助他们走出困境，去拥抱治理。联合协商汲取治理中多元、包容和反思的理念精华，又将治理从富于理想化、缺少操作性的神坛上请下来，去贴合百姓，去应对各类社会问题，去激发公众的参与感，并进而提升公众处理公共事务的能力。就联合协商对基层治理在价值观方面的清晰化、对执行方式的操作化而言，它应不辱范式变革的使命。

治理在中国社会转型中的角色扮演才刚刚登场，基层的实践和创新将直接影响其获得的掌声和票房，而联合协商就是其中串起整场大戏的台本，关键是有台上的持续发声和台下的持续呼应。快速的城市化和几十年的社区大发展，涌现出一批思想活跃、行动果敢的基层，他们已在零星地尝试议事机制、对话机制，但仍不够系统和常态化，亟须联合协商的范式导入，无论是精英式还是全员式，无论线上还是线下，在基层唯有保持协商的惯性，才能倾听多元的声音、平衡各阶层的利益取向，才能互相包容并不断反思。如果说前 30 年是器物的城市化、现代化，未来 30 年则将是人的城市化和现代化，与前者一律的高楼大厦不同，后者将带入一个多元的时代，也必然是协商的时代，城市基层也可能因其领先一步的扎实践行而给世界一个中国式的协商治理典范。

参考文献

1. 〔英〕安东尼·吉登斯:《社会的构成:结构化理论大纲》,李康、李猛译,生活·读书·新知三联书店,1998。

2. 〔法〕阿里·卡赞西吉尔:《治理和科学:治理社会与生产知识的市场式模式》,黄纪苏译,载俞可平主编《治理与善治》,社会科学文献出版社,2000。

3. 〔美〕阿米·古特曼、〔美〕丹尼斯·汤普森:《民主与分歧》,杨立峰等译,东方出版社,2007。

4. 〔美〕埃莉诺·奥斯特罗姆:《公共事物的治理之道:集体行动制度的演进》,余逊达、陈旭东译,上海译文出版社,2012。

5. 〔美〕埃米·古特曼、〔美〕丹尼斯·汤普森:《审议民主意味着什么?》,谈火生译,载谈火生编《审议民主》,江苏人民出版社,2007。

6. 〔美〕艾利斯·马瑞恩·杨:《沟通及其他:超越审议民主》,聂智琪译,载谈火生编《审议民主》,江苏人民出版社,2007。

7. 〔美〕艾丽斯·马里恩·杨:《交往与他者:超越协商民主》,载〔美〕塞拉·本哈比主编《民主与差异:挑战政治的边界》,黄相怀等译,中央编译出版社,2009。

8. 〔美〕艾伦·罗森鲍姆、许玉镇:《分权与地方治理:美洲经验的启示》,《吉林大学社会科学学报》2014年第4期。

304

9. 〔英〕安德鲁·海伍德:《政治理论教程（第三版）》,李智译,中国人民大学出版社,2009。

10. 包国宪、曹西安:《我国地方政府绩效评价的回顾与模式分析》,《兰州大学学报》（社会科学版）2007 年第 1 期。

11. 〔美〕保罗·萨缪尔森:《经济学（上册）》,高鸿业译,商务印书馆,1979。

12. 〔英〕鲍勃·杰索普:《治理的兴起及其失败的风险:以经济发展为例的论述》,漆芜编译,载俞可平主编《治理与善治》,社会科学文献出版社,2000。

13. 〔美〕本杰明·巴伯:《强势民主》,彭斌等译,吉林人民出版社,2006。

14. 〔美〕彼得·德鲁克:《下一个社会的管理》,蔡文燕译,机械工业出版社,2013。

15. 〔英〕布赖恩·特纳:《公民身份与社会理论》,郭忠华、蒋红军译,吉林出版集团有限责任公司,2007。

16. 〔美〕布鲁斯·阿克曼、〔美〕詹姆斯·菲什金:《协商日》,载〔美〕詹姆斯·菲什金、〔英〕彼得·拉斯莱特主编《协商民主论争》,张晓敏译,中央编译出版社,2009。

17. 〔美〕查尔斯·J. 福克斯、〔美〕休·T. 米勒:《后现代公共行政——话语指向》,楚艳红、曹沁颖、吴巧林译,中国人民大学出版社,2002。

18. 陈家刚:《协商民主的价值、挑战与前景》,《中共天津市委党校学报》2008 年第 3 期。

19. 陈家刚:《协商民主与当代中国政治》,中国人民大学出版社,2009。

20. 陈家刚:《协商民主与国家治理》,中央编译出版社,2014。

21. 陈家刚:《城乡社区协商民主重在制度实践》,《国家治理》2015 年第 34 期。

22. 陈剑玲主编《大都市治理的荔湾实践》,中国社会科学出版社,2016。

23. 陈剩勇、赵光勇:《"参与式治理"研究述评》,《教学与研究》

2009 年第 8 期。

24. 陈思：《中国乡镇自治必然性的理论辨析》，《江汉论坛》2011 年第 3 期。

25. 陈文主编《国外的协商民主》，中央文献出版社，2015。

26. 陈昕、张龙江、蔡金榜、王伟民：《公众参与环境保护模式研究：社区磋商小组》，《中国人口·资源与环境》2014 年第 S1 期。

27. 陈尧：《从参与到协商：协商民主对参与式民主的批判与深化》，《社会科学》2013 年第 12 期。

28. 陈元刚、谢金桃、王牧：《我国社区养老研究文献综述》，《重庆工学院学报》（社会科学版）2009 年第 9 期。

29. 仇立平：《阶级分层：对当代中国社会分层的另一种解读——基于学理层面思考的中国阶级分层》，《上海大学学报》（社会科学版）2007 年第 2 期。

30. 崔岩：《当前我国不同阶层公众的政治社会参与研究》，《华中科技大学学报》（社会科学版）2020 年第 6 期。

31. 〔美〕戴维·米勒：《协商民主不利于弱势群体?》，载〔南非〕毛里西奥·帕瑟林·登特里维斯主编《作为公共协商的民主：新的视角》，王英津等译，中央编译出版社，2006。

32. 〔英〕戴维·米勒、〔英〕韦农·波格丹诺主编《布莱克维尔政治学百科全书》，邓正来译，中国政法大学出版社，2002。

33. 〔美〕戴维·奥斯本、〔美〕特德·盖布勒：《改革政府——企业精神如何改革着公营部门》，上海市政协编译组等译，上海译文出版社，1996。

34. 单菁菁：《社区情感与社区建设》，社会科学文献出版社，2005。

35. 〔英〕德里克·希特：《何谓公民身份》，郭忠华译，吉林出版集团有限责任公司，2007。

36. 丁华：《整合与综合化——香港养老服务体系改革的新趋势及其借

鉴》,《西北人口》2007 年第 1 期。

37. 〔美〕菲利普·塞尔兹尼克:《社群主义的说服力》,马洪、李清伟译,上海世纪出版集团,2009。

38. 冯钢:《现代社区何以可能》,《浙江学刊》2002 年第 2 期。

39. 〔加〕弗兰克·坎宁安:《民主理论导论》,谈火生等译,吉林出版集团有限责任公司,2010。

40. 〔瑞士〕弗朗索瓦 – 格扎维尔·梅里安:《治理问题与现代福利国家》,肖孝毛编译,载俞可平主编《治理与善治》,社会科学文献出版社,2000。

41. 高建生:《民意表达:基层社会治理意义上的解读》,中国社会出版社,2014。

42. 〔英〕格里·斯托克、华夏风:《作为理论的治理:五个论点》,《国际社会科学杂志》(中文版)1999 年第 1 期。

43. 〔英〕格里·斯托克:《作为理论的治理:五个论点》,华夏风编译,载俞可平主编《治理与善治》,社会科学文献出版社,2000。

44. 顾杰、胡伟:《协商式治理:基层社区治理的可行模式——基于上海浦东华夏社区的经验》,《学术界》2016 年第 8 期。

45. 顾荣刚、洪镱梦:《社区居民议事会现状分析及政策建议——以贵阳市云岩区为例》,《贵阳市委党校学报》2014 年第 2 期。

46. 郭巧华:《从城市更新到绅士化:纽约苏荷区重建过程中的市民参与》,《杭州师范大学学报》(社会科学版)2013 年第 2 期。

47. 〔加〕哈罗德·伊尼斯:《传播的偏向》,何道宽译,中国人民大学出版社,2003。

48. 韩福国:《作为嵌入性治理资源的协商民主——现代城市治理中的政府与社会互动规则》,《复旦学报》(社会科学版)2013 年第 3 期。

49. 韩福国、张开平:《社会治理的"协商"领域与"民主"机制——

当下中国基层协商民主的制度特征、实践结构和理论批判》，《浙江社会科学》2015 年第 10 期。

50. 韩福国主编《基层协商民主》，中央文献出版社，2015。

51. 〔澳〕何包钢：《商议式民主与中国的地方经验》，转引自朱德米《公共协商与公民参与——宁波市 J 区城市管理中协商式公民参与的经验研究》，《政治学研究》2008 年第 1 期。

52. 何俊志：《权力、观念与治理技术的接合：温岭"民主恳谈会"模式的生长机制》，《南京社会科学》2010 年第 9 期。

53. 何平立：《冲突、困境、反思：社区治理基本主体与公民社会构建》，《上海大学学报》（社会科学版）2009 年第 4 期。

54. 何艳玲、蔡禾：《中国城市基层自治组织的"内卷化"及其成因》，《中山大学学报》（社会科学版）2005 年第 5 期。

55. 何艳玲、汪广龙、高红红：《从破碎城市到重整城市：隔离社区、社会分化与城市治理转型》，《公共行政评论》2011 年第 1 期。

56. 何增科：《中国政府创新的趋势分析——基于五届"中国地方政府创新奖"获奖项目的量化研究》，《北京行政学院学报》2011 年第 1 期。

57. 洪大用：《中国民间环保力量的成长》，转引自况安轩《农村社区环境治理机制初探》，《湖北财经高等专科学校学报》2010 年第 1 期。

58. 环境保护部宣传教育中心编著《探索解决社区环境问题的新途径——社区环境圆桌对话指导手册》，中国环境科学出版社，2009。

59. 黄建宏：《参与视角下的社区协商民主》，《重庆理工大学学报》（社会科学版）2016 年第 7 期。

60. 〔加〕简·雅各布斯：《美国大城市的死与生》，金衡山译，译林出版社，2006。

61. 金桥，《社会质量理论视野下的政治参与——兼论西方概念的本土化问题》，《社会科学》2012 年第 8 期。

62. 〔澳大利亚〕John S. Dryzek、王大林译:《不同领域的协商民主》,《浙江大学学报》(人文社会科学版)2005 年第 3 期。

63. 〔美〕卡罗尔·佩特曼:《参与和民主理论》,陈尧译,上海人民出版社,2006。

64. 〔美〕康特妮、〔美〕马克·霍哲、张梦中:《新公共行政:寻求社会公平与民主价值》,《中国行政管理》2001 年第 2 期。

65. 孔凡敏、杨乃:《移动互联网时代政府公共信息服务方式展望》,《中国地质大学学报》(社会科学版)2013 年第 S1 期。

66. 〔瑞士〕库尔特·多普菲:《演化经济学:纲领与范围》,贾根良等译,高等教育出版社,2004。

67. 郎友兴、葛俊良:《作为工具性机制的协商治理—— 基于不同环境协商类型的分析》,《浙江社会科学》2020 年第 1 期。

68. 李九全、张中华、王兴中:《场所理论应用于社区研究的思考》,《国际城市规划》2007 年第 6 期。

69. 李路路:《社会结构阶层化和利益关系市场化——中国社会管理面临的新挑战》,《社会学研究》2012 年第 2 期。

70. 李猛:《协商民主面临的挑战:涵义、制度与中国化》,中国社会科学院研究生院硕士学位论文,2010。

71. 李勉:《借鉴国外先进经验加强城市社区文化建设》,《重庆工学院学报》(社会科学版)2009 年第 4 期。

72. 李培林:《社会改革与社会治理》,社会科学文献出版社,2014。

73. 李培林、徐崇温、李林:《当代西方社会的非营利组织——美国、加拿大非营利组织考察报告》,《河北学刊》2006 年第 2 期。

74. 李强、葛天任:《社区的碎片化——Y 市社区建设与城市社会治理的实证研究》,《学术界》2013 年第 12 期。

75. 李强彬、黄健荣:《国外协商民主研究 30 年:协商民主何以须为何以可为》,《四川大学学报》(哲学社会科学版)2012 年第 3 期。

76. 李强彬、廖业扬：《中国语境下协商民主的发展：理由、可能与路径》，《求实》2012 年第 8 期。

77. 李山：《社区文化治理：主体架构与实践行动》，《云南行政学院学报》2017 年第 1 期。

78. 李晓彬、汪金龙：《城市社区党群议事会的困境与对策——以上海市 L 社区为例》，《党政论坛》2016 年第 11 期。

79. 李学斌：《我国社区养老服务研究综述》，《宁夏社会科学》2008 年第 1 期。

80. 李郇、黄耀福、刘敏：《新社区规划：美好环境共同缔造》，《小城镇建设》2015 年第 4 期。

81. 李友梅：《社会结构中的"白领"及其社会功能——以 20 世纪 90 年代以来的上海为例》，《社会学研究》2005 年第 6 期。

82. 李友梅等：《城市社会治理》，社会科学文献出版社，2014。

83. 李正东：《城市社区冲突：强弱支配与行动困境——以上海 P 区 M 风波事件为例》，《社会主义研究》2012 年第 6 期。

84. 〔美〕理查德·C. 博克斯：《公民治理：引领 21 世纪的美国社区》，孙柏瑛等译，中国人民大学出版社，2005。

85. 林尚立：《公民协商与中国基层民主发展》，《学术月刊》2007 年第 9 期。

86. 刘达、郭炎、祝莹、李志刚：《集体行动视角下的社区规划辨析与实践》，《规划师》2018 年第 2 期。

87. 刘佳燕：《国外城市社会规划的发展回顾及启示》，《国外城市规划》2006 年第 2 期。

88. 刘丽娜、刘心雨：《协商民主下公共政策制定五大困境》，《合作经济与科技》2017 年第 8 期。

89. 刘晓飞：《关于协商民主过程中的效率问题研究》，中共山东省委党校硕士学位论文，2016。

90. 刘晔：《公共参与、社区自治与协商民主——对一个城市社区公共交往行为的分析》，《复旦学报》（社会科学版）2003 年第 5 期。

91. 〔美〕L. 科塞：《社会冲突的功能》，孙立平等译，华夏出版社，1989。

92. 〔法〕卢梭：《社会契约论》，何兆武译，商务印书馆，2003。

93. 〔美〕罗伯特·D. 帕特南：《使民主运转起来》，王列、赖海榕译，江西人民出版社，2001。

94. 〔美〕罗伯特·贝拉：《好社会：我们通过制度而生活》，载〔美〕唐·E. 艾伯利主编《市民社会基础读本——美国市民社会讨论经典文选》，林猛等译，商务印书馆，2012。

95. 〔美〕罗伯特·比特尼斯：《寻求共同体：秩序与自由之伦理学的研究》，载〔美〕唐·E. 艾伯利主编《市民社会基础读本——美国市民社会讨论经典文选》，林猛等译，商务印书馆，2012。

96. 〔英〕罗伯特·罗茨：《新的治理》，木易编译，载俞可平主编《治理与善治》，社会科学文献出版社，2000。

97. 〔美〕罗伯特·达尔：《谁统治：一个美国城市的民主和权力》，范春辉、张宇译，江苏人民出版社，2010。

98. 〔美〕罗尔斯、万俊人：《罗尔斯读本》，中央编译出版社，2006。

99. 罗思东：《美国地方政府体制的"碎片化"评析》，《经济社会体制比较》2005 年第 4 期。

100. 马德普：《协商民主是选举民主的补充吗》，《政治学研究》2014 年第 4 期。

101. 〔加〕马克·华伦、孙亮译：《协商性民主》，《浙江社会科学》2005 年第 1 期。

102. 〔加〕马克·沃伦：《政府治理推动型民主化》，载阎孟伟主编《协商民主：当代民主政治发展的新路向》，人民出版社，2014。

103. 〔德〕马克斯·韦伯：《社会学的基本概念》，胡景北译，上海人民出版社，2000。

104. 马伊里：《合作困境的组织社会学分析》，上海人民出版社，2008。

105. 〔法〕玛丽-克劳德·斯莫茨：《治理在国际关系中的正确运用》，肖孝毛译，载俞可平主编《治理与善治》，社会科学文献出版社，2000。

106. 〔美〕玛莎·麦科伊、〔美〕帕特里克·斯卡利：《协商对话扩展公民参与：民主需要何种对话？》，林莉译，载陈家刚选编《协商民主》，上海三联书店，2004。

107. 〔美〕迈克尔·麦金尼斯主编《多中心治道与发展》，王文章、毛寿龙等译，上海三联书店，2000。

108. 〔美〕曼瑟尔·奥尔森：《集体行动的逻辑》，陈郁、郭宇峰、李崇新译，上海三联书店，2008。

109. 〔南非〕毛里西奥·帕瑟林·登特里维斯主编《作为公共协商的民主：新的视角》，王英津等译，中央编译出版社，2006。

110. 孟天广、杨明：《转型期中国县级政府的客观治理绩效与政治信任——从"经济增长合法性"到"公共产品合法性"》，《经济社会体制比较》2012年第4期。

111. 闵学勤：《城市人的理性化与现代化——一项关于城市人行为与观念变迁的实证比较研究》，南京大学出版社，2004。

112. 闵学勤：《社区认同的缺失与仿企业化建构》，《南京社会科学》2008年第9期。

113. 闵学勤：《社区自治主体的二元区隔及其演化》，《社会学研究》2009年第1期。

114. 闵学勤：《转型时期居委会的社区权力及声望研究》，《社会》2009年第6期。

115. 闵学勤：《社区冲突：公民性建构的路径依赖——以五大城市为例》，《社会科学》2010年第11期。

116. 闵学勤：《政府质量评估的微观模型建构——基于全球58个国家

数据的实证分析》,《社会科学研究》2013 年第 2 期。.

117. 闵学勤:《基于协商的城市治理逻辑和路径研究》,《杭州师范大学学报》(社会科学版)2015 年第 5 期。

118. 闵学勤:《社区协商:让基层治理运转起来》,《南京社会科学》2015 年第 6 期。

119. 闵学勤:《社区理事制:从社区管理到协商治理》,《江苏行政学院学报》2016 年第 3 期。

120. 闵学勤:《社会实验:嵌入协商治理的可能及可为——以南京市鼓楼区社区协商实验为例》,《人文杂志》2017 年第 3 期。

121. 闵学勤:《用大数据打造"三共"社会治理格局》,《新华日报》2018 年 4 月 4 日。

122. 闵学勤、王友俊:《移动互联网时代的在线协商治理——以社区微信群为例》,《江苏行政学院学报》2017 年第 5 期。

123. 闵学勤、郑丽勇:《当代视觉文化的公共性及其治理》,《文艺理论研究》2015 年第 2 期。

124. 庞金友:《当代公民社会与民主化:一种可能性的分析》,《北京科技大学学报》(社会科学版)2006 年第 3 期。

125. 〔英〕齐格蒙特·鲍曼:《个体化社会》,范祥涛译,上海三联书店,2002。

126. 齐久恒:《近代西方公民社会组织的历史嬗变——基于四个阶段实践特征的镜像透视》,《湖南农业大学学报》(社会科学版)2014 年第 2 期。

127. 〔美〕乔·韦曼:《云端时代》,赛迪研究院专家组译,人民邮电出版社,2015。

128. 〔美〕乔恩·埃斯特尔:《协商民主》,转引自林尚立《协商民主:中国的创造与实践》,重庆出版社,2014。

129. 〔澳〕乔纳森·安戈、陈佩华、钟谦、王可园、毛建平:《中国的基层协商民主：案例研究》，《国外理论动态》2015 年第 5 期。

130. 〔美〕乔舒亚·科恩：《协商与民主合法性》，载〔美〕詹姆斯·
博曼、〔美〕威廉·雷吉主编《协商民主：论理性与政治》，陈家刚
等译，中央编译出版社，2006。

131. 〔美〕乔治·M. 瓦拉德兹、何莉编译：《协商民主》，《马克思主
义与现实》2004 年第 3 期。

132. 渠敬东、周飞舟、应星：《从总体支配到技术治理——基于中国 30
年改革经验的社会学分析》，《中国社会科学》2009 年第 6 期。

133. 〔美〕塞拉·本哈比：《走向协商模式的民主合法性》，载〔美〕
塞拉·本哈比主编《民主与差异：挑战政治的边界》，黄相怀等译，
中央编译出版社，2009。

134. 〔美〕塞缪尔·亨廷顿、琼·纳尔逊：《难以抉择：发展中国家的
政治参与》，汪晓寿等译，华夏出版社，1989。

135. 〔加〕S. 马克·潘什：《公民权与公民参与心理学》，何嘉梅译，
西南师范大学出版社，2017。

136. 世界银行：《1997 年世界发展报告：变革世界中的政府》，蔡秋生
等译，中国财政经济出版社，1997。

137. 孙兵、王翠文：《城市管理学》，天津大学出版社，2013。

138. 孙建、洪英、卜开明等：《社会协商机制的法律体系建构研究》，
《中国司法》2011 年第 12 期。

139. 谈火生：《协商民主》，载景跃进、张小劲、余逊达主编《理解中
国政治：关键词的方法》，中国社会科学出版社，2012。

140. 谈火生、霍伟岸、〔澳〕何包钢：《协商民主的技术》，社会科学文
献出版社，2014。

141. 谭静斌：《法国城市规划公众参与程序之公众协商》，《国际城市规
划》2014 年第 4 期。

142. 汤好洁：《地方政府环境治理社区合作模式的中外比较分析》，《中

南林业科技大学学报》（社会科学版）2014 年第 1 期。

143. 〔美〕唐·E. 艾伯利主编《市民社会基础读本——美国市民社会讨论经典文选》，林猛等译，商务印书馆，2012。

144. 唐兴盛：《政府"碎片化"：问题、根源与治理路径》，《北京行政学院学报》2014 年第 5 期。

145. 唐秀玲、韩勇、洪明星：《文化治理视角下的社区治理现代化研究——基于 Y 省 X 社区的实证分析》，《行政与法》2015 年第 12 期。

146. 陶传进：《环境治理：以社区为基础》，社会科学文献出版社，2005。

147. 佟德志：《现代西方民主的困境与趋势》，人民出版社，2008。

148. 童明、戴晓辉、李晴、田宝江：《社区的空间结构与职能组织——以上海市江宁路街道社区规划为例》，《城市规划学刊》2005 年第 4 期。

149. 〔美〕托马斯·克里斯蒂亚诺：《公共协商的意义》，载〔美〕詹姆斯·博曼、〔美〕威廉·雷吉主编《协商民主：论理性与政治》，陈家刚等译，中央编译出版社，2006。

150. 〔美〕托马斯·库恩：《科学革命的结构》，金吾伦、胡新和译，北京大学出版社，2003。

151. 〔挪威〕托马斯·许兰德·埃里克森：《小地方，大论题：社会文化人类学导论》，董薇译，商务印书馆，2008。

152. 〔英〕托尼·本尼特：《本尼特：文化与社会》，王杰等译，广西师范大学出版社，2007。

153. 王承慧：《美国社区养老模式的探索与启示》，《现代城市研究》2012 年第 8 期。

154. 王珏、何佳、包存宽：《社区参与环境治理：高效、平等、合作》，《环境经济》2018 年第 Z1 期。

155. 王铭铭：《小地方与大社会——中国社会的社区观察》，《社会学研究》1997 年第 1 期。

156. 王绍光：《中国公共政策议程设置的模式》，《开放时代》2008 年第 2 期。

157. 王锡锌：《公共决策中的大众、专家与政府 以中国价格决策听证制度为个案的研究视角》，《中外法学》2006 年第 4 期。

158. 王颖：《社区与公民社会》，转引自肖林《"'社区'研究"与"社区研究"——近年来我国城市社区研究述评》，《社会学研究》2011 年第 4 期。

159. 王远、陆根法、罗轶群、王健华、王华：《环境管理社区参与研究——社区污染控制报告会》，《中国环境科学》2003 年第 4 期。

160. 〔美〕威廉·洛尔、张纯：《从地方到全球：美国社区规划 100 年》，《国际城市规划》2011 年第 2 期。

161. 文军、吴晓凯：《社区协商议事的本土实践及其反思——以上海市普陀区"同心家园"建设为例》，《人口与社会》2017 年第 1 期。

162. 吴良镛：《人居环境科学导论》，转引自李郇、黄耀福、刘敏《新社区规划：美好环境共同缔造》，《小城镇建设》2015 年第 4 期。

163. 吴猛：《社区协商民主：理论阐释与路径选择》，《社会主义研究》2011 年第 2 期。

164. 吴晓林、邓聪慧、张翔：《重合利益中的工具性：城市基层协商民主的导向研究》，《学海》2016 年第 2 期。

165. 吴忠民：《中国转型期社会问题的主要特征及治理》，《山东社会科学》2020 年第 6 期。

166. 〔美〕西德尼·塔罗：《运动中的力量：社会运动与斗争政治》，吴庆宏译，译林出版社，2005。

167. 夏建中：《现代西方城市社区研究的主要理论与方法》，《燕山大学学报》（哲学社会科学版）2000 年第 2 期。

168. 夏建中：《治理理论的特点与社区治理研究》，《黑龙江社会科学》2010 年第 2 期。

169. 夏建中：《国外社会学关于城市社区权力的界定》，《江海学刊》2001 年第 5 期。

170. 夏建中、张菊枝：《我国社会组织的现状与未来发展方向》，《湖南师范大学社会科学学报》2014 年第 1 期。

171. 项继权：《参与式治理：臣民政治的终结——〈参与式治理：中国社区建设的实践研究〉诞生背景》，《社区》2007 年第 9 期。

172. 肖林：《"'社区'研究"与"社区研究"——近年来我国城市社区研究述评》，《社会学研究》2011 年第 4 期。

173. 肖林：《国家渗透能力建设：社区治理挑战下的国家应对策略》，《哈尔滨工业大学学报》（社会科学版）2013 年第 6 期。

174. 谢波、魏伟、周婕：《城市老龄化社区的居住空间环境评价及养老规划策略》，《规划师》2015 年第 11 期。

175. 谢进川：《关于微博政治传播的几个问题分析》，《中国青年研究》2012 年第 9 期。

176. 谢蕴枰：《国家与社会互动视角下的社区治理——"乌当社区"研究》，清华大学博士学位论文，2016。

177. 〔法〕辛西娅·休伊特·德·阿尔坎塔拉：《"治理"概念的运用与滥用》，黄语生译，载俞可平主编《治理与善治》，社会科学文献出版社，2000。

178. 徐琴：《社区"共治"中的冲突与协调》，《江海学刊》2010 年第 6 期。

179. 〔古希腊〕亚里士多德：《政治学》，吴寿彭译，商务印书馆，1965。

180. 杨蓓蕾：《英国的社区照顾——一种新型的养老模式》，《探索与争鸣》2000 年第 12 期。

181. 杨根乔：《关于基层协商民主建设的调查与思考》，《中州学刊》2016 年第 1 期。

182. 杨贵庆、黄璜：《大城市旧住区更新居民住房安置多元化模式与社

会融合的实践评析——以上海市杨浦区为例》，《上海城市规划》
2011 年第 1 期。

183. 杨君、徐永祥、徐选国：《社区治理共同体的建设何以可能？——
迈向经验解释的城市社区治理模式》，《福建论坛》（人文社会科学
版）2014 年第 10 期。

184. 杨雪冬：《过去 10 年的中国地方政府改革——基于中国地方政府
创新奖的评价》，《公共管理学报》2011 年第 1 期。

185. 〔美〕伊恩·夏皮罗：《最理想的协商？》，载〔美〕詹姆斯·菲什
金、〔英〕彼得·拉斯莱特主编《协商民主论争》，张晓敏译，中央
编译出版社，2009。

186. 〔德〕尤尔根·哈贝马斯：《公共领域的结构转型》，曹卫东等译，
学林出版社，1999。

187. 余华：《基层协商民主的现状分析与发展对策——以浙江省为例》，
《观察与思考》2015 年第 3 期。

188. 俞可平：《当代西方社群主义及其公益政治学评析》，《中国社会科
学》1998 年第 3 期。

189. 俞可平：《引论：治理与善治》，载俞可平主编《治理与善治》，社
会科学文献出版社，2000。

190. 俞可平：《全球治理引论》，《马克思主义与现实》2002 年第 1 期。

191. 俞可平：《社会资本与草根民主——罗伯特·帕特南的〈使民主运
转起来〉》，《经济社会体制比较》2003 年第 2 期。

192. 俞可平：《公民参与的几个理论问题》，《学习时报》2006 年 12 月
18 日，第 5 版。

193. 俞可平：《民主与陀螺》，北京大学出版社，2006。

194. 原珂：《城市社区冲突：类型特征与治理策略》，《河南师范大学学
报》（哲学社会科学版）2017 年第 3 期。

195. 〔澳大利亚〕约翰·S. 德雷泽克：《协商民主及其超越：自由与批

判的视角》，丁开杰等译，中央编译出版社，2006。

196. 〔美〕约翰·克莱顿·托马斯：《公共决策中的公民参与》，孙柏瑛等译，中国人民大学出版社，2010。

197. 〔美〕约翰·克莱顿·托马斯：《公共决策中的公民参与》，孙柏瑛等译，中国人民大学出版社，2014。

198. 〔美〕约翰·罗尔斯：《政治自由主义》，万俊人译，译林出版社，2011。

199. 〔美〕约瑟夫·熊彼特：《资本主义、社会主义和民主》，绛枫译，商务印书馆，1979。

200. 〔美〕詹姆斯·N. 罗西瑙主编《没有政府的治理：世界政治中的秩序与变革》，张胜军等译，江西人民出版社版，2001。

201. 〔美〕詹姆斯·S. 费什金：《倾听民意：协商民主与公众咨询》，孙涛等译，中国社会科学出版社，2015。

202. 〔美〕詹姆斯·博曼：《公共协商：多元主义、复杂性与民主》，黄相怀译，中央编译出版社，2006。

203. 〔美〕詹姆斯·博曼、陈志刚译：《公共协商和文化多元主义》，《马克思主义与现实》2006 年第 3 期。

204. 〔美〕詹姆斯·博曼、〔美〕威廉·雷吉主编《协商民主：论理性与政治》，陈家刚等译，中央编译出版社，2006。

205. 〔美〕詹姆斯·菲什金：《协商民主与协商民意测试》，马梦菲译，载阎孟伟主编《协商民主：当代民主政治发展的新路向》，人民出版社，2014。

206. 〔美〕詹姆斯·菲什金、〔英〕彼得·拉斯莱特主编《协商民主论争》，张晓敏译，中央编译出版社，2009。

207. 张德镇、金倚勋、周娟：《韩国人推特网络的结构和动态》，《社会学研究》2012 年第 4 期。

208. 张鸿雁：《"文化治理模式"的理论与实践创新——建构全面深化改

革的"文化自觉"与"文化自为"》,《社会科学》2015 年第 3 期。

209. 张菊枝、夏建中:《城市社区冲突:西方的研究取向及其中国价值》,《探索与争鸣》2011 年第 12 期。

210. 张恺悌、郭平主编《中国人口老龄化与老年人状况蓝皮书》,中国社会出版社,2010。

211. 张敏:《协商治理:一个成长中的新公共治理范式》,《江海学刊》2012 年第 5 期。

212. 张平:《中国城市居民社区自治行为研究》,东北大学出版社,2013。

213. 张平、贾晨阳、赵晶:《城市社区协商议事的推进难题分析——基于 35 名社区书记的深度访谈调查》,《东北大学学报》(社会科学版)2018 年第 2 期。

214. 张强、张伟琪:《多中心治理框架下的社区养老服务:美国经验及启示》,《国家行政学院学报》2014 年第 4 期。

215. 张诗雨:《发达国家城市治理的标准与模式——国外城市治理经验研究之一》,《中国发展观察》2015 年第 2 期。

216. 赵环、叶士华:《社区参与:我国台湾地区社区建设经验分析》,《华东理工大学学报》(社会科学版)2013 年第 2 期。

217. 赵丽江、吴雪芹:《文化建设:城市社区治理的路径选择——基于武汉市 T 社区的实证分析》,《江汉大学学报》(社会科学版)2015 年第 4 期。

218. 郑杭生:《社会学视野中的社会建设与社会管理》,《中国人民大学学报》2006 年第 2 期。

219. 郑永年:《技术赋权:中国的互联网、国家与社会》,邱道隆译,东方出版社,2014。

220. 周飞舟:《从汲取型政权到"悬浮型"政权——税费改革对国家与农民关系之影响》,《社会学研究》2006 年第 3 期。

221. 周晓虹:《再论中产阶级:理论、历史与类型学 兼及一种全球化的视野》,《社会》2005 年第 4 期。

222. 朱德米:《公共协商与公民参与》,《上海市社会科学界第五届学术
年会文集》(2007 年度)(青年学者文集), 2007。

223. 朱健刚:《社区组织化参与中的公民性养成——以上海一个社区为
个案》,《思想战线》2010 年第 2 期。

1. Agger Robert, E., Daniel Goldrich and Bert E. Swanson, *The Rulers and the Ruled* (Belmont: Duxbury Press, 1972).

2. Alfred L. Chan, Paul Nesbitt – Larking, "Critical Citizenship and Civil Society in Contemporary China", *Canadian Journal of Political Science* 28 (1995).

3. Allmendinger, P., "Towards a Post – Positivist Typology of Planning Theory", *Planning Theory* 1 (2002).

4. Amitai Etzion, "The Responsive Community: A Communitarian Perspective", *American Sociological Review* 61 (1996).

5. Anindya Ghose, Sang Pil Han, "An Empirical Analysis of User Content Generation and Usage Behavior on the Mobil Internet", *Management Science* 57 (2011).

6. Aristotle, *Politics* (Oxford: Clarendon Press, 1948).

7. Beito David, T., Peter Gordon, and Alexander Tabarrok, eds., *The Voluntary City: Choice, Community, and Civil Society* (Ann Arbor: University of Michigan Press, 2002).

8. Benjamin Barber, *Strong Democracy: Participatory Politics for a New Age* (Berkeley: University of California Press, 1984).

9. Bessette Joseph, M., *Deliberation in Congress: A Preliminary Investigation* (Doctoral Dissertation, University of Chicago, Department of Political Science, 1978).

10. Bourdeaux Carolyn, Chikoto Grace, "Legislative Influences on Performance Management Reform", *Public Administration Review* 68 (2008).

11. Boyne, G. A., Gould – Williams, J. S., Law, J., Walker, R. M., "Best Value – Total Quality Management for Local Government?" *Public Money & Management* 22 (2002).

12. Burns John, P., "Governance and Public Sector Reform in the People's Republic of China", *Governance and Public Sector Reform in the Asia Pacific: Paradigm Shifts or Business as Usual? ed., Anthony B. L. Cheung and Ian Scott*, (London: Routledge Curzon, 2003).

13. Cheryl Hall, "Recognizing the Passion in Deliberation: Toward a More Democratic Theory of Deliberative Democracy", *Hypatia* 22 (2007).

14. Coglianese Cary, "Citizen Participation in Rulemaking: Past, Present, and Future", *Duke Law Journal* 55 (2006).

15. Crosby Ned, Janet M. Kelly and Paul Schaefer, "Citizens Panels: A New Approach to Citizen Participation", *Public Administration Review* 46 (1986).

16. Dale Rogers Marshall, "Who Participates in What? A Bibliographic Essay on Individual Participation in Urban Areas", *Urban Affairs Review* 4 (1968).

17. David Schkade, Cass R. Sunstein and Reid Hastie, "What Happened on Deliberation Day?", *California Law Review* 95 (2007).

18. Dean Tjosvold, Chun Hui, Daniel Z. Ding and Junchen Hu, "Conflict Values and Team Relationships: Conflict's Contribution to Team Effectiveness and Citizenship in China", *Journal of Organizational Behavior* 24 (2003).

19. Desai U., "Public Participation in Environmental Policy Implementation: Case of the Surface Mining Control and Reclamation Act", *American Re-*

view of Public Administration 19 （1989）．

20. Edna F. Einsiedel and Deborah L. Eastlick，"Consensus Conferences as Deliberative Democracy: A Communications Perspective"，*Science Communication* 41 （2000）．

21. Elinor Ostrom，"A Communitarian Approach to Local Governance"，*National Civic Review* （1993）．

22. Erika Blacksher, et al. , "What Is Public Deliberation?" *The Hastings Center Report* 42 （2012）．

23. Etzioni Amitai，*The New Golden Rule: Community and Morality in a Democratic Society* （New York: Basic Books，1996）．

24. Friedmann，J. , "Planning Theory Revisited"，*European Planning Studies* 3 （1998）．

25. Fung Archon，"Associations and Democracy: Between Theories, Hopes，and Realities"，*Annual Review of Sociology* 29 （2003）．

26. Goodin Robert，E. , "Democratic Deliberation Within"，*Philosophy & Public Affairs* 29 （2000）．

27. Habermas，J. , *The Theory of Communicative Action*，*Vol.* 1 （Boston: Beacon Press，1984）．

28. Hamlett，P. W. , *The National Citizens' Technology Forum Handbook* （Unpublished Document，2007）．

29. Hampton Keith and Barry Wellman，"Long Distance Community in the Network Society Contact and Support Beyond Netville"，*American Behavioral Scientist* 45 （2001）．

30. Hampton，G. , "Enhancing Public Participation Through Narrative Analysis"，*Policy Sciences* 37 （2004）．

31. Hardin，G. , "The Tragedy of the Commons Science"，*Journal of Natural Resources Policy Research* 3 （1968）．

32. Hugo Mercier, Hélène Landemore, "Reasoning is for Arguing: Understanding the Successes and Failures of Deliberation", *Political Psychology* 33 (2012).

33. Irving Louis Horowitz, "Social Science and the Reagan Administration", *Journal of Policy Analysis and Management* 1 (1981).

34. Jason A. Delborne, et al., "Virtual Deliberation? Prospects and Challenges for Integrating the Internet in Consensus Conferences", *Public Understanding of Science* 20 (2011).

35. Jeffrey James, "Sharing Mechanisms for Information Technology in Developing Countries, Social Capital and Quality of Life", *Social Indicators Research* 94 (2009).

36. João Seixas, Abel Albet I. Mas, "Urban Governance in the South of Europe: Cultural Identities and Global Dilemmas", *Urban Governance in Southern Europe* 45 (2010).

37. John Elster, *Deliberative Democracy* (Cambridge: Cambridge University Press, 1998).

38. Jongpil Chung, "Comparing Online Activities in China and South Korea: The Internet and the Political Regime", *Asian Survey* 48 (2008).

39. Judd D. R., *The Politics of American Cities: Private Power and Public Policy* (Boston: Little, Brown, 1979).

40. Kelly Janet, M., David Swindell, "A Multiple – Indicator Approach to Municipal Service Evaluation: Correlating Performance Measurement and Citizen Satisfaction across Jurisdictions", *Public Administration Review* 62 (2002).

41. La Porta, R., Lopez – De – Silanes, F., Shleifer, A., Vishny, R., "The Quality of Government", *Journal of Law Economic & Organization* 15 (1999).

42. Lars Fuglsang, "IT and Senior Citizens: Using the Internet for Empowering Active Citizenship", *Science, Technology, & Human Values* 30 (2005).

43. Lenhart Amanda, K. Purcell, A. Smith, K. Zickuhr, "Social Media & Mobile Internet Use among Teens and Young Adults", *Pew Internet & American Life Project* (2010).

44. Li Jun, "Fostering Citizenship in China's Move from Elite to Mass Higher Education", *International Journal of Educational Development* (2009).

45. Lowndes Vivien and David Wilson, "Social Capital and Local Governance: Exploring the Institutional Design Variable", *Political Studies* 49 (2001).

46. Luigi Pellizzoni, "The Myth of the Best Argument: Power, Deliberation and Reason", *The British Journal of Sociology* 52 (2001).

47. Mabbett Deborah and Helen Bolderson, "Devolved Social Security Systems: Principal – agent versus Multi – level Governance", *Journal of Public Policy* 18 (1998).

48. Madsen Richard, "The Public Sphere, Civil Society and Moral Community: A Research Agenda for Contemporary China Studies", *Modern China* 19 (1993).

49. Marcus J. Kurtz, Andrew Schrank, "Growth and Governance: Models, Measures, and Mechanisms", *The Journal of Politics* 69 (2007).

50. Maurice Freedman, "A Chinese Phase in Social Anthropology", *British Journal of Sociology* 14 (1962).

51. Meehan, Elizabeth, "Citizenship and the European Community", *The Political Quarterly* 64 (1993).

52. Michael Gurevitch, Stephen Coleman, Jay G. Blumler, "Political Communication – old and New Media Relationships", *The ANNALS of the A-*

53. Miguel Caínzos and Carmen Voces, "Class Inequalities in Political Partic-ipation and the 'Death of Class' Debate", *International Sociology* 25 （2010）．

54. Ostrom, E. , "Reformulating the Commons", *Ambiente & Sociedade* 10 （2002）．

55. Parry, G. , *The Frontiers of Citizenship* （Basingstoke：Macmillan, 1991）．

56. Paul DiMaggio and Walter Powell, "The Iron Cage Revisited：Isomor-phism and Collective Rationality in Organizational Fields", *American So-ciological Review* 42 （1983）．

57. Paul Nieuwenburg, "Learning to Deliberate：Aristotle on Truthfulness and Public Deliberation", *Political Theory* 32 （2004）．

58. Ruth Hoogland DeHoog, David Lowery and William E. Lyons, "Citizen Satisfaction with Local Governance：A Test of Individual, Jurisdictional, and City－Specific Explanations", *The Journal of Politics* 52 （1990）．

59. Sampson Robert, J. , "Local Friendship Ties and Community Attachment in Mass Society：A Multilevel Systemic Model", *American Sociological Review* 53 （1988）．

60. Sanders Lynn M. , "Against Deliberation", *Political Theory* 25 （1997）．

61. Seyla Benhabib, *Democracy and Difference：Contesting the Boundaries of the Political* （New Jersey：Princeton University Press, 1996）.

62. Susan Dorr Goold, et al. , "What is Good Public Deliberation?", *The Hastings Center Report* 42 （2012）．

63. Svendsen Gunnar Lind Haase, Gert Tinggaard Svendsen, "On the Wealth of Nations：Bourdieuconomics and Social Capital", *Theory and Society* 32 （2003）．

64. Swindell David, Janet Kelly, "Performance Measurement Versus City

Service Satisfaction: Intra – city Variations in Quality?" *Social Science Quarterly* 86（2005）.

65. Swiss Je. , "Adapting Total Quality Management（TQM）to Government", *Public Administration Review* 52（1992）.

66. Thomas Dietz, Paul C. Stern, Amy Dan, "How Deliberation Affects Stated Willingness to Pay for Mitigation of Carbon Dioxide Emissions: An Experiment", *Land Economics* 85（2009）.

67. Tönnies Ferdinand, "Community and Society", *The Urban Sociology Reader*（1887）.

68. Tracy Sulkin and Adam F. Simon, "Habermas in the Lab: A Study of Deliberation in an Experimental Setting", *Political Psychology* 22（2001）.

69. Useem Michael, "The Social Organization of the American Business Elite and Participation of Corporation Directors in the Governance of American Institutions", *American Sociological Review* 44（1979）.

70. Vigoda Eran and F. Yuval, "Managerial Quality, Administrative Performance and Trust in Governance: Can We Point to Causality?", *Australian Journal of Public Administration* 62（2003）.

71. Young Iris Marion, "Activist Challenges to Deliberative Democracy", *Political Theory* 29（2001）.

72. Young Iris Marion, *Inclusion and Democracy*（New York: Oxford University Press, 2002）.

后　记

从 2015 年开始启动以"基层协商"为主题的国家实验到 2021 年《通往协商》付梓，有幸经历中国基层协商从点状实验到规模化呈现的全过程，并恰逢习近平总书记在"七一"中国共产党成立 100 周年大会重要讲话中提出要"践行以人民为中心的发展思想，发展全过程人民民主"，而通往协商是践行全过程人民民主的重要路径之一。

此刻翻开基层协商实验日记，细数这场实验留下的文件夹中的每个主题，"为什么要开展协商""基层协商二十问""基层协商访谈实录""基层协商的程序与规则""协商理事会的构建""基层协商案例分享会""基层协商案例库""云协商培训课程""基层协商的模式归纳""社区协商评估指标体系""基层协商实验媒体报道"等等，当协商导入基层，它所激起的每一朵浪花都沾满了民主的喜悦，这不是单纯依靠实验的自变量、控制变量和应变量，或实验的后测与前测之差可以解释的，而是人们对生活世界中公共事务的基本关怀，是人们在触及社群关系、家社关系和家国关系时的公共意识释放，更是人们对连续性、可操作性民主的渴望与实践。如此，覆盖大多数、永远在路上的基层协商当是对全过程人民民主的最好践行。

协商实验落下帷幕，通往协商的民意和实践正汹涌而来。由于笔者的才疏学浅和书籍的容量有限，书中所不能及的协商逻辑、协商模式、协商理论和协商体系等将由更广泛的中国协商民主实践来继续书写，而当我们回到日常社群和生活世界，希望都可以谨记通往协商才是培植公共理性、建设共同体和奔向人民民主的重要行动选择。

闵学勤

2021 年 12 月于金陵

图书在版编目（CIP）数据

通往协商：城市基层治理的实证研究／闵学勤，陈
丹引著． -- 北京：社会科学文献出版社，2021.12
ISBN 978 - 7 - 5201 - 8798 - 5

Ⅰ.①通…　Ⅱ.①闵…②陈…　Ⅲ.①城市管理 - 研
究 - 中国　Ⅳ.①F299.23

中国版本图书馆 CIP 数据核字（2021）第 156636 号

通往协商：城市基层治理的实证研究

著　　者／闵学勤　陈丹引

出 版 人／王利民
责任编辑／陈　颖
责任印制／王京美

出　　版／社会科学文献出版社·皮书出版分社（010）59367127
　　　　　地址：北京市北三环中路甲 29 号院华龙大厦　邮编：100029
　　　　　网址：www.ssap.com.cn
发　　行／社会科学文献出版社（010）59367028
印　　装／三河市龙林印务有限公司

规　　格／开　本：787mm×1092mm　1/16
　　　　　印　张：21.25　字　数：288 千字
版　　次／2021 年 12 月第 1 版　2021 年 12 月第 1 次印刷
书　　号／ISBN 978 - 7 - 5201 - 8798 - 5
定　　价／128.00 元

读者服务电话：4008918866